Knaur.

Über den Autor:
Oliver Stöwing, geboren 1972, ist Sprachwissenschaftler mit Zusatzausbildung in Psychologie, Kommunikationspsychologie und NLP. Der Autor von zwei Bestsellern arbeitet als Journalist in Berlin. Er pendelt selbst zwischen Beziehungs- und Single-Phasen und kann sich nicht entscheiden, auf welcher Seite das Gras grüner ist. Aus eigener Erfahrung kennt er die tragischen Geschichten von Liebe, Lust und Leid, die doch eines zeigen: Wir sitzen auf der beschwerlichen Suche nach dem Traumpartner alle im selben Boot.

Oliver Stöwing

Blöder Prinz, du kannst mich mal

Wahre Geschichten von missglückten Dates

KNAUR TASCHENBUCH VERLAG

Sie kriegen nicht genug von Dating-Desastern, wollen Ihr eigenes loswerden oder sich über Pannengeschichten austauschen? Klicken Sie www.dating-desaster.de oder www.facebook/oliver.stoewing.de und gewinnen Sie eine persönliche Beratungsstunde mit dem Autor!

Besuchen Sie uns im Internet:
www.knaur.de

Originalausgabe Juni 2012
Copyright © 2012 by Knaur Taschenbuch.
Ein Unternehmen der Droemerschen Verlagsanstalt
Th. Knaur Nachf. GmbH & Co. KG, München
Alle Rechte vorbehalten. Das Werk darf – auch teilweise –
nur mit Genehmigung des Verlags wiedergegeben werden.
Umschlaggestaltung: ZERO Werbeagentur, München
Umschlagabbildung: Corbis / Morgan David de Lossy
Satz: Adobe InDesign im Verlag
Druck und Bindung: CPI – Clausen & Bosse, Leck
Printed in Germany
ISBN 978-3-426-78546-1

2   4   5   3   1

Für Alex

Inhalt

Einleitung

»Nie wieder Dates«, sagte Carola mit fester, ruhiger Stimme. Es musste etwas Entsetzliches geschehen sein. Denn erst bei Katastrophen wird Carola derart gelassen. Und so entschlossen hatte ich sie lange nicht erlebt. Das letzte Mal zu Uni-Zeiten, als sie ihren Job als Zigarettenpromoterin hingeworfen hatte. Eine Passantin hatte sie damals unter Tränen als Mörderin beschimpft. Sie habe beide Eltern an Lungenkrebs verloren. Außerdem einen Bruder, und ein Onkel sei bereits beidseitig beinamputiert.

»Oh Gott, was ist passiert?«, fragte ich. Als jemand, der sich professionell mit zwischenmenschlichen Beziehungen beschäftigt, fühle ich mich augenblicklich schuldig, wenn Freunde ihre Dates versemmeln – gleichzeitig wittere ich aber auch eine verwertbare Story.

»Nichts Schlimmes«, sagte sie. »Nur ein weiteres Dating-Desaster. Ich habe deinen Rat befolgt und mich zum Downdating hinreißen lassen. Dieser Typ vom Starbucks gegenüber von unserer Agentur, Jan, Bummelstudent, süßes, schiefes Grinsen. Wir treffen uns zum Brunch, und da stellt er fest, dass die Tresenfrau eine ehemalige Arbeitskollegin von ihm ist. Er lässt mich anderthalb Kaffeetassen lang allein am Tisch sitzen, weil er mit ihr schäkert und kichert. Schließlich stehe ich wütend auf und zische die Lady an: ›Könnte ich bitte meinen Cappuccino haben?‹ Er stellt sie mir dann auch noch vor, sie heißt Jacqueline. Als er endlich wieder zu mir an den Tisch kommt, ist er ganz aufgewühlt: ›Wow, ich kann's nicht fassen, dass ich sie hier wiedersehe!‹, sagt er immer wieder. Und er dreht sich immer wieder zu Jacqueline um und zwinkert ihr zu.«

»Das ist wirklich blöd gelaufen!«, sage ich.

»Findest du?«, erwidert Carola spitz. »Das war noch gar nichts. Gutmütig wie ich bin, fahre ich Jan dann sogar noch nach Hause. Wenig später bekomme ich eine SMS von ihm. ›Tut mir leid, dass ich vorhin so kurz angebunden war. Es war total toll, dich zu sehen. Magst du doch noch vorbeikommen? Und PS: Das war vorhin wirklich nur eine alte Freundin.‹ ›Aha, denke ich, das ist doch ganz süß. Und ich beschließe, dass heute die abenteuerlustige und verwegene Carola am Steuer sitzt, mache einen U-Turn und klingle an seiner Kreuzberger Einzimmerwohnungstür. Er macht auf und sieht mich an, als wäre ich Michael Jackson. ›Carola, was machst du denn hier?‹, fragt er. ›Was ich hier mache? Ich warte auf die U-Bahn … Hast du mir nicht gerade geschrieben, du Hirni?‹, fauche ich. Und er: ›Ich habe Jacqueline geschrieben, doch nicht dir …‹ Er haut sich auf die Stirn und verliert die Gesichtsfarbe. ›O Scheiße, habe ich die SMS etwa an dich geschickt?‹

»Grässlich, dass dir das passiert ist«, sage ich. »Aber deswegen ins Zölibat gehen? Du solltest so einer Saftnase nicht zu viel Macht geben. Jetzt erst recht!«

»Nein, nein«, sagt Carola. »Ich bin ihm sogar dankbar. Ich bin nicht verbittert, ich ziehe endlich eine Konsequenz. Ich habe meinen Frieden gefunden. Dates lohnen sich für mich nicht. Die Bilanz stimmt nicht. Ich werde mich in der neu gewonnenen Zeit um sinnvollere Sachen kümmern. Etwa gegen die Singvogeljagd in Südeuropa protestieren oder afrikanischen Frauen helfen, Mikrokredite zu bekommen. Wenn es nicht mal mit dem Fuzzi von Starbucks klappt, dann kann der blöde

Prinz mich erst recht mal.« Carola wollte also ihre öffentliche Niederlage in einen privaten Sieg verwandeln.

Dabei hatte ich mit meinem ersten Buch *Wann kommt denn endlich der blöde Prinz auf seinem dämlichen Gaul* Frauen wie Carola Anregungen geben wollen, nicht weiter auf den Traumprinzen zu warten, sondern sich in eine aktive, kämpferische Prinzessin zu verwandeln und die Dinge selbst in die Hand zu nehmen. Dabei bin ich pragmatisch vom Konkreten ausgegangen, von der Welt, unperfekt wie sie nun einmal ist. Das Buch lebt von der Überzeugung, dass es immer eine Lösung gibt und immer mehr als eine Möglichkeit. Ich habe die Leserin dazu aufgefordert, den Blick nicht nur nach außen zu richten (Wann kommt der blöde Prinz?), sondern auch nach innen (Was hat meine Situation mit mir selbst zu tun?). Ich wollte, dass die Leserin Abenteuer erlebt – auch andere als Liebesabenteuer. Ich habe das Buch als eine Art Selbsthilfe geschrieben. Denn auch ich war in Liebesdingen längst nicht angekommen (und bin es noch nicht). Schließlich gelten die meisten meiner Tipps für Frauen genauso wie für Männer, einschließlich des Ratschlags, beim ersten Date mit dem Make-up und den High Heels nicht zu übertreiben. Und tatsächlich hatte ich plötzlich mehr Dates als je zuvor. Aber auch mehr schlechte. Denn vor einem können meine Bücher nicht schützen, auch dieses hier nicht: vor Dating-Desastern.

Ich hörte mich unter Freunden, Kollegen und Zufallsbekanntschaften um. Und aus allen sprudelten die Geschichten von Pleiten und Pannen beim Dating nur so heraus. Dates sind also voller Überraschungen, und selten sind es gute. Mir war klar: Miserable Dates sind ein universelles Phänomen. Ich hatte ein Fass angestochen und wusste, ich musste all diese kleinen und großen Tragödien, die mal dramatisch, mal scheinbar banal,

fast immer aber komisch waren, zu einem Buch zusammenfassen.

Mit diesem Buch will ich aber noch mehr als nur Geschichten wiedergeben: Ich will ergründen, warum Dates so oft
abschmieren. Was macht sie so schwierig? Die Gründe dafür müssen größer sein als wir selbst. Sie müssen im System
des Datings oder sogar in der Gesellschaft liegen. Mit konkreten Tipps halte ich mich diesmal zurück. Dafür aber habe
ich aufregende Erkenntnisse, die uns allen weiterhelfen, uns
und unsere Dates besser zu verstehen – und mit ihnen umzugehen.

Dating, das ist die ebenso tückische wie ereignisreiche Phase
gezielter Verabredungen zwischen dem Kennenlernen und
dem Punkt, an dem zwei Menschen klar wird: Ja, wir sind ein
Paar. Dating ist eine Grenzsituation ungewissen Ausgangs.
Allzu oft verwandelt sich der Prinz hier in einen Frosch.
Manchmal, weil der vermeintliche Prinz unangenehm über-
rascht, manchmal, weil die Frau einen Prinzen sehen wollte,
wo keiner war. Im Extremfall, wie bei Carola, sind sogar die
Prinzen-Träume in Gefahr. Oder aber es wartet trotz aller
Hindernisse die Liebe – aber wie sieht die eigentlich aus?

In den einzelnen Kapiteln dieses Buches untersuche ich die
Stationen der Dating-Phase mit all ihren Stolperfallen – vom
Traumprinz-Konzept über die Aufregung, die Erwartungen,
die unvorhergesehenen Situationen, das Gespräch, die bösen
Überraschungen, die Zurückweisung, die Fortsetzung, die erste Nacht, den Morgen danach. Ich analysiere einzelne Desaster
und versuche, zu ermitteln, was schieflief.

Ich untersuche aber auch soziologische Phänomene, die dazu
führen, dass Dates so kniffelig sind und für so viel Verunsicherung sorgen. Denn jedes persönliche Desaster ist immer auch

Teil eines historischen Umbruchs, den wir gerade erleben und vielleicht erst in Jahrzehnten richtig verstehen.

Damit unterscheidet sich dieses Buch vom Das-Glück-liegt-in-meiner-Hand-Tenor meiner beiden ersten Bücher. Klar kann ich viel verändern und muss Verantwortung für mich übernehmen. Doch wenn mir etwas nicht gelingt, wenn ich ratlos, verzweifelt oder unzufrieden bin, bin ich dann selber schuld? Habe ich dann bei meiner Lebensoptimierung versagt? Nein, denn diese Gefühle gehören dazu, sie sind unausweichlich. Wir sind damit nicht allein. Holprige Dates sind die Regel. Geht alles glatt, ist das die Ausnahme. Das bezeugen die vielen Geschichten in diesem Buch, die ich gesammelt und in schriftstellerischer Freiheit aufbereitet habe. Und hoffentlich können wir über sie lachen. Denn das ist so viel besser als zu weinen.

Das Traumprinz-Konzept

Madonna sagt im Magazin *OK* von Oktober 2011: »Ich glaube nicht an *den* Traumprinzen. Im Gegensatz zu vielen anderen Frauen. Obwohl sie etliche Freiheiten haben, wollen sie immer noch von einem strahlenden Ritter gerettet werden. Sie glauben, dass sie nur durch einen Mann komplett werden. Wahrscheinlich liegt das daran, dass sie als Kind so viele Märchen gelesen haben. Aber ich warte nicht darauf. Ich habe begriffen, dass mein Glück in meiner eigenen Hand liegt.«

Auch Madonna kennt ihn also, aber sie hat ihre Beziehung zu ihm wohl schon vor langer Zeit zugunsten pragmatischerer Entscheidungen aufgegeben: den Traumprinzen. Fast jede Frau hat in vielen Phasen ihres Lebens (und nicht nur als Single!) diese seltsame Phantasie-Beziehung zu einem Retter. Dieser Retter erkennt all das Besondere und Liebenswerte an ihr. Für manche Frauen ist er ein aufregender Held, der sie aus dem Alltag befreit und in ein Leben voller Leidenschaft und Abenteuer entführt. Für andere dagegen ist der Traumprinz jemand, der sie versteht und Schutz und Trost spendet.

Das Single-Dasein besteht aus einem permanenten Wechsel: Da gibt es Hochgefühle, den Duft von Freiheit, Geselligkeit, Selbstverwirklichung, Partys, Abenteuer und Spaß. Aber eben auch Einsamkeit, Müdigkeit, Verzweiflung, Resignation. Und immer wieder muss die Single-Frau sich aufraffen, Initiative zeigen, sich überwinden. Ratgeberbücher und Frauenzeitschriften wollen es doch so! Ganz zu schweigen von Single-Erschwernissen wie Steuerklasse 1, Einzelzimmerzuschlägen, eisigen Fragen am Ticketschalter oder im Restaurant à la »Für eine Person?« oder »Sie sind allein?«, ganz zu schweigen von schrecklichen Sommersonntagen im Park, wenn Paare und Familien ihr Glück zur Schau stellen. Der Prinz verspricht, dass die Single-Frau endlich zur Ruhe kommt und ihre innere Polarität zwischen Euphorie und Niedergeschlagenheit überwindet.

Die zerrissene Single-Frau

Die Spaltung der Single-Frau, wenn sie nicht gerade Kinder aus früheren Verbindungen hat, geht sogar noch weiter: Die alleinstehende Frau spürt sehr wohl den kollektiven Druck, ihre Frauenrolle auszufüllen, Mutter zu werden und für den Erhalt der Gesellschaft zu sorgen. In den letzten Jahren wird dieser Druck verstärkt und immer expliziter ausgeübt, etwa von der Politik, die Kinderkriegen fördert, um den demographischen Wandel zu stoppen. Dabei hat die Frau sich doch gerade erst beruflich und sexuell emanzipiert! Nun hört sie Botschaften wie: Du, egoistisch, hedonistisch, karrieregeil oder verkorkst wie du bist, bist schuld, dass Deutschland sich abschafft! Solche Botschaften gehen weniger an den bindungsscheuen Single-Mann.

Zusätzlich ist die Frau der paradoxen Situation ausgesetzt, dass das Bild der Nur-Hausfrau gleichfalls sanktioniert wird: Die aufopferungsvolle Ehefrau und Mutter stößt ebenso auf Vorbehalte wie die »ichbezogene« Single-Frau. Eine Frau kann es wohl nur richtig machen, wenn sie sich zerreißt: Modern und unabhängig muss sie bleiben, aber auch Mann und Kinder unter einen Hut kriegen.

Um ihr Dasein zu legitimieren und nicht als Opfer bemitleidet zu werden, greift die Single-Frau oft zu folgender Lösung: Sie entwickelt eine fabelhafte Fassade aus beruflichem Erfolg und spannendem Privatleben. Sie gründet ein Unternehmen oder reist allein durch Australien oder absolviert Tauchkurse, sie rettet Straßenhunde aus Spanien oder lernt alles übers Mittelalter. Denn es ist so viel besser, wenn die Leute sagen: »Sie ist zu ungewöhnlich für eine Beziehung«, als wenn sie sagen: »Sie hat keinen abgekriegt.« Damit gerät die Frau aber nun in einen Teufelskreis: Sie wird so fabelhaft, dass sich keiner mehr an sie herantraut und keiner ihren Ansprüchen genügt. Einsame Spitze. Ein Prinz, wenn er denn nun endlich käme, vermag auch diese besondere Spaltung aufzuheben, vom Außendruck zu erlösen und den gesellschaftlichen Status zu erhöhen!

Immer ist der Traumprinz eine Figur, in welche die Single-Frau ihre Wunschvorstellungen hineinprojizieren kann, die mal aussieht wie Hugh Jackman, mal wie der eigene Boss, mal wie der Typ von nebenan. Mit dem Prinzen lassen sich Zukunftsszenarien durchspielen, von der abenteuerlichen gemeinsamen Weltreise bis zum spießigen Eigenheim. Ist das Traumprinz-Konzept nicht furchtbar unreif?

Vielleicht, aber das birgt viele Vorteile. Es kann motivieren, denn Träume verleihen uns Flügel. Es kann Trost spenden und Hoffnung. Der französische Soziologe Jean-Claude Kaufmann schreibt in seinem Werk *Singlefrau und Märchenprinz,* dass die Frau an ihn glauben können muss, ohne an ihn zu glauben – ein bisschen wie ein Kind an den Weihnachtsmann. Und ist es nicht besser, an den Traumprinzen zu glauben als an gar nichts mehr – wie Carola?

Andere Frauen hoffen dagegen weiter – aber sie suchen nicht mehr. So gibt es in Amerika die Bewegung der »Quirkyalones«, der schrulligen Einsamen. Sie verweigern sich dem Dating und warten darauf, dass ihnen die Liebe passiert. »Quirky«-Vorreiterin Sasha Cagen im *Focus:* »Wir haben keine Lust mehr, dass jeder, der nicht mit jemandem zusammen ist, sozial stigmatisiert ist. Wir betrachten das Single-Dasein als unseren natürlichen Ruhezustand.« Statt stressig zu suchen, warten Cagen und ihre Genossinnen auf ein Wunder. Ein Rückzug ins romantisch verklärte Mittelalter mit seinen Rittern und Prinzen und Minnesängern und seiner Schicksals-gläubigkeit.

Für Kaufmann birgt das Traumprinz-Konzept die Gefahr, dass es noch mehr zum Warten verführt: Durch den »überzogenen Traum« vom Märchenprinzen erhält die idealisierte Liebe ein Gesicht. Doch der Traum schwächt zusätzlich die Antriebskraft der bereits ermüdeten Persönlichkeit.

Die zweite Gefahr des Traumprinz-Konzepts: Die Frau richtet ihren Blick nur auf ihre Bedürfnisse, statt zu prüfen, was sie selber zu geben bereit ist. »Ich will jemanden, der mich bedingungslos liebt, mich nachts abholt, wenn ich betrunken bin, der mich über die Pfütze trägt und zum Lachen bringt«, sagt Carola und äußert damit ausschließlich passive Konsumwünsche.

Die dritte Gefahr ist, dass die Single-Frau den Traumprinzen derart überhöht, dass reale Männer dagegen mickrig wirken. Womöglich muss sie an der verzehrenden Anspruchshaltung festhalten, um ihr Selbstgefühl zu stützen. Die Erwartungen aber werden übergroß, und während sie den Horizont nach dem Prinzen auf seinem Gaul absucht, übersieht sie den netten Kerl, der direkt neben ihr steht.

Also doch wieder ein Date. Da sitzen sie nun zu dritt am Tisch, die Single-Frau, der reale Mann und der Traumprinz. Und die Frau vergleicht. Der Traumprinz sagt vielleicht neidische Dinge wie: »Siehst du seinen Überbiss?« oder »30 Euro mehr, und die Jacke des Knaben wäre gut gewesen« oder »Männer in Skinny Jeans, das gefällt dir doch nicht wirklich?«.

Manche Frau hat einen realitätsnäheren Traumprinzen als andere, dann fallen die Vergleiche milder aus. Oder sie ist tolerant und bereit, Abstriche zu machen. Die andere sucht einen Mann, der weitestmöglich dem Traumprinzen entspricht. Je gravierender der Unterschied und je unvorbereiteter sich die

Kluft auftut, desto größer das Desaster. Und der Typ, der doch verdammt noch mal ein Prinz sein sollte, landet als Frosch im Brunnen.

Warum trotzdem Dates?

Das sagt die Statistik: Von 2000 befragten Männern und Frauen glauben 59 Prozent an die große Liebe. 23 Prozent glauben nicht daran, 18 Prozent sind sich nicht sicher. (Allensbach-Institut für Demoskopie)
Jeder vierte Mann zwischen 20 und 40 wohnt allein. (Uni Zürich)

Trotz der Gefahr, desillusioniert und sogar gedemütigt zu werden, die beim Date so groß ist wie sonst vielleicht nur noch im *Dschungelcamp* (aber wer will da schon hin?): Ein mieses Date ist besser, als es gar nicht erst zu versuchen. Und erst im Rückblick offenbart es uns seinen Sinn. Darin waren sich alle einig, die mir ihre Geschichten erzählt haben.

Der schlechte Rat: Besser ein Ende mit Schrecken als ein Schrecken ohne Ende! Floppt ein Date, erwarten Sie nicht, dass es beim nächsten Mal mit demselben Kerl besser wird. Verschwenden Sie nicht Ihre Zeit, und suchen Sie das Weite!

Und was stimmt nun? In den hoffnungslosesten Situationen lässt sich die Liebe finden, wie Rihanna ganz richtig singt. Oft wiegt das Desaster weniger schwer, als zunächst angenommen. Wir bekommen das aber nur heraus, wenn wir auch zweite, dritte oder sogar vierte Chancen vergeben.
Trixi (33): »Ich denke, ein Date kann einfach nicht gut gehen. Es prallen zu viele unwägbare Faktoren und Variablen aufeinander. Freie Bahn für Murphys Gesetz. Bei mir war wirklich

jedes Date mehr oder weniger verkorkst. Und doch ist am Ende ganz oft etwas draus geworden.«

Lilly (46): »Wenn man schon ein bisschen verknallt ist, sind die Erwartungen sehr hoch. Man will sich von seiner besten Seite zeigen, redet zu viel, lacht zu laut. Allerdings finde ich, dass man an so einem Abend wenig falsch machen kann, wenn beide sich wirklich toll finden und die Chemie stimmt. Dann ist es wie beim ersten Sex: holprig, stellenweise peinlich, mit einigen Startschwierigkeiten – aber in der Rückschau einfach nur wunderbar.«

Das bestätigt auch Susanne (31): »Mein schlimmstes Date war zugleich mein schönstes! Ich war so aufgeregt, dass ich alles falsch gemacht habe, nichts zu sagen wusste, Sachen erzählt habe, die gar nicht stimmten, einfach megaverkrampft war. Ich war weder lustig noch sexy noch irgendwas. Ich konnte nicht mal essen. Ich war einfach nur meganervös und hab geschwitzt, weil ich den Kerl so toll fand. Sogar als er mich im Auto geküsst hat, war ich regungslos – war aber nicht schlimm, er wurde trotzdem mein Freund!«

Warum Dates schiefgehen

Ängste und Nervosität

Was sind die Befürchtungen der meisten Menschen vor einem Date? Was uns meistens im Wege steht: Nervosität, mangelnde Übung im Umgang miteinander, die daraus resultierenden kleinen Gereiztheiten, fehlende Lockerheit und holprige Gespräche. Also nicht gerade wenig. Und – herzlich willkommen, liebe selbsterfüllende Prophezeiung – oft tritt dann tatsächlich ein, was man vorher befürchtet hat. Manchmal wird alles wahr, nur noch schlimmer. Der Stoff, aus dem Dating-Desaster sind. Hier eine kleine Sammlung von Pre-Date-Ängsten, gespickt mit ein paar Empfehlungen der Wissenschaft.

Was uns beim Date Angst macht

Carola (33): »Essen und reden gleichzeitig! Ich könnte Essen verspucken, die Garnele könnte mir aus der Hand flutschen, und dann natürlich die Gefahr, dass Unappetitliches zwischen den Zähnen hängt, während ich versuche, rätselhaft zu lächeln.«

> **Der Tipp:** Nicht zu viel essen beim Date! Die Forscher Viren Swami und Martin J. Tovée fanden 2006 heraus, dass hungrige Männer eher dazu neigen, eine Frau attraktiv zu finden.

Chris (35): »Ich habe Angst, zu viel zu trinken! Es ist so schwierig, in dem Stadium zu bleiben, wo ich mich locker getrunken habe, aber noch nicht so sehr die Lampe anhabe, dass meine Zunge schwerfällig und lallend wird.«

Aykon (44): »Gesprächslücken! Peinliches Schweigen! Gerne ist dann noch irgendein attraktives Paar am Nebentisch, das sich überschlägt an angeregter Unterhaltung und sich vor Lachen nicht mehr einkriegt.«

> **Der Tipp:** Laut einer Studie der Psychologin Jennifer K. Bosson von 2006 schafft es eine große Verbundenheit, über Dinge zu sprechen, die beide nicht mögen – mehr noch, als gemeinsame Vorlieben festzustellen.
>
> Außerdem fanden US-Forscher 1997 heraus: Wenn beide sich öffnen und Persönliches erzählen, entsteht Intimität. Gut sind Fragen wie »Wo war dein schönster Urlaub?« oder »Welche drei Dinge rettest du, wenn dein Haus brennt?«

Tatjana (34): »Langeweile! Ein langweiliger Film, ein Spazier-gang durch eine öde Gegend! Langeweile zu zweit ist noch schlimmer als alleine. Denn dadurch, dass wir sie beim ande-ren feststellen, wird sie erst wirklich.«

Das sagt die Statistik: So sieht das Durchschnittsdate aus: Man trifft sich beim Italiener in der Hauptstraße (55 Pro-zent!), teilt sich als Vorspeise einen Antipasti-Teller. Haupt-gang: Pizza. Er trinkt drei Gläser Bier, sie drei Gläser Wein. Die Rechnung, knapp über 50 Euro, wird geteilt. Abschied: ein Wangenküsschen. (B. Z.)

Der Tipp: Bei einem Date können wir uns den sogenannten Velours-Effekt zunutze machen. Wenn wir etwas unterneh-men, was uns in Aufregung versetzt, verbinden wir dieses Gefühl mit unserer Begleitung – wir werden konditioniert. Also: Ab zum Base-Jumping, dem Fünffach-Looping, zum Rafting oder zum Kletter-Parcours!

Silke (32): »Unvorhergesehene Herpes-simplex- und Akne-vulgaris-Erscheinungen machen mir Angst! Ich hatte schon mal bei einem Date einen Herpes, der war so groß, den konnte man vom Spaceshuttle aus erkennen.«

Peinlichkeiten und Pannen

Schweigeminuten, Schwitzhände, ein Pickel? Richtige Desaster sind das noch nicht. Doch manchmal verschwört sich die Welt gegen uns, und es kommt zu aberwitzigen Pannen.

In diesen Fällen sind hauptsächlich situative Bedingungen schuld an dem Desaster. Es kann zu echten Tragödien kommen, beispielsweise schweren Unfällen. Meistens aber sind die Desaster dieser Kategorie unbeschwert und harmlos: Man stolpert, wo man lässig auf den anderen zugehen wollte; man wollte sich zusammen den neuen, ambitionierten Film von Roman Polanski ansehen und sitzt plötzlich inmitten von lärmenden Teenagern in einer Fortsetzung von *Scream,* weil man in den falschen Saal gegangen ist; man erscheint zum Date, als wolle man zu einem Wet-T-Shirt-Wettbewerb, weil man auf dem Bürgersteig Opfer eines Balkonblumengießers geworden ist. Solche Erlebnisse schweißen die beiden Beteiligten oft sogar zusammen. Wunderbar: Man kennt sich noch nicht lange, und schon hat man eine gemeinsame, witzige Geschichte zu erzählen! Das »Desaster« ist dann sogar ein Glücksgriff, oft ein Gründungsmythos, den Paare noch Jahrzehnte später mit Augen erzählen, in denen plötzlich der Glanz der Jugend aufflackert. Denn bei einer Panne wird kein Traumprinz oder keine Traumfrau demaskiert. Die Widrigkeiten des Lebens sind es, die beide zu spüren bekommen und überstanden haben!

Dating-Desaster in max. 320 Zeichen – unvorhergesehene Situationen

Franzi: Ich betrete das Café, in dem er wartet. Verheddere mich am Türvorhang, reiße ihn runter, sehe nix mehr, werfe Tische um. Der Scheißkerl filmt das, stellt es auf Youtube. Hatte mehr Klicks als das letzte Video von Lady Gaga.

Friedrich: Wir im Asia-Lokal: Sie fragt, ob das Essen ohne Nüsse ist. Der Kellner: Ja, schon. Nach dem Essen: Allergischer Anfall, sie zuckt, röchelt, ist leichenblass. Notaufnahme.

Julia: Im Nobel-Restaurant. Er macht den Macker, bestellt für mich, zeigt, wie man das Bestellte isst. Dann zersägt er sein Entrecôte. Es fliegt quer vom Teller durch den Raum. Ich lache. Er nicht.

Claudia: Date im Vapiano. An der Kasse. Er zückt sein Portemonnaie, zieht den Schein. Kleine blaue dreieckige Pillen kullern auf den Tresen und den Boden. Er wird sehr rot.

Mandy: Er kam direkt vom Dreh, Minirolle als DDR-Soldat, in Uniform, zu mir nach Pankow. Wir hatten ja nicht mit den Reaktionen der Leute gerechnet! Manche Ur-Ossis haben applaudiert, andere geschimpft und uns sogar aus dem Fenster mit altem Gemüse beworfen. Eine Situation knapp vor einer Straßenschlacht!

Katinka: Restaurant von mir ausgewählt. Ich empfehle Joseph die Dorade. Bestelle sie auch. Kriege dann Hunger auf eine Pizza. Bestelle um. Er bleibt bei dem Fisch und fängt sich einen hammerharten Darmvirus ein. Macht sich fast vor mir in die Hose, bleibt eine Woche krank.

Joseph: Ich dachte, diese Hexe hat mich vergiftet. Heute sind wir zwar zusammen, aber Katinka darf mir niemals meine Speise aussuchen. Und ich esse nie wieder Dorade.

*Eve: Wir nachts im Park. Er wird zudringlich. Ich zu ihm:
»Ich dich küssen? Eher landet hier ein Ufo.« In dem Moment
fliegt ein greller Lichtkegel über den Nachthimmel. Ich denke: Mist, und küsse ihn. Heute ist er mein Mann.*

*Franzi: Während meines Animateur-Jobs auf Fuerte. Date
mit Dan. Er will mit mir Kite-Surfen. Schlimmer Unfall: Er
schlägt mit dem Kinn auf einem Tretboot auf.*

*Dan: Ich will Franzi mit der Kite-Surf-Nummer beein-
drucken – und das Date endet im Blut-Drama. 1 Woche
Krankenhaus. Sie kam jeden Tag. Bis heute sind wir ein Paar.*

*Olivia: Er will sich auf der Eisbahn treffen. Mein 1. Mal. Er
kuft gottgleich. Mich lachen die Teenies aus. Ich schlittere
gegen ein älteres Paar, es stürzt, ich fahre beiden über die
Hand. Splatter on Ice!*

Hier zwei Geschichten von Dating-Pannen, die sich zufällig
beide in Spanien zugetragen haben – oder machen südliche
Sonne und Urlaubsflair uns allzu leichtfertig?

Kassandra (32):
Als ich einen Flamenco zu viel tanzte

*Ein Date im Urlaub! Das kann ja nur unbeschwert sein!
Ohne dass die drückende Frage im Raum steht: Gibt es eine
Zukunft? Nein, gibt es nicht, und weil das also geklärt ist,
kann man ganz das Hier und Jetzt genießen. Ich hatte meiner besten Freundin Mona die Barcelona-Reise geschenkt. Sie
hatte es verdient, weil sie in letzter Zeit eine ziemliche Pech-
marie war. Euphorisch stürmten wir am ersten Abend die
nächstbeste Tapas-Bar, und Mona bestellte eine Paella und
beschimpfte mich als provinziell, weil ich keinen Fisch mag.*

Ein ausladender Brechdurchfall fesselte sie die nächsten Tage ans Hotelzimmer. Also schlenderte ich alleine durch die Gassen und lernte Luis kennen, der in einem Café arbeitete und Musiklehrer war und wohl auch gerne Siesta machte.

Wir verabredeten uns für den nächsten Tag am Strand von Barceloneta. Ich war hingerissen, als er tatsächlich erschien. Diese dunklen Wuschelhaare, die langen Wimpern, die Armbändchen und Kettchen mit Amuletten! Sein Englisch war erbärmlich, aber wen kümmert das, wenn er Gitarre spielt und dazu Folk-Pop oder Zigeunerweisen singt? Es ist gut, dass ich keine Familie habe: Da müsste nur so ein Hippie-Junge mit Gitarre kommen und mit seinen langen schwarzen Wimpern klimpern, und ich würde auf sein rostiges Vehikel steigen und Kind und Kegel und Eigenheim mit Poggenpohl-Küche verlassen, ganz übel.

Luis nahm mich auf seinem Roller mit auf den Montjuic-Berg, unter uns die Lichter der Stadt und der Hafen, über uns die Sterne, und wir küssten uns. In dem Moment stimmte alles. Es war der Knall im All. »You eyes like a star falls from heaven«, *sagte er mir. Von spanischen Hippiejungs kann ich auch Augen-Komplimente gut ab, ein deutscher Anwalt hingegen würde sich für so einen Stuss eine fangen.*

Der Hippiejunge war zwar auch schon 28 Jahre alt, aber wirkte noch so hoffnungslos verantwortungslos und war dazu hinreißend romantisch. Als er mich bat, die Nacht mit ihm zu verbringen, sagte ich einfach »Si«. *Es überraschte ihn nicht: Mädels aus dem Norden fackeln nicht lange, wenn die Gelegenheit gut ist, das hat sich in den Mittelmeerländern herumgesprochen! Er fragte nach meinem Hotel, ich bedeutete ihm, dass dort eine Freundin liegt, die ganz viel aufs Klo muss.* »We go my place«, *sagte er. Na klar!*

Dass wir fast eine Stunde durch irgendwelche Vororte bretterten, in denen sich zeigte, dass Spanien nicht nur Plaza und Playa und Promenade und Pinienwald bedeutet – nun ja. Endlich kamen wir an: ein irgendwie zusammengewürfeltes Haus, dessen Grundlage ganz sicher keine Baugenehmigung war. Durch ein rostiges Tor betraten wir einen Hinterhof, wir schoben ausufernde Rhododendronbüsche zur Seite, Grillen zirpten, wir scheuchten ein paar Katzen auf, die Luis beim Namen nannte. Mir war mulmig, gleichzeitig lobte ich mich innerlich für meine Abenteuerlust. Ich mochte manchmal beknackte Entscheidungen treffen, aber ich langweilte mich nie mit mir!

Über eine Außentreppe erreichten wir eine Wohnung, eine kleine Diele, es roch stark nach Desinfektionsmittel, dann waren wir in einer winzigen Stube – ein Jungszimmer mit ein paar Wimpeln des FC Barcelona, einem Globus, einem schmalen Bett, einer alten Kommode und einem riesigen Flatscreen, und überall lagen Sachen herum, CDs, Bücher (Carlos Castaneda, J. D. Salinger, Gabriel Garcia Marquez, Francisco Umbral), Klamotten, Turnschuhe. Luis murmelte irgendwas, was ich als Entschuldigung für die unordentliche Kammer verstand, und dann saßen wir auf dem schmalen Bett, und er streichelte verlegen meine Hand.

Ich hatte den Impuls zu flüchten, denn irgendetwas, was man halbwegs Wohnung nennen konnte, hatte ich nun doch erwartet. Aber mit welcher Ausrede sollte ich das hier abbrechen und dabei diesem heißen Burschen in die langbewimperten Augen schauen? Wie nach Hause kommen? War es draußen vielleicht gefährlich? Gab es hier Taxis? Und warum sollte ich die Sache nicht zu Ende bringen, ich war doch kein Feigling und der Typ wirklich süß!

Also zog ich ihn an mich und küsste ihn. Was folgte, war unbeholfen, niedlich, manchmal ein bisschen peinlich, aber es hatte seinen Charme, wenn wir nur nicht immer von diesem schmalen Kajütenbett gekracht wären. Nun neige ich dazu, mich sehr zu bewegen, dafür war das Mobiliar schlicht nicht geeignet.

Schließlich spürte ich unerwartet einen Moment der Ekstase, und ich bin es nicht gewohnt, mich zurückzuhalten. Ich wollte meine Lust hinausschreien – doch Luis hielt mir den Mund zu.

Schlafen war anschließend ein Problem, unsere klebrigen Körper hatten unmöglich beide Platz auf dem Bett. Luis wies mir den Weg durch den dunklen Flur zu einem kleinen WC und verschwand in einem anderen Raum. »This is kitchen, there is couch, I sleep there«, erklärte er mir und verabschiedete mich mit einem Kuss. Plötzlich lag ich allein in seinem Jungszimmer, was mir ganz angenehm war, aber sich auch seltsam anfühlte, gerade noch die Intimität eines anderen Körpers, nun allein in einem ausländischen Raum. Ich sah mich um und hörte, was die Gegenstände mir für eine Geschichte erzählten. Es war die Geschichte eines musikalischen und etwas chaotischen Jungen, der Fußball mag und die Rockband La Oreja de van Gogh und auf italienische Filme von Visconti und Fellini steht und offenbar Shakira für die Erhörung seiner heißesten Phantasie hält.

Eine freundliche Geschichte, und ich schlief beruhigt über dem Rattern der Klimaanlage ein. Als ich aufwachte, orientierte ich mich zunächst, ohne Panik, aber zügig. Ich suchte nach dem Faden meiner Biographie, mit dem ich dort anknüpfen konnte, wo ich gestern aufgehört hatte, und fand ihn glücklicherweise bald. Gitarre am Strand, billiger Rotwein, eine Rollerfahrt in Vororte, seine kleine Wohnung, ein Intermezzo auf dieser schmalen Matratze, das, wenn man mal ein Auge zudrückte, durchaus als Sex durchging. Luis hatte sich aus Platzgründen auf die Küchencouch schlafen gelegt. Und ich lag nun hier. Katzen miauten auf dem Hof, ich hörte spanische Männerstimmen und so etwas wie eine Schubkarre. Und ich beschloss, mich wohl zu fühlen. War es nicht wild und verrückt, nackt in einer kleinen Jungswohnung in einem Vorort von Barcelona aufzuwachen?

Ich stand auf und betrachtete meinen Körper in den billigen Spiegelkacheln, die an die Tür geklebt waren. Ich fand mich verrucht und sexy und verrückt und legte mir seine sämtlichen Muschelketten und Amulette, die an einem Haken hingen, um den Hals, und verließ das Zimmer. Nackt bis auf den Schmuck. Ich bin gerne nackt, erst recht im Urlaub, erst recht im Süden. Ich trat in die Diele, suchte das WC auf, dann wollte ich Luis überraschen, mit meiner Nacktheit, und so den Zauber der Nacht noch erhalten, ihm zu verstehen geben, dass ich keine kühle Deutsche bin, die abgebrüht zum Alltag übergeht, nur weil es wieder hell ist. Ein Rest Rotweinrausch von gestern war da durchaus hilfreich.

Ich wandelte auf die Küchentür zu, hinter der ich Luis vermutete. Ich hörte spanische Musik aus der Küche und dachte mir, mach Platz, Shakira, denn hier kommt Kassandra, das Heißeste, was Kassel je hervorgebracht hat! Also öffnete ich die Tür und tanzte mit einem wilden Flamenco-Hüftschwung hinein, drehte mich derwischgleich, wackelte mit dem Po und dem blanken Busen, mein langes rotes Haar rotierte, die ganzen Ketten, die ich mir umgelegt hatte, schwangen und rasselten. Dann sah ich, dass eine ganze Großfamilie am

Küchentisch saß. Eine spanische Mama, ein strenger Papa, eine zahnlose Oma, ein Teenager-Girl mit sehr langen Haaren und zwei kleine Jungs und auch Luis. Richtig, jetzt fiel es mir wieder ein: Südländische Männer wohnen ja ewig noch zu Hause!

»Hola!«, sagte ich lächelnd in die Runde. Was sollte ich auch sonst sagen?

Marcantonio (28):
Als mein Poolsex ins Wasser fiel

Letzter Abend auf Ibiza, letzte Chance für eine Romanze! Ibiza besteht ja nur aus Sex, denkt man. Tatsächlich aber wird der Sex überall angetäuscht, perfekte Strandbodys, heißblütige Gogo-Tänzer, wildes Geflirte. Dem Vollzug steht oft die Wirklichkeit mit all ihren Schwierigkeiten im Weg: Alkohol und andere Stimulanzien beeinträchtigen die Funktionsfähigkeit, Schlafplätze liegen weit entfernt in der Macchie, Hotelzimmer sind überfüllt.

Auch ich fühlte mich, als müsste ich am Flughafen vor der Rückreise in die demütigende »Ich hatte keinen Sex«-Schlange am Check-in einreihen. Gut, da lief was mit einem Österreicher, aber das zählt nicht auf Ibiza. Wir waren zu zehnt in der Finca, und die beiden hübschen Hetero-Jungs sagten an einem Poolabend: »Bei euch Schwulen ist immer alles so schön unkompliziert mit dem Sex!«

Sie hatten ja KEINE Ahnung. Niemand macht es sich komplizierter als Schwule. Jedenfalls kamen noch in derselben Nacht die beiden Hetero-Männer, die es angeblich ja so schwer hatten, mit Beute nach Hause, während wir besoffen von Rosé-Champagner am Pool eingedöst waren. Jeder der beiden Jungs hatte sich nicht eine, nein, gleich zwei Miezen geschnappt.

Am nächsten Tag weckte uns Renate, Typ in Unfrieden gealterte Blondine, gezeichnet von zu viel Sonne, Scheidungen und Ärger mit spanischen Behörden. Sie war unsere Finca-Vermieterin, die Mutter einer Freundin, und wohnte in der Finca nebenan. Ihr Problem: Eine der Miezen hatte mit ihrem Jeep die Einfahrt zugeparkt. Ich fühlte in den rund um den Pool verteilten Miezenklamotten nach dem Autoschlüssel, denn Renate hatte mir befohlen, den Jeep sofort umzuparken. Der Aschenbecher im Wagen war überfüllt, überall flogen bunte Flyer und CD-Hüllen herum. »Typischer Fall von Schlampen-Panzer«, dachte ich grimmig beim Einparken.

Doch in der nächsten Nacht, meiner vorletzten auf Ibiza, hatte auch ich endlich Glück: Ich lernte Xavier kennen, bisexueller Spanier aus Madrid, ein Sixpack zum Käseraspeln, eine Stimme zum Ausflippen. Bisexualität sei der letzte Stopp auf dem Highway Richtung Gaytown, hieß es mal in einer sehr weisen Serie namens »Sex and the City«. Ich weiß nicht, ob es stimmt, jedenfalls sind Bisexuelle rar gesät, heiß begehrt, weil noch fern von jeder schwulen Attitüde und Abgebrühtheit, ja geradezu von einer gewissen Unschuld, und außerdem eine feine Trophäe. Und eine kleine Rache an falsch parkenden Miezen, die denken, sie könnten alle Kerle für sich haben. Bisexuelle behandelt man daher wie eine seltene tropische Vogelart, man darf sie nicht hetzen oder jagen, man muss den richtigen Lockruf verwenden, man muss ihr Gefieder bewundern, man darf sie nicht verschrecken, etwa indem man sie auch nur auf die indirekteste Weise als »schwul« bezeichnet. Man muss sie richtig füttern (in meinem Fall funktionierte Wodka-Red-Bull, was im Pascha Ibiza allerdings 17 Euro pro Glas bedeutet), und doch bleiben sie unberechenbar und flattern bei der kleinsten Störung davon. An diesem Abend ging ich mit der Kühnheit desjenigen vor, der nichts mehr zu verlieren hatte, und ich schien alles richtig zu machen. Leider konnten Xavier und ich die Nacht nicht zusammen verbringen, da er seinen betrunkenen Kumpel, mit dem er sich ein Hotelzimmer teilte, nach Hause fahren musste. Aber wir verabredeten uns für den nächsten Abend in der Altstadt. Ich hatte ein Date auf Ibiza! Wir tranken Wein am Hafen, aßen etwas, und als er sein Entrecôte schnitt, entwarf seine Muskulatur verschiedene faszinierende Szenarien. Ich machte auf superunschwul und superunbeeindruckt, weil das bisexuelle südländische Machos ködert. Sie brauchen dieses Gefühl von: zwei ganz normale Männer, die ein bisschen miteinander spielen, keine große Sache. Eine geiernde Schwulette, und sie schwirren ab.

Ich stellte die Frage, ob er mit zu mir fährt, warum nicht, dachte ich mir, ein Nein hatte ich ja schon, und wenn ich frage, wird vielleicht ein Ja daraus. Er sagte, er müsse mit seinen Freunden ins El Divino, jemand sei extra aus Madrid angereist, um ihn zu sehen, usw. Na gut, ich hatte es wenigstens versucht. Wir verabschiedeten uns, er sagte, er würde mich in der Nacht noch anrufen. Ja klar. Langsam hatte ich die Schnauze voll von Ibiza. Alle wollen oder müssen immer noch in den nächsten Club, statt endlich mal Liebe zu machen.

Ich fuhr wieder in die Finca, und zwei meiner Freunde, mit denen ich die Finca teilte, waren schon dabei, sich für den Abend aufzustrapsen: Sie wollten ausgerechnet auch ins El Divino. Ich dachte mir: »Warum nicht mitgehen. Nach diesem unvollendeten Date bleibe ich doch nicht daheim.«

Im Club sah ich Xavier in einem Tross aus Freunden. Ich beschloss, ihm nicht viel Aufmerksamkeit zu schenken. Als der Morgen anbrach, kam er auf mich zu und knutschte mich. Sofort hob ich mein Aufmerksamkeits-Embargo auf, so unbürokratisch geht das bei mir. »Let's go to your place«, beschloss er. Der kostbare Vogel ging mir doch noch ins Netz! Wir fuhren mit zwei Wagen hoch zur Finca, er hinter mir. Leider war ich auch nach zehn Tagen noch zu bräsig, den richtigen Feldweg zu finden, der von der Landstraße abbog. Wir verfuhren uns also, erreichten dann aber endlich die Finca und machten am Pool rum, während die heiße Sonne hinter den Pinienwäldern aufging. So stellte ich mir Ibiza vor!

Doch plötzlich rauschte wie ein Tsunami Renate über die Einfahrt, die griesgrämige Finca-Besitzerin! Sie brachte frische Handtücher, am letzten Morgen. Zehn Tage hatte sie sich nicht darum gekümmert. Jetzt hieß es: FLÜCHTEN! Sie hatte uns die Finca kostenlos überlassen, unter der Bedingung, dass wir keine fremden Menschen mitbringen. Ich wollte meiner Freundin, Renates Tochter, keinen Ärger machen, denn ich wusste, dass Renate schon wegen der falsch parkenden Miezen in der Vornacht auf 180 war. Also preschten Xavier und ich nur mit Handtüchern bekleidet ins Haus, ich war mir nicht sicher, ob sie uns schon gesehen hatte. Okay, dachte ich, gehen wir eben in irgendeines der fünf Schlafzimmer, die anderen sind wahrscheinlich eh alle noch unterwegs, wie jede Nacht.

Doch es war wie verhext: Ausgerechnet heute hatten alle beschlossen, zeitig schlafen zu gehen, und ratzten in den unterschiedlichsten Positionen in ihren Betten, eine Mitbewohnerin noch im vollen Disco-Pailletten-Fummel. Also drängte ich den schon leicht verstörten Xavier, vor dem ich zuvor so getan hatte, als sei ich alleiniger stolzer Bewohner der Finca, ins Bad und wollte weiterfummeln. Doch Xavier war inzwischen völlig aus dem Konzept, und dann hämmerte auch noch Gewitterhexe Renate gegen die Badezimmertür und herrschte uns an, rauszukommen. Xavier machte nach langem Zögern und trotz meines heftigen Kopfschüttelns schließlich die Tür auf und schlüpfte wie ein junges Wiesel an Renate vorbei. Ich hinter ihm her, Renate hinter uns beiden her. Xavier lief zum Pool, sammelte seine verstreuten Klamotten ein, zog sich hastig an, während Renate uns ausschimpfte und mit einem Handtuch nach uns schlug. »Let's go inside the car, drive somewhere and find a place!«, bettelte ich Xavier an und hielt ihn am Arm fest. »Nooooo!«, zeterte er und schüttelte mich ab, »I just wanna get out of this madhouse!«

Dann stieg er in seinen Wagen und brauste davon. Alles, was er hinterließ, war eine Wolke aufgewirbelten Staubs. Renate, die Furie, meckerte immer noch. »Halten Sie endlich die Klappe!«, fuhr ich sie an und verschwand in mein Zimmer. Wenig später musste ich auch schon zum Flughafen. Xavier ging mir nicht aus dem Kopf. Mir blieb nichts anderes übrig, als auf die Flughafentoilette zu gehen, um endlich Entspannung zu finden, während in der Zelle nebenan jemand seine Winde befreite und mein Flug nach Düsseldorf aufgerufen wurde.

Während Xavier also vor den widrigen Umständen flüchtete, schweißten sie Anika und Tom erst richtig zusammen. Denn ihr Date fand alles andere als in einer romantischen Umgebung statt.

Anika (28):
Als wir unsere Schanze ergriffen

Es war Anfang März, gefühlte minus fünf Grad Außentemperatur. Tom und ich verabredeten uns auf der Schanze, Hamburgs Kneipenmeile. Er war vorher noch woanders, ich auch. Daher war es auch schon fast zwei Uhr nachts, als wir uns endlich an der S-Bahn-Station trafen. Aber wir wollten uns unbedingt sehen. Es war unser drittes Date und außerdem Freitagabend. Da haben doch die Läden lange auf, dachten wir.

Doch irgendwie schien die Sternschanze noch im Winterschlaf zu sein. In die erste Bar ließ man uns gar nicht erst rein, mit dem Kommentar: »Wir machen gerade Kasse.« Die zweite hatte zwar noch auf, aber das Bier war aus. »Zapfanlange ist hinüber«, grunzte die Kellnerin. Diese Kneipe hatte Depressionen, und zwar dauerhafte, so viel war klar. Wir blieben trotzdem, fragten die Kellnerin, was es sonst zu trinken gab. Sie beugte sich vor, blies uns den Rauch ihrer Kippe ins Gesicht: »Ihr wollt sicher irgendwas Geschütteltes mit Crash-Eis und Orangenschalen-Dekoration. So etwas haben wir hier nicht.« Egal, nahmen wir einen Wodka-Tonic. Immerhin waren wir schon ziemlich durchgefroren. Dennoch forderte uns das Kellnerin-Schätzchen nach einer Stunde recht deutlich zum Gehen auf, indem sie das Licht anknipste und die Musik ausdrehte. Ok, kapiert.

Nach Hause wollten wir trotzdem noch nicht. Zu wem denn überhaupt? Er zu sich, wir zu mir, jeder in sein eigenes Bett? Wir waren ja noch gar nicht zusammen. Draußen erbrach sich gerade ein Mann auf den Asphalt, eine Ratte aß davon. Na herrlich, dachte ich. Wir steuerten im Schneematsch die letzte Eck-Kaschemme an, die wir finden konnten. Dort durf-

te zwar geraucht werden, aber es war immerhin warm, es gab Hopfen-Malz-Getränke und endlich, endlich kamen Tom und ich uns näher. Er sagte zu mir: »Ich bin total froh, dass ich neben dir sitzen darf.«

Äh, logisch! Das war ja der Sinn der Übung. Jedenfalls rückten wir immer näher zusammen, und als wir dann eine Stunde später wieder an der Bahnstation standen, an der wir uns vorher getroffen hatten, haben wir uns zum ersten Mal geküsst. »Wir stehen hier gerade rum wie die letzten Deppen. Aber das ist mir so was von egal«, grinste Tom.

Und als im gleichen Moment ein Mädel vorbeikam und fragte: »Habt ihr Feuer?«, antwortete ich: »Neee, aber hast du Sekt?«

Doch manchmal macht die unvorhergesehen eingetretene Situation auch eine Aussage über den anderen – und zwar keine gute …

Stella (24):
Als eine Drama-Queen ihren Auftritt hatte

Ich war Single und mit ein paar Freunden in einem Tanzclub unterwegs. Ich stand an der Theke und wollte zwei Weinschorlen für meine Freundin und mich bestellen, kam am Tresen aber nicht so recht vorwärts. Also sprach ich den Typen, der vor mir wartete, einfach an und fragte, ob er mir bei meiner Bestellung behilflich sein könnte. Er übernahm den Part für mich, und so kamen wir ins Gespräch. Wir unterhielten uns, es war kein Geschwafel, keine belanglose Unterhaltung – sie war emotional, wuchtig, intensiv, berührend.

Als der Abend zu Ende ging, dachte ich, er fragt mich bestimmt nach meiner Telefonnummer beziehungsweise gibt mir seine, doch nichts da, niente! Ich dachte, so bescheuert kann man doch nicht sein, der muss doch merken, dass ich ihn wiedersehen möchte – und ich hatte das Gefühl, er mich auch – aber nein, der Herr, der sich mit Markus vorstellte, machte es spannend. Er verabschiedete mich mit den Worten: »Ich denke, wir werden uns sehen ... «

»Ja, das hoffe ich auch, schrie es in mir, du Blödmann, dann werde doch verbindlicher.« Aber nichts da.

Zwei Wochen später traf ich ihn auf einem Event wieder. Er sah mich, steuerte in meine Richtung, und mit jedem seiner Schritte, die er auf mich zuging, schoss er einen Amorpfeil in mein Herz. Und fragte mich, ob er ihn am nächsten Tag am Rheinufer treffen will.

Es wurde ein sehr schöner und lebendiger Nachmittag, und wir fuhren gemeinsam mit einem Taxi in seine Wohnung. Ich hatte mich selten so schön, so begehrenswert und so mit einem anderen Menschen verbunden gefühlt. Der Abend endete hinreißend. Am nächsten Morgen war alles sehr harmonisch, bis zu dem Zeitpunkt, als es an der Tür schellte ...

Ich fragte: »Oh, wer könnte das sein?«

Seine Antwort: »Das wird meine Ex sein.« Und tatsächlich: Sie war es! Plötzlich stand sie in der Wohnung; sie musste noch einen Schlüssel besessen haben.

Ich begriff sehr schnell, dass das hier nicht Karo einfach, sondern ein Grand mit zwei Damen war. Intuitiv verließ ich nicht die Wohnung, wie sie es von mir erwartet oder es sich gewünscht hätte, nein, ich ging schnurstracks in sein Schlafzimmer und hockte mich aufs Bett. Hinter verschlossenen Türen hörte ich ihren Drama-Auftritt: »Kannst du mir das

hier bitte mal erklären?«, schrie und keuchte sie in oberster
Stimmlage. »Was bist du für ein Schwein? Du vögelst doch
nur für dein Ego! Suchst du dir jetzt die nächste blöde Kuh,
die auf dich reinfällt?« Sie fing an, mit Geschirr zu schmei-
ßen – der Klassiker. Immer das Geschirr. Dann plötzlich:
Stille. Ich hörte, wie sie sich auf den Boden warf und ein
minutenlanges Heuldesaster aufführte. Sie jaulte, quäkte und
flüsterte dann wieder: »Ich liebe dich doch so sehr, bitte ruf
mich an.« Danach fiel die Tür ins Schloss; sie ging. Kein
Regisseur der Erde hätte hier gewagt, eine zweite Klappe zu
fordern, die Darbietung war absolut gelungen.
Ich öffnete vorsichtig die Schlafzimmertür und fragte: »Was
war das denn?«
»Das?«, antwortete Markus, »das war Beate.«
»Und jetzt?«, fragte ich.
»Ich denk mal drüber nach, wir werden sehen«, antwortete
er.
Und damit endete unser Date.

Hier liegt es auf der Hand: Der unvorhergesehene Auftritt der
Ex-Freundin zeigt, dass Stella sich auf noch nicht geräumtem
Territorium befand. Ihr Auftauchen ließ sie völlig unverschul-
det in die Rolle des Eindringlings schlüpfen, der Unfriedenstif-
terin. Markus hat offensichtlich mit der alten Beziehung noch
nicht abgeschlossen, er hat noch nicht einmal den Haustürschlüssel zurückverlangt. Mit Stella hat er sich vorsichtig in ein
neues Ich vorgewagt, ehe das alte durch die hineinplatzende
Ex-Freundin wieder präsent wurde.
In seiner Wohnung kam es zur Kollision beider Identitäten,
zum Kampf Vergangenheit gegen Zukunft. Wie wenig Markus eine Entscheidung für seine Zukunft getroffen hat, zeigt

seine matte Reaktion auf das Eindringen der Vergangenheit in die Gegenwart. Er verweist seine Ex nicht der Wohnung, ergreift nicht Partei für Stella, seinen neuen Gast, entschuldigt sich nicht einmal bei ihr für die unangenehme Situation. Seine Ich-Spaltung ist so zögerlich, dass er verwirrt und handlungsunfähig zwischen den Identitäten verharrt.

Dating-Desaster in max. 130 Zeichen: Optik-Überraschungen

Tim: »Gayromeo«-Date. Der Typ von den Profilbildern hat sich verdoppelt. Ein Hintern so groß wie der Mond. Aber der Mond bekommt mehr Besuch, so viel ist klar.

Chris: Ich hatte ein Date mit einer Frau unklaren Alters, die war so gebotoxt und gefaceliftet, dass sie aussah, als würde sie Achterbahn fahren.

Kerstin: Der Typ legte ganz offensichtlich verschärft Wert auf sein akkurates Augenbrauen-Design.

Das sagt die Statistik: 78 Prozent der Frauen hätten gern einen größeren Partner. (Elite)

Menschen neigen dazu, sich Partner mit einem ähnlichen Körperfettanteil zu suchen. (Rowett Research Institute)

Frauen finden blasse Männer unattraktiv. (Universität Toronto)

Ganz klar: Bei einem Date geht es um den ersten oder zweiten Eindruck. Und da sind es zwangsläufig häufig Äußerlichkeiten, die ein Date scheitern lassen. Selten ist ein Date komplett blind: Meistens weiß man, wie der andere aussieht. Dennoch:

Durchs Internet-Dating kommt es immer häufiger zu »bösen Überraschungen«. Der andere kommt dann nicht durch den eigenen Sinnesorgane-TÜV: Man findet ihn nicht attraktiv, mag seine Stimme nicht, die Art, wie er geht, einem die Hand hält. Oder man kann ihn nicht riechen.

Ich frage die Psychotherapeutin Stefanie Malanowski dazu, die ihre Praxis in der Single-Hauptstadt Berlin hat: »Da im Internet bereits einiges an virtueller Kommunikation stattgefunden hat, ist das Bild, das man von seinem Dating-Partner im Kopf hat, schon sehr vorgefertigt«, sagt sie. »Man ist voller Erwartungen. Umso größer die Angst, zu enttäuschen, oder davor, selbst negativ überrascht zu werden.«

Dazu passt die Geschichte von Emily.

Emily (36):
Als mein Date verduftete

Es fällt mir immer noch schwer, von meinen Dates mit Sven als Desaster zu denken. Es war doch alles so wunderbar, auch beim dritten Mal. Sven war ein Traumtyp, keine Schönheit, aber über schöne Männer lässt sich eh nicht viel Gutes sagen. Sie sehen nur sich selbst, sind gewohnt, alles serviert zu bekommen, geben sich keine Mühe und sind lausig im Bett. Sven war ein Mann zum Greifen und kein übertrainiertes Gym-Bunny.

Wir machten eine Bootstour, besuchten die Max-Liebermann-Villa am Wannsee und aßen dann etwas in einem Ausflugslokal. Er fuhr mich nach Hause, und wir knutschten im Wagen. Man kann einen günstigen Zeitpunkt auch verpassen, dachte ich mir. Deswegen stellte ich die Glas-Wein-Frage: »Magst du auf ein Glas Wein mit hochkommen?« Die Frage schien mir angebracht, nach einer gemeinsamen Party und drei Dates mit nichts als Knutschen. Jetzt oder nie. »Ne«, *sagte er,* »ich muss morgen früh raus, den ersten Zug nach Hamburg nehmen.«

Ich war ein bisschen vor den Kopf gestoßen. »Stimmt eigentlich irgendetwas nicht? Ich habe das Gefühl, du weichst mir aus ...«, *sagte ich.*

Er: »Ich mag dich sehr gerne, alles ist cool, wir haben viel Spaß zusammen.«

Ich: »Den Eindruck habe ich auch. Aber ich bin nicht ganz dein Typ?«

Er: »Das ist es nicht ...«

Ich: »Was ist es dann?«

Er: »Willst du eine Lüge oder die Wahrheit?«

Ich: »Ich bin ein großes Mädchen, ich nehme die Wahrheit.«

Er: »Okay. Ich kann dich irgendwie nicht riechen.«

Ich: »Bitte?«

Er: »Ich mag deinen Geruch nicht.«

Ich: »Ich verwende doch nur einen Tropfen Escada. Das nehme ich immer schon. Ich kann es auch weglassen, wenn es dich so stört.«

Er: »Es ist nicht dein Parfüm. Es ist dein Eigengeruch. Ich mag ihn nicht.«

Ich darauf schnell: »Okay, kann ich dann doch bitte lieber die Lüge haben?!«

Er sah mich nur an, sagte dann »Sorry, aber du hast gefragt«, *dann stieg ich grußlos aus dem Wagen. Er schrieb mir noch eine SMS, dass er hoffe, er hätte mich nicht verletzt, und es wäre schön, mich wiederzusehen. Ich habe nicht mehr geantwortet. Denn natürlich hat es mich verletzt. Ich bin eine hygienische Person. Wenn jemand meinen ureigenen Körper-*

geruch nicht mag, ist das ein Affront gegen die ureigene Per-
sönlichkeit. Wie kann man da nicht verletzt sein? Und welche
Möglichkeit, auf so eine Aussage zu reagieren, gibt es über-
haupt?

Emily bringt es bereits auf den Punkt: Werde ich abgelehnt
wegen der Art, wie ich aussehe, spreche oder gar rieche, habe
ich keine Möglichkeit, darauf zu reagieren. Am allerwenigs-
ten, wenn es um den ureigenen Körpergeruch geht. Wie soll
ich den ändern? Zugleich tut es hier am meisten weh, denn der
Geruchssinn ist der subtilste und archaischste unserer Sinne.
Durch eine Aussage wie die von Sven entsteht eine Asymmetrie, ein Machtgefälle in der Kommunikation: Der eine teilt
aus, der andere muss einstecken. Da eine solche Ablehnung die
ureigensten Persönlichkeitsmerkmale betrifft, kann sie nur
schmerzen. Trotzdem sollten wir uns bewusst machen: Wir
stecken nicht drin im anderen und seiner Wirklichkeit. Wir
wissen nicht, welche Assoziationsketten wir in ihm ausgelöst
haben. Möglicherweise erinnert ihn etwas an uns an eine un-
gute Erfahrung, die er verdrängt hat. Vielleicht sieht er etwas
in uns, was er an sich selbst nicht leiden kann (Projektion).
Vielleicht sucht er nur einen Vorwand, der ihn von ganz anderen Ängsten ablenkt oder seine Fluchtgedanken legitimiert
(Verschiebung). Wir wissen es nicht. Der andere bleibt eine
Blackbox. Aber seine Ablehnung hat viel mehr mit ihm selbst
zu tun als mit uns. Mit diesem Wissen gelingt es uns vielleicht,
sie ein bisschen weniger persönlich zu nehmen.

Wenn das Gespräch floppt

Zu den häufigsten Befürchtungen vor einem Date gehört die, keine gemeinsame Sprache zu finden. Was ist, wenn ich kein Wort herausbringe? Was tun bei peinlichen Schweigepausen? Was, wenn er meinen Humor nicht versteht oder ich den meines Gegenübers nicht? Diese Ängste überraschen nicht, ist das Gespräch doch Hauptbestandteil eines Dates. »Liebe und Flirten ist Kommunikation«, sagt mir auch der Soziologe, Journalist und Buchautor Christian Schuldt *(Der Code des Herzens: Liebe und Sex in Zeiten maximaler Möglichkeiten),* der die Liebe anhand der Systemtheorie von Niklas Luhmann untersucht. »Soziologisch ist die Liebe kein Gefühl, sondern eine Form von Kommunikation, die es möglich macht, Gefühle auszudrücken, und teilweise auch erst dazu anregt.« Luhmann hat behauptet, dass Liebe auf den ersten Blick nur dann möglich ist, wenn man schon vorher verliebt war. Liebe entsteht also erst, indem ich ein bereits vorhandenes, diffuses Gefühl kommuniziere. Die Kommunikation wiederum beeinflusst dieses Gefühl.

Schuldt weiter: »Auf diese Weise bilden sich semantische Muster, Liebescodes, die sich über die Zeit verändern, vom Fallenlassen eines Taschentuchs vor einigen Jahrhunderten bis zum heutigen Gruscheln im Internet. Diese Muster werden vor allem in Liebesfilmen immer weiter tradiert und variiert, vor allem aber kommuniziert, so dass jeder erkennen kann, ob es um Liebe geht oder nicht.« Der Film ahmt die Wirklichkeit nach, und die Wirklichkeit ahmt wiederum den Film nach – dann nämlich, wenn wir unsere Verliebtheit ausdrücken wie die Helden der letzten Romantikkomödie (die wir natürlich nur zufällig im Flugzeug gesehen haben). Müsste sich dann nicht ein präziser Code entwickelt haben? Schließlich gucken wir über Landes- und Standesgrenzen hinweg weitgehend dieselben Filme. Schuldt ist der Meinung: »Die Codierung der Liebe ist nie eindeutig, sondern lässt immer Interpretationsspielräume.«

Genau das macht das Date-Gespräch so verzwickt. Es unterliegt zwar einem Code, bleibt aber dennoch uneindeutig. Es ist persönlich, und dennoch funktioniert es nach gesellschaftlichen Spielregeln.

Eine dieser Spielregeln besagt, beim Date vage zu bleiben, keine genauen Aussagen über den Stand der Beziehung oder die Zukunft zu machen. Weil explizite Beziehungsaussagen tabuisiert sind, suche ich die Gesprächsbeiträge des anderen nach impliziten Botschaften ab: Wie denkt er über mich? Wie stehen wir zueinander? Etwas eindeutiger darf die Kommunikation abseits der *Beziehungsebene* sein: Wie will der andere, dass ich mich verhalte *(Appellebene)*? Was sagt er über sich selbst? Was für ein Typ/Mädel ist das eigentlich *(Ausdrucksebene)*? Wir reden bei einem Date über Reiseziele oder Popstars *(Sachebene)* und hören in Wirklichkeit höchst gespitzt mit dem Beziehungs-, dem Appell- und dem Ausdrucks-Ohr hin – und fühlen uns entsprechend von unserem Gegenüber belauert.

Die Konvention sieht es vor, beim Small Talk zu bleiben und in ihm Sub-Botschaften zu verpacken und zu lesen. Unsere Sinne beim Date sind dadurch geschärft – wir sind aufs höchste angespannt: Welche Art des Gesprächs erwartet der andere von mir? Wie bewertet er meine Gesprächsbeiträge? Wie ordnet er mich ein? Komme ich so rüber, wie ich beabsichtige? Wie viel kann ich preisgeben, ohne ihn zu verschrecken? Wie viel Initiative kann ich zeigen, ohne lästig zu werden?

Eine Gefahr ist es auch, sich in Verbindlichkeiten zu verstricken. Vielleicht lasse ich mich auf weitere Planungen ein oder erwidere eine Gefühlsäußerung, um die Harmonie des Moments nicht zu zerstören – und meine es gar nicht so. Ich bewege mich auf einem Minenfeld, das höchste Kompetenz erfordert. Ich muss um Tabus und Normen wissen und auch das, was ich preisgebe, angemessen codieren. Unterschiedliche Sprachcodes können zu Missverständnissen führen, also muss ich meinen Code dem des Gegenübers anpassen. Schließlich verfolgt jede Kommunikation ein Ziel, das glücken oder fehlschlagen kann.

Zusätzlich müssen wir in unsere Interpretation nonverbale Signale wie Körpersprache oder Mimik oder paraverbale wie Stimmlage oder Sprechtempo mit einbeziehen. Ich selbst wiederum muss meine Körpersprache als verräterische Informationsquelle unter Kontrolle halten.

Jede Menge Gründe für Anspannung. Doch sie gehört dazu. Schließlich geht es darum, Grundlagen für die Zukunft zu legen. Ich stelle eine Weiche. Diesen Gründungsakt muss ich allerdings in alltägliche, scheinbar zwanglose Worte und Gesten verschlüsseln. Ich muss in den Worten und Gesten des anderen den Gründungsakt lesen können, sofern vorhanden. »Wie meint er das jetzt?« oder »Was will sie mir damit sagen?« sind die wohl häufigsten Gedanken in der Dating-Phase, die gerne ausgiebig mit Freundinnen oder Kumpels diskutiert werden, die wiederum mit ihren ganz eigenen Interpretationen aufschlagen. Kein Wunder, dass Datende unter Stress stehen!

Wäre es da nicht das Einfachste, sich zu entwaffnen, die Karten auf den Tisch zu legen und zu sagen: »Ich bin unsicher, du bist unsicher. Also lass uns das hier so leicht und angenehm wie möglich über die Bühne bringen. Dann entscheiden wir, ob wir uns wiedersehen. Und egal, wie wir uns entscheiden, wir versuchen, uns dabei nicht weh zu tun«?

Doch ein Date funktioniert nicht nach dem Prinzip Entwaffnung. Durch die Vorgabe, vage zu bleiben, entsteht bei einem Date eine **paradoxe Situation:** Damit es funktioniert, muss das konstruierte System Date zwanglos erscheinen. Es herrscht das **Zwanglos-Dogma,** ein Zwang zur Zwanglosigkeit. Der Anspruch, beiläufig zu wirken und das Date unbeschwert aussehen zu lassen, führt wiederum dazu, dass Dates sich so oft verkrampft anfühlen, denn Zwanglosigkeit lässt sich nicht verordnen. Aus diesem Widerspruch gewinnt das Date sein Potenzial zu scheitern – aber oft auch seine unfreiwillige Komik.

Die Datenden befinden sich zudem durch das Zwanglos-Dogma im Spannungsfeld einer doppelten Norm: Einerseits spüren sie das Bindungs-Dogma der Gesellschaft: *Um ein vollwertiger Mensch zu sein, musst du einen Partner haben, und das hier ist die Chance für dich, das zu erreichen.* Andererseits ist es beim Date tabu, seine Absicht explizit zu machen. Fragen wie »Könntest du dir mit mir eine Beziehung vorstellen?« oder »Wollen wir es miteinander versuchen?« und Aussagen wie »Ich merke, wie ich mich in dich verliebe« oder »Ich habe das Gefühl, dass du die Mutter meiner Kinder wirst« werden in der Dating-Phase als zu weit vorgeprescht, als übereilt, gar verzweifelt und anmaßend erlebt – alle Äußerungen, die auf Langfristigkeit abzielen, sind Date-Killer und blockieren den Prozess, statt ihn zu beschleunigen. »Ein Satz, und er/sie machte alles kaputt«, heißt es dann oft im Nachhinein.

Trotz Beziehungs-Dogma und trotz des Drucks, den beide empfinden, gilt das **Modell des scheinbaren Automatismus:** Es wird erwartet, dass sich die Beziehung in einem natürlichen Fluss entwickelt, dass »es passiert«, dass die Ereignisse die Akteure kontinuierlich mitreißen. »Wir spürten es einfach«, sagen Paare oft, wenn sie erklären, wie sie merkten, dass sie zusammengehören. Auch im Rückblick noch bleiben sie vage statt rational, sprechen eher von Gefühlen als von Abwägungen. Erst wenn Angst, Genervtheit und Ablehnung bei einem Date dominieren, nennen wir dafür konkrete Gründe: »Er kam mir vor wie ein Loser« oder »Ich merkte, dass mir ihre Art zu reden peinlich war«.

Wie sehr es gelingt, das Date ungezwungen aussehen zu lassen, ist ein wesentlicher Faktor für seinen Erfolg. »Es war, als würden wir uns schon ewig kennen« oder »Es war direkt total locker« sind häufig gehörte Sätze, wenn jemand von einem besonders gelungenen Date erzählt. In Wahrheit aber ist die Zwanglosigkeit eine Inszenierung, zu der sich beide anstacheln.

Offenbare ich zu viel von meiner Unsicherheit, sabotiere ich von vornherein die Illusion des Zwanglosen, die entscheidend ist für einen positiven Ausgang. Also stellen beide Seiten Gelassenheit zur Schau. Doch je interessierter ich an dem anderen bin, je stärker mein Wunsch nach Bindung ist, je mehr ich mir erhoffe, desto nervöser bin ich – und müsste doch gerade jetzt umso beiläufiger sein!

Marie (27): »Dass Zack bei unseren Treffen immer so verdammt gelassen war, machte mich nur noch verkrampfter. Wie kann ihm etwas an mir liegen, wenn er so ruhig ist? Und ich wusste doch, ich musste cool und abgeklärt sein, wenn ich bei ihm landen wollte. Und was war ich? Eine versteifte Pomeranze.«

»Man muss beim Flirten über ein gewisses Maß an sozialem

Geschick verfügen«, erklärt mir Christian Schuldt. »Situationen und Charaktere richtig einschätzen können – und dann in der Lage sein, spontan, aber auch unterhaltsam (nur eben nicht plump) zu reagieren beziehungsweise Reaktionen hervorzurufen, so dass sich beim anderen eine positive Stimmung einstellt.«

> **Der schlechte Rat:** Bereiten Sie sich vor! Flirten kann man lernen, Kommunikation lässt sich schulen. Strengen Sie sich an, es geht um Ihre Zukunft!

Und was stimmt nun? Ein Date ist keine Prüfung! Während bei einer Prüfung Anspannung hilfreich ist, um eine optimale Leistung zu erzielen, sollten wir bei einem Date ein paar Gänge herunterschalten. Wir können uns von dem Stress befreien, indem wir innerlich aus der Situation heraustreten und uns selbst beobachten. Ohne uns zu bewerten, ohne etwas ändern zu wollen. Ich nehme mich selbst in der gegenwärtigen Situation einfach nur wahr. Das Date ist nur ein Ereignis von vielen. Es findet innerhalb einer begrenzten Zeitspanne statt. Ich bin so viel mehr als dieses Date. Auch wenn es anders ausgeht als erwünscht, ändert es nichts daran, dass ich ein wertvoller Mensch bin, der ein wertvolles Leben führt. Mein Date ist eine Erfahrung und eine Übung. Mehr muss es gar nicht sein.

Hier ist zwar die ganze Zeit von Desastern die Rede, aber unter nur leicht verändertem Blickwinkel sehen wir: Es gibt keine guten oder schlechten Dates. Es gibt lediglich Dinge, die passieren. Ich allein bin es, der die Ereignisse, mein Handeln oder mich selbst bewertet. Wenn ich mich schlecht bewerte, mag der andere vielleicht zu einem ganz anderen Schluss kommen. Alles in allem steht bei einem Date gar nicht viel auf dem

Spiel. Es ist nicht das Date, das stresst. Es sind meine Gedanken über dieses Date, die mich stressen.

Dating-Desaster in max. 210 Zeichen: Flop-Gespräche

Silke: Der Typ erzählt mir im Restaurant ausschließlich von seiner Ex-Frau und wie sie ihn finanziell über den Tisch zieht. Am Ende hat er nicht genug Bargeld für die Hälfte der Rechnung, ich zahle alles mit meiner Karte.

Silke: Im Restaurant. Dem Typen ist es sehr wichtig zu betonen, dass er keinen Alkohol trinkt und kein Auto fährt. Ich fühle mich genötigt zu fragen: Und warum nicht? Da breitet er zwei Stunden aus, dass er Epileptiker ist und wie sehr ihn das einschränkt.

Vera: Ich versuche, interessante Fragen zu stellen, zum Beispiel: Was würdest du dir für deinen letzten Abend wünschen? Und er antwortet: Ein Date mit Gisele Bündchen und ihren fünf Schwestern. So ein Assi.

Vera: Ich hatte einen Typen bei mir, einen Anwalt, der wollte nur reden, über seinen Job, seine Probleme mit der Familie, dass sie gerade mit einem Therapeuten eine Familienaufstellung machen. Am Ende weinte er betrunken in meinen Armen!

Soraya: Er fand ganz viel spannend: die Speisekarte. Seinen Job. Wikileaks. Wie Berlin sich verändert. Nahost-Reisen. Ich dachte: Noch einmal das Wort spannend, und ich breche ins Essen!

Kerstin: Wir gehen nach dem Date zu ihm. Er legt »Kill Bill« ein und zitiert den ganzen Film.

*Yasmin: Zweites Date. Er war frisch vom Mallorca-Urlaub
zurück. Zeigt mir eine Stunde lang Fotos auf dem iPad. Party,
Strand, Altstadt. Dazu Storys von Leuten, die ich nicht kenne.
Öde!*

Verenas folgende Geschichte zeigt, dass das Gelingen oder
Scheitern von Kommunikation auf das System zurückzuführen ist, das durch das Zusammentreffen dieser beiden Personen entsteht. Es liegt nicht an einem alleine. Es liegt an beiden
und an der Situation, die entsteht, wann immer beide zusammentreffen. Denn dieses System »Date zwischen Verena &
Christian« ist mehr als die Summe der Einzelteile, also der beteiligten Personen. Bei einem Date ergibt 1 + 1 nicht 2, sondern
3. Nicht Verena ist daneben, nicht Christian ist daneben, sondern Verena und Christian in Kombination sind daneben. So
erwies sich der Mann, den sie als sterbenslangweilig empfand,
für ihre Freundin offenbar als Traumprinz.

Verena (33):
Als ich über meinen Dating-Partner lästerte
*Eine Freundin arrangierte ein halb blindes Date mit Christian. Er kannte mich, aber ich wusste nicht, wer er war. Treffpunkt war das Bistro des Hamburger Ohnsorg-Theaters, Erkennungszeichen eine rote Rose – und genauso einfallsreich
setzte sich der Abend fort. Christian war angehender Arzt mit
Mittelschichts-Background, kam aus einer adretten Mittelstadt, reiste gern ins Mittelgebirge, fuhr einen Mittelklassewagen, mit dem er versprochen hatte, mich nach Hause zu
fahren. Stattdessen schleifte er mich »auf noch einen kleinen
Absacker« von Bar zu Bar, trotzdem wollte der Funke nicht*

überspringen. Am nächsten Tag erzählte ich meiner Freundin Nicole von dem Reinfall mit dem »langweiligsten Typen meines Lebens, der nichts auf dem Kasten hat, aber einfach nicht lockerließ«.

Ein halbes Jahr später. Nicole ist am Telefon und erzählt mir von einem ganz tollen Arbeitskollegen. Sie hält mich auf dem Laufenden: wie sie sich treffen, wie sie sich verlieben, schließlich wie sie zusammenkommen ... »Bring ihn mit zu meiner Geburtstagsparty, ich will ihn kennenlernen!«, schlug ich vor.

Und da standen dann an dem Abend vor mir: Nicole und Christian. »Ihr kennt euch?«, fragte Nicole sofort. Es dauerte nicht lang, da setzte sich das Puzzle für alle Beteiligten auf sehr peinliche Art zusammen. Nicole wusste, was ich von ihrer neuen Liebe dachte, Eifersucht war vielleicht auch im Spiel. Christian merkte, dass ich kein gutes Haar an ihm gelassen hatte, ich fühlte mich wie die Verräterin erster Güte an einer neuen, zarten Liebe. Die beiden blieben den Rest des Abends für sich in einer Ecke und sprachen mit sonst keinem. Von Nicole hörte ich die nächsten Monate nicht viel. Die Moral? Klein ist die Liebeswelt. Oder: Interessante Gespräche liegen im Auge des Betrachters.

Ein Beispiel von gescheiterter Kommunikation liefert auch Henry, der sie bei seinem Date als ausgesprochen einseitig erlebte:

Henry (34):
Als mein Date mich niederredete

Es ist okay, wenn jemand bei einem Date nur von sich redet – wenn sein Leben interessanter ist als meines. Wenn ich mich also mit Lady Gaga treffen würde, wäre es völlig in Ordnung, wenn sie nur von sich reden würde. Von allen anderen erwarte ich, dass sie wenigstens ein paar Fragen an mich richten und vielleicht ein-, zweimal kommentieren oder sogar nachhaken, wenn ich etwas von mir erzähle. Es ist egal, ob sie sich wirklich für mich interessieren oder nicht. Es ist ein Zeichen von Kultur und Respekt. Wie in jeder Erwartung steckt auch in dieser schon der Keim der Enttäuschung.

Ich sollte also Antonio Agretti treffen. Ein Italiener! Das konnte ja nicht so verkehrt sein. Meine Freundin Ariane hatte ihn auf einer Party kennengelernt und uns bei Facebook einander vorgestellt. Das hätte mich stutzig machen sollen, denn was Ariane anpackt, geht grundsätzlich schief. Er schrieb mich dann bald an, man würde sich ja bestimmt bald mal mit Ariane treffen. Das erschien mir ein wenig zögerlich, also antwortete ich: »Brauchen wir eine Anstandsdame? Wir können uns auch ohne Ariane treffen!«

Wir machten also über Facebook ein Date aus, und kaum stand das, schrieb Ariane mir: »Hey, hab gehört, du triffst Antonio!« Antonio hatte also keine Sekunde gezögert, sie über unsere Verabredung zu unterrichten. Mir war nun klar: Sollte es irgendwas werden, mussten wir Ariane da raushalten!

Der Tag der Verabredung, ein Straßencafé: Antonio sah so hübsch aus wie auf seinem Profilbild, wenn auch gar nicht wie ein Italiener. Vielleicht ein Norditaliener? Gehen Südtiroler auch noch als Italiener durch? Er stellte sich als Martin vor. Antonio Agretti nenne er sich nur, um bei Facebook eine

falsche Fährte zu legen, »die ganzen Freundschaftsanfra-
gen ... « Und dann begann Martin, ehemals Antonio, zu erzählen. Nichts davon war spannend. Er war 31 und gerade
von Wiesbaden nach Berlin gezogen. Bei dem Wort Wiesbaden wurde ich schon ein wenig müde. Er hatte BWL studiert. Wie kam man nur auf so eine Idee? Er war gerade auf
Jobsuche, hatte bereits acht Vorstellungsgespräche gehabt. Bei
allen war er gescheitert. Seine Eltern hatten ihm eine Wohnung in der Torstraße gekauft. Er hatte ein paar Monate in
New York verbracht. Das hatten ihm wohl auch Mutti und
Papi spendiert. Eine wahnsinnig aufregende Stadt. Ja, das ist
sie wohl, wenn man auf Menschen steht, die dem Geld hinter-
herhecheln und sich abends an überteuerten Drinks festhalten, die man dann noch zur Sperrstunde um 2 Uhr aus der
Hand gerissen bekommt.
Nun gut, New York also. Er berichtete mir, dass er Besuch
von seinen Neffen und Nichten erwartete, und zählte sie alle
mit Namen und Alter auf. Er habe gerade Biene-Maja-Bett-
wäsche für sie gekauft. Es sei sein größtes Onkel-Glück, sie
lustig zu kostümieren. Dann zeigte er mir auf seinem iPad
Bilder von ihnen. Ich sah Kinder verschiedenen Alters mal als
Star-Trek-Figur verkleidet, mal als Hummel, mal als Hummer, mal als Krümelmonster, mal als E. T., mal als Vampir,
mal als Hot Dog, mal als Michael Jackson und – leider ja – als
Karl Lagerfeld. Er sei froh, dass es neben Karneval jetzt auch
an Halloween die Möglichkeit gebe, Kinder zu kostümieren.
Aber, ehrlich gestanden, er kostümiere sie das ganze Jahr.
Ich dachte mir, dass er das besser sein lassen sollte, denn es gilt
in Kinderkreisen nicht als cool, vom schwulen Onkel in seltsame Kostüme gesteckt zu werden. Ich sagte jedoch nichts. Ich
kam ja ohnehin nicht zu Wort. Er musste so kichern über die

Kostüme, dann hatte er sogar Tränen der Rührung in den Augen.

Ich sagte: »Ich geh mal kurz pinkeln, aber rede ruhig weiter.« Er verstand meine sanfte Ironie nicht. Womöglich redete er wirklich weiter. Er redete und redete, es purzelte nur so aus ihm raus, Worte, Sätze, Anekdoten, munter wie Kolibris flatterten sie durch die Luft. Ich wunderte mich, wie viel man über ein Leben reden konnte, in dem nichts Nennenswertes geschah. In zwei Stunden hatte er nicht eine einzige Frage an mich gehabt. Nicht einmal solche Fragen, die jedem einfallen, also wo man geboren ist oder welchen Beruf man hat. Mir war klar, warum all seine Bewerbungsgespräche scheiterten: Er quasselte den Personaler wahrscheinlich fix und foxy. Mensch, Martin, so wird das nichts, wenn du jemals von den Transferleistungen deiner Eltern in Wiesbaden unabhängig sein willst.

Einmal sagte er in einem Zusammenhang, an den ich mich nicht mehr erinnere: »Du als Berliner müsstest das doch wissen ... « Ich bin kein Berliner. Ich weiß nicht einmal, ob es in dieser Stadt wirklich noch Eingeborene gibt. Einen weiteren WC-Gang nutzte ich, um zu bezahlen. Ich verabschiedete mich hastig, stammelte irgendeinen Mist, wünschte ihm viel Spaß mit den kostümierten verwandten Kindern und hatte ihn da schon vergessen. Doch er schrieb mir später eine Mail über Facebook, er hoffe, er habe nicht zu sehr monologisiert. Aha, da ist doch ein Ansatz zur Selbstreflexion!

»Nun ja«, schrieb ich, »einen Tipp: Mit ein, zwei Fragen an dein Gegenüber klappt's besser, auch im Bewerbungsgespräch.« Er schrieb mir dann zurück, dass er meinen Rat gerne befolge, und er rede immer so viel, wenn er etwas aufgeregt sei, das sei bestimmt sein Dilemma.

Ich klappte den Computer zu und sah mich in der Wohnung um, in der nur ich alleine war, und alles, was sich dort befand, war auch auf eine Weise ich. Alles, was ich sah, fand ich reichlich uninteressant und austauschbar. Ich erinnere mich daran, wie kläglich Mobiliar aussieht, wenn es in einen Umzugswagen zusammengepfercht ist. Das ist also dein Leben, entworfen von skandinavischen Möbeldesignern, es passt in einen Robben-&-Wientjes-Van. Ich interessiere mich nur bedingt für mich selbst. Wie soll ich dann noch Interesse für andere aufbringen? Den ganzen Tag beobachte ich meine Befindlichkeit, und die ist oft: genervt. Ich bin von mir selbst schon so genervt, wie sehr würde mich dann jemand nerven, der nicht ich ist? Wo soll das herkommen, was man braucht, um sich für kostümierte kleine Nichten und Neffen zu interessieren, ein Gefühl zu entwickeln, das süß zu finden? Was war mein Problem? Ich hatte nicht die Gelegenheit, meine paar vorgefertigten Meinungen und Anekdoten abzufeuern, von denen ich hoffte, sie könnten spannend sein. Dieser Typ kommt aus Wiesbaden, isst gern asiatisch, findet New York toll, geht ins Gym und plappert vor Aufregung. Ich sah meine eigene Belanglosigkeit in ihm.

Was mich an diesem Bericht verwundert: Warum reflektiert Henry am Ende seinen Missmut über den monologartigen Verlauf der Zusammenkunft so betont selbstkritisch? Ist es nicht völlig berechtigt, mit einem Treffen unzufrieden zu sein, das derart unausgewogen verläuft? Was außerdem auffällt: Henry machte während des Dates keinerlei Versuche, Gesprächszeit einzufordern. Dabei hätte er auf den Tisch hauen und sagen können: »Ich habe dir zugehört, und jetzt möchte ich, dass du mir zuhörst. Auch ich habe etwas zu sagen.« Stattdessen lässt er sich überrennen, um am Ende zu flüchten. Dies zeigt: Das Zwanglos-Dogma beim Date wiegt so schwer, dass Interventionen kaum möglich sind. Entweder mein Gegenüber kommt von selbst darauf, Interesse an mir zu zeigen und mir Fragen zu stellen, oder ich kann es gleich vergessen. Schließlich ist erkämpftes Interesse kein echtes Interesse, die Forderung »Interessiere dich für mich!« ein paradoxer Appell. Doch in seiner Reflexion offenbart Henry eine weitere Dimension: Er entdeckt in Martins Geplapper einen Verweis auf sich selbst. Während Martin gar kein Interesse für sein Gegenüber aufbringt, stößt auch Henry an eine Grenze, was sein Interesse für andere betrifft: Völlig richtig, solche Grenzen zu haben, denn nicht jedem kann sich das Thema Kinder-Kostümierung erschließen. Henry hinterfragt diese Grenzen allerdings auffallend selbstkritisch. Ebenso selbstkritisch sieht er seinen eigenen Vorrat an möglichen Gesprächsthemen – er hält ihn offenbar für belanglos und reagiert umso abweisender, wenn andere unbedarft die Belanglosigkeit ihres Lebens zur Schau stellen. Ist dieses überkritische Selbstbild auch der Grund, warum Henry gar nicht erst um Gesprächszeit kämpft – eben weil er denkt, selber nichts zu erzählen zu haben?

Tückische Selbstdarstellung

Die Selbstkundgabe ist neben dem Sachaspekt, dem Appell und dem Beziehungsaspekt eine der vier Funktionen von Kommunikation. Bei einem Date spielt die Selbstkundgabe eine zentrale Rolle – schließlich erwartet der andere, dass ich etwas von mir preisgebe. Doch die Selbstpräsentation ist ein heikles Geschäft: Natürlich will ich mich von meiner Schoko-ladenseite zeigen. Aber: Übertreibe ich damit, gelte ich schnell als Angeber oder »Poser«. Viele wählen daher einen defensi-ven Weg, sagen wenig, um nicht falsch verstanden zu werden, bleiben dadurch aber vage und blass.

Weil ich mich gut darstellen will, bin ich freundlich, kon-trolliert, aufmerksam, zuvorkommend und unterhaltsam. Kritik, so sieht es die Norm vor, gehört nicht in ein Date. Dunklere Seiten bleiben ebenso verborgen. Bei einem Date besteht also der Widerspruch, dass sich die Beteiligten Offen-heit und Ehrlichkeit voneinander wünschen, aber auch Rück-sicht.

Mich von meiner besten Seite zu zeigen, bedeutet noch nicht zu lügen: Ich zeige ja, was tatsächlich in mir steckt. Ich setze nur die Akzente anders, rücke meine Identität ein wenig zu-recht. Doch die Grenze zur Lüge ist fließend. Denn wenn ich wenig von dem habe, was von mir erwartet wird, kreiere ich einen äußeren Schein, der, wie der Soziologe Jean-Claude Kaufmann schreibt, weder ganz wahr noch ganz falsch ist. Man betone ein bestimmtes Merkmal und formuliere neu, was bereits diffus in einem steckt. Manche inszenieren sich aber auch komplett neu, erfinden eine neue Identität, in die sie schlüpfen. Wie schnell solche neu erschaffenen Identitäten zum Pannen-Magneten werden, beweisen die beiden folgenden Geschichten.

Chris:
Als ich die Wohnung von einem Kumpel lieh

Es sollte der perfekte Plan sein. »Bitte leih mir deine Wohnung«, bat ich meinen Freund Frank. Denn seine Wohnung ging so: 100 Quadratmeter am Hackeschen Markt, Dachterrasse mit Blick auf Domkuppel und Synagoge, Chaise-Longue und Eames-Chair und Eco-Strahler und Barcelona-Sofa und eine umfunktionierte Industrieküche und Stühle von Panton.

Meine geht so: ein WG-Zimmer bei meinem dauerfurzenden Kumpel Kalle, darin eine Matratze inmitten von zerwühlten, aber unausgepackten Koffern. Und ein kümmerlicher Ficus, den ich dringend wegschmeißen müsste, was ich aber nicht übers Herz bringe. Kalles Zimmer bot sich auch nicht gerade für Staatsempfänge an, als Quentin-Tarantino-Fan hatte er sich sein eigenes Titty Twister geschaffen, genau, der mexikanische Stripclub aus »From Dusk Till Dawn«, mit einem überdimensionalen Poster von Salma Hayek, die nur mit einer Schlange bekleidet ist, Flipperautomaten, Whiskeybar, Dartscheibe, Hängematte und einem angeranzten Billardtisch.

Ich hatte mein Jurastudium abgebrochen, in London bei einer Musikagentur gejobbt, mich dort hoffnungslos überschuldet, war jetzt in Berlin mit 28 Jahren Praktikant in einer Werbeagentur und abends Barkeeper. Frank war erfolgreicher Banker. Wir hätten es im Freundeskreis moralisch überlegener gefunden, hätte er sich für eine Karriere im Waffenhandel

*oder Menschenschmuggel entschieden, denn Banker war ja
nun das Allerletzte. Wenn es jedoch darum ging, seine Hacke-
scher-Markt-Wohnung zu nutzen, ob für Partys, Sprudelbä-
der oder chillige Nachmittage auf der Dachterrasse, vergaßen
wir unsere Vorbehalte.*

*Und heute brauchte ich seine Wohnung ganz besonders! Denn
mein drittes Date mit Kerstin stand bevor, eine blonde, schöne
angehende Ärztin, die gerade aus Hamburg hergezogen war.
Eine wie Kerstin bedrängt man bei den ersten beiden Dates
nicht zu sexuellen Handlungen, doch nun, beim dritten Date,
standen meine Chancen gut. Ich hatte Kerstin erzählt, ich sei
Werbetexter und Hobby-Barkeeper, kein Wort von meinem
Praktikantenstatus, ich konnte sie unmöglich mit zu mir nehmen, und sie selbst wohnte gerade mit der gefürchteten Irina
zusammen, die keinen Männerbesuch duldete. Doch Frank
ist großzügig, was seine Wohnung betrifft, er fegte mir den
Haustürschlüssel über seinen Stahltisch zu und autorisierte
mir den Zugang zu seinen Weinvorräten. Er räumte alle her-
umliegenden Briefe und Postkarten weg, damit der Adress-
kopf den Schwindel nicht auffliegen lassen kann, und druckte
mir am Computer ein Klingelschild mit meinem Namen aus.
Das nannte ich einen Kumpel! Da konnte man echt darüber
hinwegsehen, dass er Banker war.*

*Kerstin schloss aus meinem Tattoo, ich sei ein szeniger Berlin-
Typ. In Wirklichkeit ist es so, dass ich rein gar nichts von
Berlin und nur aus Zeitschriften oder der Glotze wusste, was
um mich herum alles los sein soll, und die Tätowierung in
Bierlaune auf Mallorca entstanden ist. Ich war ein eher
fauler Typ und lebte in einem engen Radius. Kerstin nun
wollte, dass ich ihr etwas vom wilden Berlin zeige. Ich legte
mich echt ins Zeug und ging mit ihr in einen Kunst-Club mit*

herablassenden Transvestiten am Einlass, in dem eine Spoken-Word-Performance stattfand. Anschließend tanzte eine wütende britische rothaarige Künstlerin zu Licht- und Videoinstallationen ihre Missbrauchserfahrung, und eine Elektroclash-Sängerin schrie ein Lied über ihre Achselhaare. Zum Abschluss trat noch eine Gruppe von ganzkörpertätowierten Freaks auf, die eine Show im Stil von Jahrmarktsensationen aufführten, sich Nadeln durch die Haut stachen, Feuer spuckten, und man musste kein Hellseher sein, um zu wissen, dass die Jungs zu Hause deftigen Praktiken nachgehen, in denen der Zwergwüchsige der Truppe eine tragende Rolle spielt.

Kerstin war begeistert von so viel Berlin-Dekadenz und sah die Zeit gekommen für eine Portion Berlin-Sex. Als ich sie auf der Straße fragte – gerade überholte uns die Freak-Truppe in einer viktorianischen Kutsche –, ob sie noch einen Wein trinken wolle, in einer Bar oder bei mir, da flötete sie: »Ach, ich würde schon gern mal wissen, wie du so wohnst!«

Triumphierend schloss ich die Tür zu Franks Wohnung auf, ich hatte ein bisschen Probleme mit dem Schloss. »Wow!«, sagte sie, als sie durch die Zimmerfluchten wandelte. »Das ist ja riesig! Wenn du mal ausziehst, könnte man eine Shopping-Mall daraus machen!«

»Ja, ich muss wohl wirklich bald raus, der Besitzer hat Eigenbedarf angemeldet!«, log ich fröhlich, denn sollte es was werden mit mir und Kerstin, konnte ich ihr ja nicht ewig Franks Wohnung als meine präsentieren. Ich würde bald einen gut bezahlten Job und eine anständige eigene Wohnung finden, beruhigte ich mich.

Ich holte eine Flasche Wein aus Franks Panton-Barboy und stand dann vor dem ersten Problem: Wo war der verdammte

Öffner? Ich zog alle Schubladen auf, seltsame blitzende Küchengerätschaften, deren Namen und Funktion mir unbekannt waren, aber kein Öffner. »Was suchst du?«, fragte Kerstin, die zur Küche geschlendert war. »Ach, ich weiß nicht, wo ich den Öffner hingelegt habe«, sagte ich.

»Hier«, sagte Kerstin und reichte mir von einem Haken an der Wand einen Design-Flaschenöffner in Form eines 50er-Jahre-Pin-ups.

Mit einem Weinglas in der Hand begutachtete Kerstin die Küche und las die Gewürze vor: »Safran, Kardamom, Anis ... Nicht schlecht. Die meisten Jungs haben nur Pfeffer und Oregano. Du kochst wohl gern?« Auch im Rest der Wohnung entdeckte sie einiges, was ihr gefiel. Zum Beispiel DVDs von Abel Ferrara. »Ich liebe seine Filme einfach!«, jauchzte sie. Dann das Bücherregal. »Ich fass es nicht!«, sagte sie. »Du hast ja alle Bücher von Ian McEwan! Das ist mein absoluter Lieblingsschriftsteller!« »Ja, er ist cool«, sagte ich. Ich hatte noch nie von Ian McEwan gehört. Sie zog ein Buch heraus: »›Der Trost von Fremden‹! Dieses Buch ist der Wahnsinn! Wie beklemmend dort das Eheleben geschildert wird.«

»Ja!«, sagte ich matt. »Beklemmend ist das richtige Wort.«

»Wahrscheinlich ist Sex einfach aufregender in ungeklärten Verhältnissen«, sagte sie kokett, und ich begriff, dass das die Chance war, sie zu küssen und vom Bücherregal abzulenken. Also machten wir etwas rum, ich führte sie sanft zu Franks Barcelona-Sofa, dann entdeckte sie aus den Augenwinkeln heraus wieder etwas, was ihre ganze Aufmerksamkeit kostete. »Ein Saxophon!« Sie erhob sich und lief zu dem Musikinstrument in einer Zimmerecke. »Spielst du Saxophon?«

»Früher mal«, log ich.

»Ich nehme mir seit Jahren vor, Saxophon zu lernen«, sagte sie. »Ich finde Saxophon so unglaublich sexy. Spielst du mir was vor?«

»Ich werde spielen«, sagte ich, »aber kein Saxophon«, und küsste sie wieder. »Ian McEwan, Abel Ferrara, ein Saxophon, du kochst gerne ...«, hauchte sie. »O Gott, bei dir stimmt ja alles. Du musst aufpassen, dass ich mich nicht in dich verliebe. Ich könnte anhänglich werden.« Und wir sanken aufs Sofa.

Wir wurden dann noch einmal von einem peinlichen Zwischenfall unterbrochen. Das Festnetz-Telefon klingelte, und der Anrufbeantworter sprang an. »Hallo Frankieboy, mein Junge, hier ist deine Mutter, bist du da?«, erschallte eine Stimme. »Hallo? Mein Junge?« Ich drückte einen Knopf, von dem ich glaubte, es handle sich um den Aus-Knopf, stattdessen sprang der Ansagetext ein: »Hallo, liebe Leute, hier ist Frank, ich bin gerade nicht zu Hause ...« Ich zog den Stecker raus. Ich sah zu Kerstin, die sich wohlig ans Sofa schmiegte und nicht so aussah, als hätte sie von den ganzen »Franks« etwas mitbekommen. Ich stellte fest, dass es zwar ganz schön anstrengend in einer fremden Wohnung war, aber, wenn ich mir das blonde Zauberwesen dort so ansah, der Plan trotzdem aufgegangen war.

Nach dem grandiosen Sex lagen wir da, kuschelten, ich rauchte eine, sie fragte, ob sie duschen könne. »Hast du ein Handtuch? Du weißt doch, wo die Handtücher sind?«

Blut schoss in mein Gesicht. »Wieso sollte ich nicht wissen, wo die Handtücher sind?«

Sie sah mich ernst, aber gütig an, wie man ein Kind ansieht, das man bei einer Notlüge ertappt hat. »Du wohnst gar nicht hier, oder?«, sagte sie entwaffnend.

»Nein«, gab ich zu. »Woher weißt du das?«

»Na, ich hatte so meinen Verdacht«, sagte sie. »Und dann sah ich die Schublade, aus der Papiere herausguckten, als wären sie hastig hineingestopft worden. Als du im Bad warst, zog ich die Schublade auf. Sie war voll mit Post, die an einen Frank Althaus adressiert war. Und ein Klingelschild lag auch darin.«

»Aber du hast es trotzdem mit mir gemacht!«, stellte ich fest.

»Warum nicht?«, sagte sie. »Ich fand dich süß. Und sich eine andere Wohnung zu besorgen, um mich zu beeindrucken, das hat doch was. Außerdem dachte ich mir, wenn ich nett zu dir bin, bist du vielleicht auch nett zu mir.«

»Wie meinst du das?«

»Dieser Frank ... Ist er solo? Stellst du ihn mir vor?«

Ich war so nett. Und tatsächlich wurden Frank und Kerstin ein Paar, das zusammen mit exotischen Gewürzen kochte, Abel-Ferrara-Filme guckte und sich aus Ian-McEwan-Büchern vorlas. Außerdem brachte er ihr das Saxophon-Spielen bei. Und ich hatte meine Lektion gelernt: Tote Gegenstände in einer Wohnung haben ein Eigenleben. Und in ihnen steckt eine Wahrheit, die über eine Liebe entscheiden kann. Zeit, aus dem Titty Twister auszuziehen.

Kerstin (35):
Als ich mich als Stewardess ausgab

Nur wer selber schwindelt, kann auch Schwindler gut erkennen. Nur so entwickelt man eine Antenne für die kleinen Ungereimtheiten, Nervositäten und Vertuschungsaktionen, hinter denen man sich selbst erkennt: Denn so wie Chris mir eine fremde Wohnung als seine eigene unterjubeln wollte, versuchte auch ich schon mehrfach in meiner Dating-Vergangenheit, die Unsicherheiten und Unabwägbarkeiten mit kleinen oder auch stattlichen Lügen zu ebnen. »Geben Sie sich als Stewardess aus, wenn Sie einen Mann rumkriegen wollen!«, las ich einmal in einer Frauenzeitschrift. Ich weiß, wer Tipps aus Frauenzeitschriften befolgt, gilt als plemplem und hat eigentlich sein Wahlrecht verwirkt, denn so jemand sollte nicht über die Geschicke unserer Demokratie mitentscheiden dürfen.

Aber ich dachte, es käme doch auf einen Versuch an. Schließlich hatte ich aus eigener Erfahrung erlebt, wie verstört Männer reagieren, wenn ich erzähle, dass ich Onkologin bin. Krebsgeschwüre sind kein Thema, das irgendjemand vertiefen möchte. Niemand will wissen, welche Tumore gerade besonders im Trend liegen, niemand will bei einem Flirt mit seiner eigenen Sterblichkeit konfrontiert werden.

Dagegen Stewardess! Gut, dieses Berufsbild hat in Zeiten von Billigfliegern seinen einstigen Glamour eingebüßt. Früher einmal eröffnete der Beruf jungen, schönen Mädchen die große weite Welt, und wenn sie sich clever anstellten, verwandelten sie sich nach ihrer Laufbahn in Millionärsgattinnen, Politikerinnen oder Sabine Christiansen. Dann aber kamen die Billigflieger, und plötzlich wurden durch die neuen sechswöchigen Ausbildungskurse Schulabbrecherinnen aufgefangen und entlassene Knast-Insassinnen resozialisiert. Waren sie früher alle schlanke Grazien, müssen sie heutzutage nur noch das Idealgewicht eines Flugzeugträgers vorweisen können. Kaum im Amt, nutzen sie den 12-Stunden-Stop-over in London für intensives Clubbing und nerven dann, wohl noch zugeballert mit Ecstasy, mit lustigen Durchsagen. Zwischendurch filmen sie dann noch eine

Orgie mit den beiden Piloten im Cockpit und stellen das auf Youporn.

Dennoch haftet dem Beruf nach wie vor etwas vom gediegenen Sex-Appeal vergangener Zeiten an. Uniform und der Service-Charakter heizen die Phantasien an, und Jungs haben eine klare Vorstellung davon, was die Aufgaben einer Stewardess sind. Also fühlen sie sich durch die Gegenwart einer Flugbegleiterin weniger verunsichert als von der einer Investmentbankerin, einer Atomphysikerin oder eben einer Krebsärztin.

Nach meiner Trennung von Frank hatte ich Lust auf unverbindlichen Spaß, und wenn es um unverbindlichen Spaß geht, ist meine Freundin Tessa, eine PR-Managerin, die beste Ansprechpartnerin. Sie war sofort begeistert von meiner Idee, als Stewardess verkleidet loszuziehen. Das war, wie heimlich Halloween zu feiern! Tessa kannte Salma, die tatsächlich Stewardess ist und uns ihre Uniformen lieh, mit uns loszog und uns einen Crashkurs in Sachen internationaler Flugverkehr gab.

Kaum hatte ich die Uniform an, fühlte ich mich wie verwandelt, ich legte mein altes Leben ab. Ich fühlte mich vordergründig sittsam und hintergründig verrucht. Ich konnte gar nicht mehr glauben, dass ich sonst in weißen Kitteln mit Blutspritzern und Birkenstocks herumlief, dass ich schon Leichen aufgeschnitten oder meterlange Dickdärme entfernt hatte. Nein, mein Leben waren die Lufthansa-Lounges, Hotelbars und spannende Affären mit First-Class-Männern wie Profifußballern, Medienmogulen, Spitzenpolitikern, Formel-1-Managern, Sultanen oder Filmschauspielern. Denn natürlich war ich keine Stewardess für die Economy-Class, die den eingepferchten Passagieren ihr ranziges Käsesandwich an den

Latz warf. Ich war ausschließlich für den vorderen Kabinenteil zuständig! Goodbye, Frau Doktor, jetzt kam Kirstie, die Erste-Klasse-Langstrecken-Purserin!

Wir hatten extra kleine Trolleys mitgebracht, in denen sich rein gar nichts befand, und enterten eine After-Work-Bar, die als beliebter Single-Treffpunkt galt. Da ich aus Hamburg komme und nicht viele Leute in Berlin kannte, fühlte ich mich vor unerwünschten Bekannten relativ sicher – und lief prompt einem ehemaligen Kommilitonen über den Weg, der mich ungläubig musterte. Ich sah betreten weg und starrte auf die Deko meines Sex-on-the-Beach-Cocktails. Doch er kam auf mich zu und sagte: »He, bist du nicht Kerstin? Wir waren doch zusammen im Pathologie-Kurs im Eppendorf-Klinikum. Bei Professor Habicht! Ich bin's, Michael, wir hatten zusammen die mündliche Prüfung!«

»Ja, hi«, sagte ich. »So sieht man sich wieder!«

»Du bist … Du arbeitest inzwischen als …???«, fragte er ungläubig, als wäre ich in der Pornobranche.

»Ja, irgendwie war Medizin nichts für mich«, sagte ich. »Habe ich gepflegt abgebrochen.«

»Du warst doch die Beste im Semester!«

»Weißt du, immer nur kranke Menschen unter fahlem Neonlicht, das ist doch auf die Dauer ganz schön trostlos und eklig. Jetzt sehe ich die Welt, jede Nacht in einer anderen Stadt, und ich habe Toilettensex mit Filmschauspielern und Politikern bis zum Abwinken!«

Schockiert schlich sich mein Ex-Kommilitone, und Tessa, Salma und ich prusteten vor Lachen. Bis auf dieses kleine Missgeschick ging der Stewardessen-Plan voll auf: Wir waren umringt von Jungs, gerne die überpflegte Sorte, häufig mit Migrationshintergrund. Bodygebuildet statt akademisch ge-

bildet. Dafür nicht so zögerlich, kompliziert, überkritisch, unsicher, vorsichtig und ambivalent wie die Jungs, die ich sonst so treffe. Im Gegenteil: Wir bekamen einen Drink nach dem anderen spendiert und Komplimente um die Ohren geballert. Sie waren galant und hofierten uns wie Göttinnen. Wir waren die Göttinnen der Luft!

Da ich mich verrucht, frei und grenzenlos fühlte, gab ich einem Hassan meine Nummer, ein hübscher Typ mit sensationellen Bauchmuskeln, die er mir noch im Laden präsentierte, so wie ein Pfau ein Rad wirft. Er zeichnete sich durch ein präzises Bart-Design und goldenen Männerschmuck aus. Nicht das Modell Mann, mit dem sich Kerstin, die Ärztin treffen würde, aber jetzt war ich ja Kirstie, die Flugbegleiterin. Und die war ein echtes Luder.

Direkt am nächsten Morgen rief er an. Respekt, Hassan! Ein Akademiker würde drei Tage warten und dann eine mehrdeutige SMS schreiben, die alles offen lässt, oder sich vorsichtshalber nie wieder melden. Doch Hassan fragte mich ohne Umschweife nach einem Date und legte auch die Location fest: das Dreh-Restaurant auf dem Fernsehturm. Er dachte wohl, als Stewardess müsste ich hoch oben in meinem Biotop sein.

Hassan hatte sich herausgeputzt mit einem eng anliegenden, farbenfrohen Dolce-&-Gabbana-T-Shirt, teuren, blitzblanken, italienischen Lederschuhen und einer protzigen Gürtelschnalle. Sein Bart war noch einmal frisch frisiert und durch chirurgisch scharfe Linien abgegrenzt. Er war wirklich süß und höflich und gab sich alle Mühe. Er fragte viel über mein Leben als Stewardess, ich wich den Fragen aus und fragte ihn stattdessen nach seinem Job als leitender Angestellter bei einem Mobilfunkunternehmen. Er betonte die Anzahl der Menschen, die unter ihm arbeiteten.

Er bezahlte mit beiläufigem Gestus die überteuerte Rechnung und hatte anders als ein Akademiker nicht diesen Blick, als erwarte er dafür Standing Ovations. Ich dachte an seinen ganz und gar nicht dem Zufall überlassenen Körper und beschloss mit klopfendem Herzen, ihn mit nach Hause zu nehmen.

Wie ein Pascha lümmelte sich Hassan auf meiner Couch. Er warf einen Blick auf meine Coffeetable-Bücher und war leicht irritiert: »Atlas der Gerichtsmedizin? Das Lexikon der Geschwüre? Das ist ja voll krass! Was liest du denn für Bücher? Bist du so eine Psychokiller-Braut?«

»Als Stewardess braucht man medizinische Grundkenntnisse«, sagte ich und massierte ihm den Nacken, überrascht, wie verrucht mich mein neues Ich machte. Hassan zuliebe war ich zu Hause wieder in Salmas Uniform geschlüpft. War dieses Luft-Flittchen von Kirstie überhaupt noch zu bremsen?

»Kannst du mir einen Gefallen tun?«, fragte Hassan.

»Sie wünschen, der Herr?«, fragte ich in meinem besten serviceorientierten Stewardessen-Tonfall.

»Ich habe das mit der Schwimmweste noch nicht so richtig verstanden. Können Sie mir die noch einmal vorführen? So eine Privatvorstellung?«

»Noch so eine unangemessene Frage, und Sie landen gleich über die Notrutsche an der frischen Luft!«, warnte ich ihn sanft.

»Bitte!«

»Nein, ich hab Feierabend. Einen Tomatensaft bringe ich Ihnen aber gerne noch.«

»Bitte, Kirstie, es ist mein größter Wunsch!«

»Also gut!« Ich stand vom Sofa auf und versuchte, mich zu erinnern, was die Stewardessen immer so vorm Start veranstalten, aber wie die meisten Passagiere bin ich bei dieser Show schon immer in meine Zeitung versunken oder gleich eingenickt. Ich machte ein paar hilflose pantomimische Bewegungen und fragte: »Gut?«

»Nein«, sagte er. »Das war nicht gut. Ich wäre bei einem Notfall völlig aufgeschmissen.«

»Oh Mann«, jammerte ich innerlich. Ich dachte, das hier hätte irgendwie mit Sex zu tun!

Also bewegte ich mich lasziv aufs Sofa zu, warf mein Mützchen in die Ecke, öffnete filmreif meinen Haarknoten, schüttelte meine blonden Haare und sagte: »Im Fall von Turbulenzen werde ich mich ganz persönlich um Sie kümmern, Sir!«

Er zog mich zu sich und küsste meinen Hals. »Weißt du«, sagte ich und war, angeheizt von den ganzen spendierten Cocktails, verwegen wie noch nie zuvor in meinem Leben, »ich bin vorhin erst aus Tel Aviv gekommen, da wird sogar die Flugzeug-Crew beim Check-in ohne Ende abgetastet. Ich hatte also mein Vorspiel schon. Wir können direkt zur Sache kommen.« Und ich nestelte forsch an seinem Gürtel.

»Können wir ins Schlafzimmer gehen?«, fragte Hassan.

»Können wir nicht!«, sagte ich. Mein Schlafzimmer war zugleich mein Arbeitszimmer. Und Regale mit medizinischen Büchern, eine Anatomieskulptur und das Plakat eines menschlichen Darms mit Erklärung der einzelnen Abschnitte würde mir meine Stewardessen-Show kaputtmachen. Aber Hassan leistete auch auf der Couch ganze Arbeit.

Am nächsten Morgen verabschiedete ich Hassan im Hausflur, als plötzlich meine Putzfrau Dorota eintrat, in ihren Armen einen Stapel frischer weißer Wäsche. »Frau Doktor, ich habe Ihre Kittel aus der Reinigung geholt!«, sagte sie.

Hassan guckte zwar leicht verwirrt, stellte aber keine Fragen. Er mochte sich seine Stewardessen-Story, die er seinen Freunden beim Shisha-Rauchen erzählen wollte, jetzt auch nicht mehr zerstören lassen.

Von Opfer bis Angeber:
8 Typen, denen man
beim Daten begegnen kann

Auf Grundlage von Friedrich Schulz von Thuns Klassiker *Miteinander reden 2 – Stile, Werte und Persönlichkeitsentwicklung* zeige ich acht Kommunikationsstile, denen wir beim Dating begegnen können. Dabei lässt sich kaum jemand in eine Schublade stecken, meist vereint jeder von uns Anteile mehrerer Stile in sich. Je nach Dating-Situation überwiegt mal der eine, mal der andere. Erst im Extrem behindern die Stile die Kommunikation und sabotieren dadurch das Date.

1) Typus »Rette mich aus meinem Leben!«

Wer gehört dazu? Verträumte Mädels, die den Traumprinzen suchen; verpeilte, lebensunfähige Männer, die eine neue Mutti statt einer Partnerin suchen.

Signale: Erzählt schon beim Date von seiner schwierigen Lebenssituation, erhofft sich vom Gegenüber Hilfe, entweder direkt oder indirekt (»Ich weiß nicht mehr weiter«) oder sogar durch Vorwürfe (»Ich hatte mir etwas mehr Verständnis erhofft«).

Was steckt dahinter? Fühlt sich dem Leben nicht gewachsen. Hat früher starke Abhängigkeit erlebt, vielleicht wurde ihm/ihr alles abgenommen. Oder aber eine traumatische Verlassenwerden-Erfahrung, die es nun zu kitten gilt. Manchmal aber auch Raffinesse: Versteckt seine starke Seite, damit der andere mit seiner fürsorglichen Seite an der schwachen Seite des scheinbar Hilflosen andockt – der sich so bequem durchs Leben schlawinert.

Rettung: Nicht in die Rolle des Retters hineindrängen lassen, auch wenn sie zunächst schmeichelt und man sich stark und gebraucht fühlt. Erzählt der Dating-Partner von seinen Nöten, fragen, was er sich überlegt hat, um aus seiner Misere herauszukommen. Oder ihn bitten, konkret zu werden und zu erklären, was er denn jetzt genau erwartet.

2) Typus »Ich rette dich aus deinem Leben!«

Wer gehört dazu? Möchtegern-Traumprinzen, Helden und väterliche Freunde, patente Mutti-Typen, Frauen, die als taffe Überfrauen wahrgenommen werden wollen.

Signale: Thematisiert, wie stark und kompetent er / sie ist. Vermittelt beim Date, dass das Leben so viel besser wird, wenn er einen erst aus seiner Einsamkeit erlöst hat. Er thematisiert die Sorgen und Probleme des Dating-Partners, gibt ungebeten Ratschläge und drängt seine Hilfe auf, obwohl man sich doch gerade erst kennengelernt hat: »Ich rufe meinen Kumpel an, der organisiert dir den Umzug« oder »Ich habe noch einen Fernseher, den leihe ich dir, solange deiner kaputt ist«.

Was steckt dahinter? Oft ein eigener, verborgener Wunsch nach Unterstützung und einer Anlehn-Schulter – eine Sehnsucht, die dieser Typus sich nicht eingestehen will. Glaubt, dass jede Bedürftigkeit existenzbedrohend ist und mit Liebesentzug bestraft wird.

Rettung: Überprüfen, ob man hilfesuchende Signale aussendet. Den Ansatz des anderen würdigen, aber das Angebot deutlich zurückweisen.

3) Typus »Ich will ganz für dich da sein!«

Wer gehört dazu? Frauen, die betont brav, aufopfernd und bescheiden auftreten. Männer, die ihre Dating-Partnerin anbeten oder künstlich überhöhen, sie für eine Heilige halten.

Signale: Selbstentwertende Sätze wie »Ich bin ja nur eine kleine Sekretärin«, »Was willst du denn mit einem Proleten wie mir?«, »Es ist für mich etwas Besonderes, mit jemandem wie dir hier sitzen zu können« oder »Ich habe so etwas Schönes wie dich gar nicht verdient«. Versucht herauszufinden, wie der / die andere ihn haben will, und richtet sich danach. Erzählt wenig von sich, äußert keine eigene Meinung, bestätigt lieber, was andere sagen, deutet Komplimente negativ: »Ich weiß, du bist coolere Typen als mich gewohnt.« Vorsicht: Erzeugt Schuldgefühle, wenn man sich nicht so verhält, wie dieser Typus es wünscht, zum Beispiel: »Ich bin enttäuscht, dass du nicht noch mitkommen magst.«

Was steckt dahinter? Dieser Typus hat sein »inneres braves Kind« noch nicht überwunden und glaubt, er wird nur geliebt, wenn er sich angepasst verhält.

Rettung: Den anderen ermuntern, von sich selbst zu sprechen. Nachfragen, wieso er denkt, dass man coolere Typen gewohnt sei, oder was daran schlecht sein soll, eine Sekretärin zu sein.

4) Typus »Ich bin ein Provokateur.«

Wer gehört dazu? Machos, Zicken, Nörgler und Stinkstiefel.

Signale: Fordert heraus, analysiert, interpretiert, klagt alles um ihn herum an, wertet ab: »Ich habe das Gefühl, dass du ganz schön unsicher bist«, »Du machst deine Reisen doch nur, weil du vor dir selbst davonläufst«, »Du hast irgendetwas Schwules an dir« oder »Das Restaurant hat ja wohl total nachgelassen, was ein lausiger Service«.

Was steckt dahinter? Projektion! Er sieht in anderen das, was er an sich selbst nicht wahrhaben will, also Trauer, Anhänglichkeit, Schwäche. Ein negatives Selbstbild. Ein Schrei nach Liebe!

Rettung: Sich innerlich darauf gefasst machen, dass es auch solche Leute gibt. Abprallen lassen und es nicht persönlich nehmen. Darauf bestehen, auszureden. Sachlich reagieren und sich nicht auf die Beziehungsebene ziehen lassen: »Wenn das deine Sichtweise ist, dass ich schwul rüberkomme, akzeptiere ich das. Allerdings frage ich mich, ob es so etwas wie typisch schwul überhaupt gibt und was das sein soll.« Gegebenenfalls auf die Meta-Ebene wechseln: »Mir ist aufgefallen, dass du vieles, was ich sage, abwertest, und ich fühle mich zusehends unwohl damit.«

5) Typus »Ich bin Superman / Superwoman.«

Wer gehört dazu? Aufschneider, Wichtigtuer und Ego-Monster.

Signale: Weiß alles, kann alles, macht alles richtig. »Ich habe schon mit 25 in Singapur meine erste Million verdient«, »Ich zahle eigentlich nie, wenn ich ausgehe, ich steh immer auf der Gästeliste«.

Was steckt dahinter? Der ständige Druck, besser sein zu müssen, als er/sie ist. Der Gedanke »Ich werde nur für das geliebt, was ich leiste, nicht um meiner selbst willen.« Hat womöglich narzisstische Kränkungen erlitten.

Rettung: Keinesfalls ablehnend reagieren. Ein Angeber könnte dann annehmen, seine Bemühungen noch verstärken zu müssen. Ganz unverblümt vermitteln, dass man den anderen als Person akzeptiert, gerade mit seinen Schwächen: »Du bist eine tolle Frau, ob du nun keinen VIP kennst oder ganz viele, für mich spielt das keine Rolle.« Wohlwollend von eigenen Schwächen sprechen und so dem anderen Mut machen, sie auch bei sich anzunehmen.

6) Typus »Ich habe die Kontrolle.«

Wer gehört dazu? Besserwisser, Perfektionisten und Pedanten.

Signale: Will alles bestimmen: »Dazu passt doch kein Rotwein«, »Es ist besser, hier eine Fischplatte zu nehmen«, »Die Karten besorge besser ich«, »Nein, ich hole DICH ab«, »Du kannst doch jetzt nicht nach Thailand fahren, dort ist Regenzeit«, »Französisch lernen an der Abendschule ist völliger Humbug, du brauchst nur die richtige Sprachsoftware«.

Was steckt dahinter? Der Kontroll-Freak hält sich im Grunde für liederlich, chaotisch, verdorben und diszipliniert sich ständig, damit diese Eigenschaften nie zum Vorschein kommen. Und seine Umwelt gleich dazu.

Rettung: Auf keinen Fall auf eine Rechthaberei einlassen. Zermürbt nur. Besser fragen: »Warum liegt dir so viel daran?«

oder »Was wäre, wenn … (wir Rotwein bestellen, ich die Karten besorge, ich fahre)?«

7) Typus »Komm mir nicht zu nahe.«

Wer gehört dazu? Eisblöcke und Unnahbare.

Signale: Redet sachlich, meidet die Beziehungsebene, und wenn nicht, dann um seine Bannmeile beim Date zu verteidigen. Spricht wenig von sich. Wirkt distanziert und verschlossen.

Was steckt dahinter? Hat Angst, sich in anderen zu verlieren und in eine Abhängigkeit zu geraten, die er/sie vielleicht mal als negativ empfunden hat. Ist im Grunde anfällig dafür, sich im anderen aufzulösen – und will es unbedingt vermeiden! Liebe und Nähe empfindet er/sie daher als brisant, gerade weil der Wunsch danach so stark ist.

Rettung: Die Distanz nicht persönlich nehmen. Dahinter steckt nicht, dass der andere einen nicht attraktiv findet, sondern genau das Gegenteil. Und das fürchtet er. Geduldig sein, vielleicht ist die Distanz nur eine Phase zur Selbstklärung, die der Dating-Partner braucht. Von Thun spricht hier davon, ein vermeintliches »Weglaufen« als »Anlaufnehmen« zu betrachten. Akzeptieren, dass der andere anders ist. Nicht analysieren, der Distanzmensch wird sich nach so einer »Grenzüberschreitung« nur noch mehr zurückziehen. Sich selbst und den eigenen Bedürfnissen treu bleiben, statt sich zu Distanz-Taktiken zu zwingen. Denn deren Effekte sind nur kurzfristig. Sich klarmachen, dass der eigene Wert nicht von diesem einen Dating-Partner abhängt. Einen Holzweg erkennen und eine Verbindung abbrechen – oder, wenn man das nicht will, die Verantwortung für die eigene Entscheidung übernehmen.

8) Typus »Trommel trommel, so bin ich!«

Wer gehört dazu? Plaudertaschen, Selbstdarsteller und Drama-Kings und -Queens.

Signale: Breitet schon beim ersten Date seine/ihre Lebensgeschichte aus. Erlebt anscheinend ständig skurrile Dinge. Verlangt volle Aufmerksamkeit für seine One-Man/Woman-Show. Degradiert den anderen zum Publikum – überlebenswichtig zwar, aber austauschbar.

Was steckt dahinter? Denkt, dass er/sie nur dann gesehen wird, wenn er/sie leuchtet und mit dramaturgisch drastischen Mitteln spielt. Glaubt, dass sich sonst niemand für ihn/sie interessiert. Schafft sich eine neue, überhöhte Identität: wohl aus Scham. Er/sie ist sich sicher, es genüge nicht, das zu sein, was er/sie ist.

Rettung: Nicht abwenden, der Trommler denkt dann nur, er müsse noch lauter werden. Besser: Gesprächszeit für sich selbst einräumen, deutlich machen, dass man auch etwas zu erzählen hat. Situationen schaffen, in denen beide bewusst innehalten, etwa in der Natur, bei einem Klassikkonzert oder einem Museumsbesuch. Häufig hält der Dramatiker Schweigen für bedrohlich – hier kann er umlernen.

Unterschiedliche Erwartungen:
Die Gedanken des anderen

Bei einem Date herrscht ein höchst komplexer und unsicherer Zustand, den Soziologen **doppelte Kontingenz** nennen (kontingent = zufällig, etwas ist wirklich oder möglich, aber nicht notwendig so). Eine Ordnung, ein System mit Regularitäten, muss sich erst noch herausbilden. Bei einem Date befinden wir uns nämlich in einem Zustand, der lediglich aus unseren Ahnungen und Erwartungen besteht. Der Philosoph Roland Barthes vergleicht in *Fragmente einer Sprache der Liebe* die Kennenlernphase zwischen zwei potenziell Liebenden mit einem Mückenschwarm: Es gibt keine zwangsläufige Ordnung, keine Logik. Nur Wellen von Eifer, Aufprall, Beruhigung und Entfernung. Ich frage Systemtheoretiker Christian Schuldt, was die Situation bei einem Date ausmacht. »Bei einem ersten Date begegnen sich zwei Blackboxes, die ihre individuellen Erwartungshaltungen mit denen des anderen beziehungsweise mit der Realität in Einklang bringen müssen«, sagt er. »Oft ist schon klar, dass man sich gegenseitig attraktiv findet, aber die inneren Werte sind umso unklarer. Beim Online-Dating ist es oft umgekehrt: Die Menschen wissen womöglich schon viel voneinander, aber sie haben sich noch nie in echt gesehen. Erwartung und Wirklichkeit abstimmen müssen die Datenden in beiden Fällen.«
Zwei Menschen sind sich bei einem Date also noch relativ fremd, aber miteinander verbunden durch die Bereitschaft, miteinander zu kommunizieren. Sie sind Akteure und Beobachter zugleich. Sie versuchen, sich von ihrer besten Seite zu

zeigen und die Erwartungen des anderen zu erfüllen. Testweise kommunizieren sie innerlich mit einem Abbild des anderen: Sie malen sich aus, was der andere erwartet und wie er reagieren wird. Sie nehmen also anhand dieses vorgestellten Dummys die Reaktion des anderen im Kopf vorweg.

Dabei können die Datenden mächtig schiefliegen. Das führt zu Missverständnissen, Hirngespinsten, ungewollten oder überraschenden Reaktionen. »Wenn ich ihm erzähle, dass ich mal beim Showboxen im Urlaub bei meiner Gegnerin ein Brustimplantat zum Platzen gebracht habe, wird er lachen«, glaubt *sie;* »Wenn ich ihr erzähle, dass ich mit P. Diddy auf einer Filmparty in Cannes Champagner getrunken habe, wird sie mich bewundern«, vermutet *er.*

Man erwartet Reaktionen vom anderen und er ebenso. Beide versuchen, die Erwartungen des anderen zu erahnen. »Sie erwartet, dass ich sie jetzt küsse«, »Er denkt, ich erwarte, dass er mich jetzt küsst«, »Sie denkt, dass ich denke, dass sie erwartet, dass ich sie jetzt küsse«: So spiegeln sich die Erwartungen bis ins Unendliche. Jeder beobachtet den ungewissen Fortgang und leitet aus seinen Erwartungen und den erwarteten Erwartungen seine Handlungen ab. So entsteht ein System aus Erwartungen.

In diesem System können wir uns aber auch verlieren. Wenn wir nämlich versäumen, das zu tun oder darüber zu sprechen, was eigentlich von Bedeutung wäre. Und so verpassen wir mitunter den Punkt, an dem es richtig wäre, uns zu küssen. Stattdessen plänkeln wir weiter über das Wetter oder Castingshow-Kandidaten, die ihre Lieder einem toten Verwandten widmen. Und der richtige Augenblick – er kehrt nicht zurück.

Denn das Bild, das man sich vom anderen macht, ist unvollständig. Was man nicht wahrnimmt, versucht man anhand der eigenen Lebenserfahrung zu ergänzen und liegt damit nicht immer richtig. Für den Kommunikationsforscher Friedrich Schulz von Thun entstehen Beziehungsstörungen, wenn der andere mich anders wahrnimmt als ich mich und ich den anderen anders wahrnehme als er sich: Es klafft die berühmte Selbst- und Fremdwahrnehmungsschere. Während *er* glaubte, *sie* mit einer P. Diddy-Party beeindrucken zu können, denkt sie: »Ich bin doch keine Tussi, die auf solche Storys abfährt!« Während *er* davon ausgegangen ist, er müsse wegen seiner Feiergeschichten als Granatentyp wahrgenommen werden, denkt *sie:* »Was für ein Angeber!« Doch während *sie* glaubt, sich zum Showboxen hinreißen zu lassen mache sie zu einem »verrückten Huhn«, das man einfach gernhaben muss, und voraussetzt, genau so werde auch *er* das sehen, findet er die Geschichte einfach nur peinlich.

Wahrnehmungsstörungen und damit Störungen des Systems der doppelten Kontingenz entstehen etwa durch **Projektion:** Man unterscheidet nicht zwischen innen und außen, macht den anderen dafür verantwortlich, dass man sich beim Date unwohl fühlt, oder man sieht die eigene Unsicherheit in ihm. Ein weiterer psychologischer Mechanismus, der zu Störungen führen kann, ist die **Übertragung:** Der andere fühlt sich durch einen selbst an jemanden erinnert, was bei positiven Erinnerungen zu Verliebtheit führen kann. Fühlt sich der andere aber beispielsweise an einen fiesen Ex-Partner erinnert, lehnt er einen ab.

Das Wissen um den Übertragungs-Effekt nützt beiden Partnern beim Date: dem einen, weil er die neue Beziehung dann nicht mit Unerledigtem belastet, dem anderen, weil er erkennt, dass er so manche ablehnende Reaktion abbekommt, die eigentlich jemand anderem gilt.

Ein dritter Mechanismus, der ein Date sabotieren kann, ist die **Verschiebung:** Man ist beispielsweise unzufrieden mit seinem Leben und lässt das am Dating-Partner aus. Oder aber man hat Probleme mit Nähe und zettelt deswegen einen Streit mit ihm über das Für und Wider von Elektroautos an. Auch das Wissen um Verschiebung hilft beiden Seiten, und zwar der einen Seite, um die frische Beziehung nicht mit eigenem Gepäck zu belasten, und der anderen, um nicht alles persönlich zu nehmen.

Eine weitere Ursache für Störungen liegt in der Wahrnehmung des anderen: Der Dating-Kontakt ist **nicht repräsentativ.** Bei einem Date handelt es sich um eine besondere Situation, die nur bedingt allgemeine Rückschlüsse zulässt. Vielleicht erscheint der Dating-Partner unsicher, aber man hat ja auch noch nicht erlebt, wie tough er seine Arbeit meistert.

»Sie ist irgendwie nicht mein Typ«, »Zwischen uns stimmt die Chemie nicht«, »Irgendwas an ihm treibt mich zur Weißglut«: Hinter vagen Phrasen wie diesen steckt häufig ein diffuses Gemisch aus den hier benannten Beziehungsstörungen. Der andere handelt nicht so, wie man erwartet hat, er zeigt andere Reaktionen, als man auslösen wollte. Man nimmt ihn nicht so wahr wie er sich selbst und umgekehrt. Welche Anteile von uns wir in ihm sehen, die wir lieber verborgen halten wollen, welche Ängste oder welche Traurigkeit er in uns auslöst, welche unangenehmen Erinnerungen er in uns hervorruft, dass wir uns von ihm abwenden – wir wissen es meist nicht zu benennen. Carsten etwa fühlt sich von Kassandra ebenso angezogen wie abgestoßen. Die Chemie stimmte nicht – oder stimmte sie im Gegenteil zu sehr? Carsten kann es nicht auf den Punkt bringen. Hier ist seine Geschichte.

Carsten (35):
Als mein Date nackt im Mondlicht tanzte

Katinka und Joseph gehören zu diesen Freunden, bei denen man nicht genau weiß, warum man eigentlich mit ihnen befreundet ist. Es muss sich irgendwann einmal ergeben haben, und nun kommt man aus der Nummer nicht mehr heraus. Katinka, eine Halb-Litauerin, erwiesener Justin-Bieber-Fan mit 35 Jahren, ist riesengroß, hat ein breites, rundes, rosiggesundes Gesicht und eine laute Stimme. Sie reißt vulgäre Witze, über die sie selbst am lautesten johlt. Sie trinkt, anscheinend ohne jemals ein Limit zu erreichen. Müsste ich sie mit nur einem einzigen Wort beschreiben, wäre es dieses: robust. Ihr Freund Joseph ist ein höflicher, etwas stiller Junge aus gutem Hause, hat die Figur einer Turnerin und es sich zur Hauptaufgabe gemacht, Katinkas Stimmungsänderungen zu wittern und positiv zu beeinflussen. Eine auslaugende Tätigkeit: Katinka ist so fordernd wie unermüdlich. »Ich bin sooo sauer auf Joseph«, schimpfte sie einmal, und dass er in Hörweite stand, war wohl Teil des Programms. »Wir haben nur noch ein- bis zweimal am Tag Sex, das ist mir echt zu wenig. Ich bin eine Frau mit Bedürfnissen. Ich glaube, er liebt mich gar nicht mehr richtig. Früher, da zog er mich noch bei jeder Gelegenheit in die Ecke, das ist vorbei. Ich könnte heulen.«

Keiner aus dem Freundeskreis war darüber unglücklich, dass die Sex-Frequenz der beiden ein wenig abflaute. Wir erinnerten uns an zu viele Situationen betretenen Schweigens, als Katinka und Joseph Toiletten blockierten (auf Dinnerpartys, in Zügen, Restaurants, Galerien, bei Starbucks) und Katinkas beängstigende Schreie zu uns drangen.

Immerhin meinten Katinka und Joseph es gut mit mir und

organisierten nach meiner Scheidung ein Wochenende in ihrem Ferienhäuschen in Caputh. Dazu luden sie Kassandra ein, eine alleinerziehende Mutter einer sechsjährigen Tochter und Arbeitskollegin von Joseph. Sie war von ihrem Ex, einem kroatischen Künstler, von einem Tag auf den anderen sitzen gelassen worden. Ich sollte mit meinem ebenfalls sechsjährigen Sohn Amadeus (diesen gänzlich bescheuerten Wunderkind-Namen hat meine Ex ausgesucht) kommen, und Katinka und Joseph hatten einen dreijährigen Sohn, Fred, der für sein Alter ungewöhnlich groß war, pausenlos aß und schon ein Burger-King-Menü bestellen konnte, noch bevor er Mama und Papa sagte.

Drei Kinder, ein Horrorpaar und zwei gebrochene Alleinerziehende, die verkuppelt werden sollten, das alles im tiefsten Osten: Mich erwartete die Hölle. Zwei Monate vorher hatte ich todesmutig zugesagt. Als der Termin näher rückte und mir gänzlich die Laune verdarb, verdeutlichte Katinka mir, dass es für mich keine Möglichkeit gab, da wieder rauszukommen. »Und wenn ich dich an deinen Eiern nach Caputh schleifen muss«, sagte sie, und das meinte sie genau so.

Katinka fuhr einen riesigen, umweltoffensiven Range Rover, mit dem sie uns alle in Berlin einsammelte. Sie ließ nicht zu, dass Joseph fuhr, weil sie auf dem Beifahrersitz regelmäßig wahnsinnig wird und ihrem Freund ständig ins Lenkrad greift. Sie ist eine Frau, die steuern muss. Amadeus war verängstigt von ihrer Fahrweise, zu Recht, sie schnitt Bordsteine, bretterte über rote Ampeln und benutzte die Hupe, wie Inder es tun, ohne einen bestimmten Anlass, einfach um zu demonstrieren, dass sie auf der Straße ist. Ihr Sohn Fred mümmelte an einem Frühstücks-Burger und sortierte eigenhändig die Gurkenscheiben aus.

Da es um ein Wochenende auf dem Land ging, gab Katin-ka die Stimmung vor, und sie war bestens gelaunt. Sie legte Techno in die Anlage und sang laut mit. Zu Techno mit-singen, Katinka kriegt es hin. Wir fuhren in den Prenzlauer Berg, um Kassandra abzuholen. Zwei miteinander bekannte Mütter mit Bugaboo trafen sich auf der Straße und hielten dort selbstvergessen ein Pläuschchen. Katinka hielt mit quiet-schender Vollbremsung vor ihnen, panisch warfen sich die Mütter über ihre Kinderwagen. »He, ihr Yoga-Mamis!«, brüllte Katinka aus dem Fenster. »Okay, ihr hattet Sex ohne Schutz und seid stolz darauf. Aber ich habe Neuigkeiten für euch: Ihr seid nicht allein auf der Welt, und die Straße gehört allen, also schiebt eure Rinderhintern mitsamt eurer Lenden-früchte aus dem Weg!« Sie hasste Mütter, obwohl sie selber eine war.

Schließlich stieg Kassandra mit ihrer Tochter Kurami in den Wagen. Katinkas Stimme änderte sich schlagartig, als sie uns vorstellte. Plötzlich gurrte sie lüstern wie eine Bordellchefin, die ihre Mädchen an den Mann bringt. »Kassandra, das ist Carsten, Strategischer Einkäufer bei Siemens, gerade beför-dert worden. Er verkauft Tornados.« »Triebwerke«, sagte ich. »Die Details könnt ihr ja nachher unter euch bespre-chen«, sagte Katinka weiter. »Carsten, das ist Kassandra, eine der warmherzigsten Frauen, die ich kenne. Sie kann köst-lich kochen, und sie ist von kerniger Gesundheit. Sie hatte überhaupt keine Beschwerden in ihrer Schwangerschaft. Ihre bezaubernde kleine Tochter ist dann auch einfach so aus ihr rausgeschwommen.«

»Es war ja auch eine Wassergeburt«, sagte Kassandra.

»Ich war auch eine einfache Geburt, sagt meine Mutter«, sagte Joseph. »Schatz«, sagte Katinka, »du hast ja auch keine

Schultern. Da konntest du ja auch problemlos aus ihr raus-
flutschen, wie ein Stück Seife! Flutschflutschflustch«, und sie
verbiss sich in seinem Ohrläppchen.

Kassandra war von allem ganz viel. Ganz viel Busen, ganz
viel Haar, ganz viel schweres Patschuli erfüllte das Auto.
Sie sprach mit sanfter Stimme bedachte Worte, ihre Bewe-
gungen waren langsam und weich. Ich spürte, dass sie eini-
gen Schmerz erlitten und Maßnahmen dagegen ergriffen
hatte: Therapie, Selbsterfahrungstrips, Buddhismus, Reiki-
Yoga, Tantra, Transaktions-Analyse. Ihre Tochter Kurami
war ein komisches Mädchen mit riesigen, allwissenden Au-
gen, mit denen sie alle Anwesenden abwechselnd schweigend
fixierte. Ich stellte mir vor, wie sie sich in der einsamen Hütte
zum Teufelskind entpuppen würde, obszöne Flüche gurrend,
grünen Schleim spuckend und mich mit roten Augen an-
zischend: »Du wirst rösten in der Hölle bis in alle Ewigkeit,
Carsten!«, um dann ihren Kopf einmal ganz um seine Achse
zu drehen. Zwei Nächte, dachte ich. Zwei Nächte.

Die Kinder konnten nichts miteinander anfangen. Kurami
saß in sich versunken mit ihrer Puppe da und sagte plötz-
lich ohne Zusammenhang Dinge wie: »Es ist erstaunlich, wie
früh dieses Jahr die Hitzewelle beginnt« oder »Die Schwal-
ben müssen in ständiger Angst leben, dass ein Greifvogel sie
aufisst. Ich stelle mir so ein Leben sehr anstrengend vor.« Fred
köpfte Blumen, ärgerte Katzen, hetzte Enten und zerfetzte
einen Tausendfüßer, was Katinka wohlwollend aufnahm.
Amadeus malte wie meistens.

Später an diesem Tag gingen Kassandra und Katinka baden;
Kassandra wusch sich mit dem Wasser, als sei es ein heiliges
Ritual, warf ihre mächtigen nassen Haare nach hinten, Was-
ser perlte von ihrem großen, milchweißen Busen ab. Später

dann schaukelte sie wie ein junges Mädchen in warmen, wel-
lengleichen Bewegungen. Dann eroberte Katinka die Schau-
kel, eine Zigarette im Mundwinkel, und sie feuerte Kassandra
an, sie fester anzuschubsen, sie bekam nicht genug und johlte,
wir dachten, sie überschlägt sich gleich. Joseph erzählte mir
währenddessen von seinem harten Leben an Katinkas Seite,
dass sie pausenlos Sex fordert, von ihren Wutausbrüchen, und
dass sie einmal auf dem Oktoberfest vor Zorn mit der bloßen
Hand einen Maßkrug zerdrückt hatte, als er lediglich mit
einem anderen Mädchen geredet hatte. »Erzählt er dir, dass
ich ihn geschlagen habe?«, unterbrach Katinka uns, frisch
von der Schaukel gesprungen. »Das ist Unsinn, ich habe
ihn einmal aus Versehen angerempelt, und er ist unglücklich
gefallen. Ich würde ihn nie schlagen, das wäre ja, als schlüge
ich eine von den Olsen-Zwillingen. Ich liebe ihn doch so, den
kleinen Racker!« Und sie nahm seinen kleinen Eichhörnchen-
Kopf und drückte ihre große Zunge in seinen Mund.
Abends beim Grillen unterhielt ich mich länger mit Kassan-
dra, sie erzählte mir von dem Shiatsu- und Yogaunterricht,
den sie gab, und dass sie von einem Haus in der Provence
träumte, mit endlosen Lavendelfeldern und einem riesigen
Esstisch unter Korkeichen, an dem sich jeden Abend die
unterschiedlichsten Menschen zusammenfänden, und sie be-
richtete von ihren Indien-Reisen: »Ich kann verstehen, wie
man dort austickt. Es ist ein wahnsinnig spirituelles Land, die
Frauen in ihren bunten Saris haben so viel Würde.«
Ich erzählte nichts von meinen Triebwerken, obwohl sie da-
nach fragte. Katinka deutete Joseph mit einem zufriedenen
Bordellchefinnenlächeln, wie gut Kassandra und ich uns
unterhielten, und zwinkerte uns zu. Dann drehte sie einen
Joint so groß wie eine Pershing, und bald begannen sie und

Kassandra im Mondlicht zu Trance-Musik zu tanzen. Anschließend legte Kassandra uns die Tarot-Karten. Ich zog den Tod. »Na toll, prima Aussichten«, sagte ich, und Kassandra versuchte, es schönzureden, indem sie erklärte, die Karte bedeute Veränderung, Loslassen von etwas Altem, das nicht mehr funktioniere usw. Aber plötzlich stand die kleine Kurami mit ihrer Puppe im Türrahmen und fixierte mich mit großen Augen, sah dann zu ihrer Mutter und sagte in einem ernsten, sachlichen Ton: »Mami, ich habe komisch geträumt!« Zum Glück hatte ich den Joint erwischt und beruhigte mich mit einem tiefen Zug.

Wir schliefen alle in der Hütte, Katinka und Joseph im Bett, Fred, der zehn Stunden durchschlafen konnte, in seinem Kinderbett, Kassandra und ich mit unseren Kindern jeweils auf einer Gästematratze. Ich nahm ihren Schlafgeruch wahr und wollte mich nicht entscheiden, ob ich ihn angenehm oder abstoßend fand. Ich konnte fast die ganze Nacht nicht schlafen, auch, weil Katinka wahnsinnig schnarchte. Als ich einmal zur Toilette ging, sah ich, dass die kleine Kurami mich mit hellwachen Augen anstarrte.

Der nächste Tag verlief friedlich, es gab nur einen kleinen Zwischenfall, als wir im Supermarkt im Ort einkauften und ein Dorfjugendlicher unguter Gesinnung behauptete, der arme Joseph hätte sich vorgedrängelt. »Du kleines tuntiges Berliner Arschloch«, sagte der Jugendliche, doch da trat Katinka an ihn heran, bäumte sich vor ihm auf und schrie: »Gibt es hier ein Problem, du sprechende Mistgabel?« Der Jugendliche zuckte zusammen, die Sache war erledigt.

Wir gingen noch einmal schwimmen und wollten nach dem Mittagessen zurück nach Berlin fahren. Kassandra verhielt sich zurückhaltend. Die kleine Kurami musterte mich mit *ihren rätselhaften Augen und sagte dann: »Vielleicht kann meine Mami dir eines Tages etwas bedeuten.« Mir schauderte vor dem Kind. Habe ich es je blinzeln sehen? Ich glaube nicht.*

Als Joseph das Mittagessen für uns vorbereitete, nestelte Katinka an ihm herum. Es hatte ihr gar nicht gefallen, dass es in der Nacht unmöglich gewesen war, mit ihm Sex zu haben. Nach dem Essen zog sie uns schnell die Teller weg und sagte: »So, Carsten, Kassandra, ihr geht jetzt mal spazieren und nehmt die Kinder mit. Und ich meine alle Kinder.« Etwas verlegen gehorchten wir dem Wunsch unserer Gastgeberin und zerrten die Kinder den Uferweg entlang. Fred hatte noch seinen Lammknochen in der Hand, an dem er unentwegt nagte. Kurami fixierte mich mit ihrem durchdringenden Blick. Kassandra und ich schwiegen, wir hatten uns gestern Einblicke in unser Leben gegeben und keine weiteren Fragen mehr. Wenn wir sprachen, dann sprachen wir mit den Kindern. Kassandra erklärte den Kleinen Blumen und Bäume, sie war sehr naturverbunden.

»Katinka und Joseph sind schon schräg«, sagte ich, weil ich doch glaubte, eine kleine Brücke zu Kassandra schlagen zu müssen, und wie konnte das besser gelingen, als über Abwesende zu lästern? »Weißt du, Katinka hat mir nach der Scheidung sehr geholfen, und ich bin ihr dafür sehr dankbar. Auf sie ist absolut Verlass«, erwiderte Kassandra. Damit war dieser Versuch auch gestorben.

Wir kehrten nach etwa einer Stunde zurück, Katinka und Joseph schienen gerade fertig geworden zu sein, Joseph sah sehr mitgenommen aus, wie ein Hamster, mit dem eine ganze Kindergeburtstagsgesellschaft zu lange rumgematscht hat. Katinkas Wangen glühten, und sie inhalierte zufrieden eine

Zigarette. »Papa, ich will nach Hause«, sagte Amadeus. »Ich will zu Mama.«

»Jetzt geht es noch nicht heim«, sagte Katinka zu meinem Sohn. »Jetzt geht ihr drei Racker schön mit mir und Joseph spazieren!«

»Wir waren doch grad spazieren!«, warf Kassandra ein.

»Genau, deswegen dürft du und Carsten euch jetzt ein bisschen in der Hütte ausruhen, und die Kinder gehen noch mal durch den Wald, weil es so schön war«, befahl sie. Und sie schnappte sich meinen geduldigen Amadeus und ihren tumben Fred, während Joseph die schweigende und widerstandslose Kurami an die Hand nahm. »Vieeeel Spaß!«, jubelte Katinka anzüglich.

Kassandra und ich sahen uns an, sie seufzte, zuckte mit den Schultern und begann, das schmutzige Geschirr einzusammeln. Ich half ihr. »Das ist echt peinlich«, sagte ich. »Sie meint es gut«, sagte Kassandra. »Ja«, sagte ich. »Aber es ist eben auch total peinlich«, gab sie dann zu.

Schweigen. »Wir stehen nicht aufeinander«, sagte Kassandra dann in der Küche, als sie das Geschirr auf die Spüle stellte. »Wohl nicht so richtig«, sagte ich. »Du bist mir sympathisch«, sagte sie, die es sich in verschiedenen Therapien angewöhnt hatte, über sich und ihre Gefühle zu sprechen. »Aber du glaubst nur an das, was du siehst, und dein Blick auf die Dinge ist abgeklärt und ein bisschen herablassend. Ich habe den Eindruck, dass dir dadurch auch ganz viel entgeht. Du denkst, das, was du über die Dinge weißt und denkst, sei zugleich das Wesen der Dinge, aber da ist so viel mehr, das du auf diese Weise niemals erfassen wirst.«

»Kann schon sein«, murmelte ich, weil ich einfach keine Meinung zu dem hatte, was sie sagte. Vielleicht traf es auf

mich zu, vielleicht traf es aber auch auf alle zu. Ich fürchtete,
sie verwechselte ihre Horoskopsprache mit Tiefgrund.
»Und was stört dich an mir?«, fragte sie. Auch das noch,
dachte ich. »Du bist eine gutaussehende, interessante Frau«,
begann ich. »Aber du bist mir zu viel Frau. Du bist überall,
deine warme weiche Stimme, dein Haar, dein Busen … du
bist diese Art Frau, die, wenn sie in einem Raum ist, ihn ganz
einnimmt. Das würde ich nicht aushalten. Da würde ich bald
kaum noch atmen können. Was ich sagen will: Ich steh ein-
fach nicht auf dich … «
»Ich auch nicht auf dich … «, wiederholte sie leise.
Ich hatte nicht gemerkt, wie nah wir uns gekommen waren,
mit aller Deutlichkeit nahm ich ihren schweren, weiblichen
Duft wahr, atmete ihn ein. Ich habe keine Ahnung, wie es
passieren konnte, wieso wir uns plötzlich küssten, gierig wie
Kinder, die nach einer langen Wanderung über die Spaghetti
in der Jugendherberge herfallen. Was folgte, überwältigte
uns beide: wilder, animalischer, völlig unvorhersehbarer Di-
rekt-auf-der-Spüle-Sex, ungeschickt und ungelenk zwar, aber
auch ungestüm und zwangsläufig, als wenn sich unsere inne-
re Natur mit der äußeren verband. Erst als wir fertig waren,
sanken wir auf die Matratze, glücklich, schamhaft. Ich merk-
te, dass überall an mir ihre Haare klebten.
»Nicht aufeinander stehen ist so sexy!«, waren Kassandras
erste Worte danach, und wir dösten seltsam verschlungen, aus
allen Poren verströmte sie den Geruch von frisch vollzogenem
Sex. Und dann sahen wir plötzlich Katinkas breites Gesicht
hinterm Fenster durch die Vorhänge spähen, und sie begann
zu jauchzen: »Ahhaaa, sie haben es getan! Sie haben es getan!
Zur Hölle, sie haben es getan! Joooseph, komm her, sieh dir
das an, da liegen sie, frisch gefickt!« Und ich hatte eine kurze

Vision, in der Kurami in die Hütte trat, ihre Augen funkelten grün wie bei einem Luchs, und sie sagte mit tiefer Stimme: »Was hast du mit meiner Mami gemacht? Mein Name ist Legion, denn ich bin viele!« Dann stieß sie einen zielsicheren Schwall grünen Schleim auf mich, der mir das Gesichtsfleisch vom Schädel wegätzte. Entsetzt fühlte ich mit meinen Händen meine eigenen blanken Wangenknochen zwischen Schleim und Gewebefetzen. Nur eine Vision, Carsten, nur eine Vision!

Kassandra und ich hatten uns nach diesem Wochenende noch einige Male getroffen, ehe sie dann die Sache beendete, weil wir uns ihrer Meinung nach außerhalb des Bettes kein Stück aufeinander zubewegten und keine gemeinsame Sprache finden würden und schon die Idee, eine Patchwork-Familie zu gründen, das Scheitern in sich trug. Kaum ausgesprochen, machten wir es noch ein letztes Mal, und es toppte alle vorherigen Male.

Ich versuchte, sie wiederzusehen, doch sie blieb konsequent. Durch diesen für mich plötzlichen Abbruch bleibt sie mir bis heute auf merkwürdige Art präsent. Manchmal, bei einem bestimmten Duft in der Natur, wenn ich den Mond sehe, wenn eine Frau ihre Haare schüttelt, muss ich an Kassandra denken, und ich bin froh, dass sie nicht bei mir ist, weil sie mich erdrücken würde. Und zugleich macht es mich traurig.

Es ist also die berühmte Chemie, die zwischen Kassandra und Carsten nicht stimmt. Situative Bedingungen spielen dieser »falschen« chemischen Reaktion zu: Carsten fühlt sich unwohl in der konstruierten Verkupplungssituation.

Erschwerend kommt hinzu, dass ein vorzeitiger Ausstieg nicht möglich ist – man befindet sich schließlich auf dem Land. Und dann noch das aufdringliche Verhalten von Katinka, der Kupplerin. Sie inszeniert sich und ihren Freund als Rollenmodell für Carsten und Kassandra, was bei Carsten sofort Trotz und Widerstand auslöst. Diese negativen Affekte verschiebt er dann auf Kassandra, obwohl sie eigentlich wie er ein »Opfer« der leicht bizarren Situation ist.

Das Zwanglos-Dogma der Dating-Situation jedenfalls ist untergraben. Vielleicht wäre das Date anders ausgegangen, wenn Carsten sich seines Widerstandes bewusster gewesen wäre und sich mit Kassandra über die absurden Umstände ausgetauscht hätte. Wahrscheinlich hätte er herausgefunden, dass Kassandra die Situation genauso unangenehm ist. Allerdings erwies sich ein Versuch von Carsten, sich mit ihr spöttisch vom Kuppler-Paar abzugrenzen, bereits als Fehlzündung: Kassandra hatte sein Läster-Angebot ja abgeschlagen. Danach sieht Carsten Kassandra nur noch mehr als Teil der Verschwörung. Er lehnt sie ab, aus denselben Gründen, aus denen er sich körperlich zu ihr hingezogen fühlt: ihr weiblicher Phänotyp. Carsten ist also uneins mit seinen Wünschen. So wie Kassandras Weiblichkeit ihn anzieht und gleichzeitig abstößt, wehrt er sich dagegen, verkuppelt zu werden und will es andererseits wohl doch, denn niemand hat ihn zu dem Wochenende gezwungen. Carsten bleibt passiv und weicht lieber aus, als klare Entscheidungen für oder gegen etwas zu treffen. Er rettet sich in Spott und Ironie. Seine Ängste »verschiebt« er auf Kassandras Tochter; seine Angstphantasien bezüglich einer Sechsjährigen wirken so komisch wie lächerlich.

Seinen Widerspruch kann er erst auflösen, als die Verkupplung offiziell für gescheitert erklärt wird. Jetzt, wo alle etwaigen Verbindlichkeiten von vorneherein ausgeschlossen wurden, wird Carsten plötzlich sexuell aktiv. Seine Unstimmigkeit überdauert das Wochenende: Er sucht auch danach Kassandras Nähe, weigert sich aber, der Beziehung eine Richtung zu geben. Kassandra tut das einzig Richtige und bricht den Kontakt ab zu einem Mann, der nur kann, wenn er klargemacht hat, dass er eigentlich nicht will. Ihre Konsequenz überrascht ihn.

Wir haben gesehen: Bei einem Date ist die Luft erfüllt von Hypothesen; mal sind es schmachvolle (Sie lehnt mich ab), mal hoffnungsvolle (Ich habe das Gefühl, er mag mich). Wie soll man sich nun verhalten, wie kontrolliert man sich, welche Fehler muss man vermeiden? Wie kann man gefallen? Kann man sogar beeindrucken? Was soll man preisgeben? Was verbergen? Fragen stellen, ja, aber wie viele? Wann wirkt man zu bohrend? Wann zu undistanziert? Schon zu wissen, dass der andere einen beobachtet, erzeugt Scham. Nicht zu wissen, was in ihm vorgeht und wie er die Situation einschätzt, führt zwangsläufig zu Unsicherheit.

Da ist zunächst die Wirklichkeit, von der man nur Ausschnitte wahrnimmt. Diese selektive Wahrnehmung interpretiert man dann noch. Die Art, wie man über eine Sache denkt, erzeugt die entsprechenden Gefühle. Es fällt schwer, das Gefühl nicht mit der Wahrnehmung zu verwechseln und die Deutung mit der Wirklichkeit. Dabei ist es hilfreich, hier zu unterscheiden: Man erzählt beispielsweise beim Date, dass man gerade auf Jobsuche ist. Den Blick des anderen daraufhin deutet man als abschätzig. Aber war er es wirklich? Oder projiziert man seine eigene Unsicherheit und Scham bezüglich der eigenen Arbeitslosigkeit in den Blick des anderen? Denn tatsächlich ist der Blick des Dating-Partners fast immer weniger abschätzig, als wir glauben. Kassandra: »Als wir in der prallen Sonne auf dem See ruderten, da dachte ich, wie erbärmlich ich aussehe, ich

vertrage die Sonne doch gar nicht, die ganzen Sommersprossen, der Schweiß, die weiße Haut, und fett fühlte ich mich
außerdem.« Doch Carsten gingen ganz andere Gedanken
durch den Kopf: »Ich war fasziniert von ihrem roten Haar,
den Sommersprossen, den feinen Härchen im Nacken, und
ich dachte mir, wie anmutig sie ist, wie eine antike Nymphe.«
Meist ist der Blick tolerant, wohlwollend, neugierig, neigt
dazu, das Liebenswerte zu suchen. Selbst wenn er kritisch,
distanziert und taxierend ist, heißt es noch nicht, dass er auch
feindselig ist.

Dating-Desaster in max. 420 Zeichen: Falsche Hypothesen

*Sascha: Mary benimmt sich bizarr, weil ich noch nicht am
ersten Abend mit ihr schlafen will. Stellt komische Fragen:
»Findest du mich nicht sexy? Findest du meinen Hintern zu
dick? Stinke ich?« Ich sage: »Ich mag dich viel zu sehr, als
dass ich irgendetwas übereilen will. Wir haben doch Zeit. Es
ist meine Art, dich zu wertschätzen.« Und sie: »Das finde ich
soooooo süß von dir, wow.« Kurze Pause. Und dann: »Sag
mal, bist du schwul? Wäre völlig okay für mich, ich habe viele schwule Freunde. Bist du's?«*

*Mick: Vera und ich hatten es uns mit Jasmin und Gerald ver-
dorben: Vera hatte den beiden bei einer Ehekrise geraten, sie
sollten bloß zusammenbleiben, weil sie beide nicht gerade
aufregend, dafür aber etwas kauzig seien, und nach kurzen
unglücklichen Ausflügen ins Single-Leben würden sie sich
eh wieder reumütig in die Arme fallen. Da waren beide ein-
trächtig sauer. Also suchten wir ein neues Paar als »Freund-*

schaft«. Endlich: Doppel-Date mit Mark und Nina aus dem Partner-Pilateskurs!

Vera: Wir waren ein bisschen nervös. Erst lief es gut. Dann zeigten Mark und Nina uns ihre Bilder vom FKK-Urlaub in Cap d'Adge und rückten so komisch nah. Unangenehm! An so etwas hatten wir nun nicht gedacht!

Die tückischen
feinen Unterschiede

Ein Date ist immer auch ein Check: Was ist der andere eigentlich für einer? Dabei geht es weniger um harte Fakten wie Beruf, Alter, Hobbys, denn die sind schnell erfragt. Wir tasten vielmehr das ab, was der Soziologe Pierre Bourdieu (*Die feinen Unterschiede*) unter **Habitus** zusammenfasst. Es sind die gesellschaftlichen Prägungen, die wir im Laufe unserer Sozialisation verinnerlicht haben. Instinktiv neigen wir dazu, Menschen mit ähnlichem Habitus anzuziehen. Unterschiede können durchaus interessant oder belebend sein, meist reagieren wir jedoch auf sie mit Verunsicherung und Ablehnung. Denn ein Mensch mit anderem Habitus stellt unsere Verinnerlichungen in Frage, während ein Mensch mit ähnlichem Habitus sie bestätigt.

Also prüfen wir: Empfindet der andere das Gleiche als schön wie ich? Was ist für ihn guter Geschmack, was schlechter? Wie spricht er, wie zieht er sich an, welchen Lebensstil hat er, was hört er für Musik, wie gestaltet er seine Freizeit, was konsumiert er? So haben ein Golfer und eine Seglerin zwar unterschiedliche Hobbys, aber einen gleichen Habitus, im Gegensatz zu einem Golfer und einer Käfigkämpferin oder einer Seglerin und einem Kickboxer. Es gibt also durchaus Wahlmöglichkeiten innerhalb eines Habitus: Viele Menschen hören heutzutage Klassik ebenso wie Pop; ein Fan von Michael Wendler oder Andrea Berg verrät dagegen einen Habitus, den der Klassikfan genauso wie der Fan trendiger Popmusik als abweichend von ihrem eigenen empfinden.

Der Habitustheorie nach können wir zwar zwischen verschiedenen Verhaltensweisen wählen, unser Habitus ändert sich dadurch aber nicht. Wir sind durch ihn bestimmt. Manchmal zelebrieren Menschen auch kollektiv ein Verhalten, das eigentlich nicht ihrem Habitus entspricht. Bildungsbürger schauen das *Dschungelcamp*, Studenten kleiden sich in Bling-Bling und Ed Hardy für die Bad-Taste-Party. Indem sie unter dem Vorzeichen der Ironie in festgesetzten Kontexten einen »Trash«-Karneval feiern, bestätigen sie einander nur mehr ihren Habitus: »Normalerweise sind wir nicht so. Wir wissen, was guter Geschmack ist, wenn wir schlechten als solchen erkennen und bezeichnen.«

Wie sehr der Habitus den Menschen bestimmt, zeigt sich am Beispiel eines sozialen Aufsteigers: Er kann zwar lernen, über Opern und Weine zu parlieren, aber was beim Bildungsbürgersohn beiläufig wirkt, wird beim Arbeitersohn als streberhaft und aufgesetzt wahrgenommen. Eine Familie wie die »Geissens« aus der Reality-Serie auf RTL2 empfinden wir trotz ihres Erfolgs und ihres Geldes als »prollig« und »trashig«. Einen Bummelstudenten aus gutem Hause erkennen wir dagegen als Angehörigen einer »höheren« sozialen Klasse, auch wenn er weder Status noch Einkommen besitzt. Wir nehmen den Habitus eines Menschen direkt und oft unbewusst wahr und ordnen ihn so einer Gesellschaftsschicht zu.

Da der Habitus unseres Dating-Partners zwar meist ähnlich, aber kaum komplett identisch zu unserem ist, versuchen wir, die Schnittmenge zu finden, und prüfen, ob sie für eine gemeinsame Zukunft reicht.

Auch schätzen wir ein, ob es möglich ist, einen Kompromiss zu erarbeiten. Dann passen wir uns dem anderen an: Wir verlassen während des Dates ein Stück unsere Identität und gehen aufeinander zu. Wir entwickeln Strategien, mit den feinen

Unterschieden umzugehen. Einige tolerieren wir, andere irritieren, wieder andere stoßen auf Ablehnung. Manche Unterschiede werden vertuscht, an anderer Stelle verteidigen wir trotzig das alte Ich: »Du hast ja keine Ahnung, was für eine anspruchsvolle Sportart ein gut betriebener Käfigkampf ist!« Manchmal übersehen wir die Unterschiede beim anderen, manchmal verweisen wir auf sie mit Ironie: »Wow, so viel Kultur ziehst du dir im Urlaub rein! Und mich interessiert immer nur der Pool ... Ins Pool-Museum würde ich vielleicht noch gehen ...« Doch Ironie kann auch umschlagen in verletzenden Spott.

Manchmal tun wir während des Anpassungsprozesses Dinge für den anderen, die unser altes Ich nicht getan hat. Peter L. Berger/Thomas Luckmann stellen in *Die gesellschaftliche Konstruktion von Wirklichkeit* fest: Wenn zwei Fremde sich erstmals begegnen, typisieren sie einander. Sie analysieren die Erwartungen des anderen, ordnen sein Verhalten und seine Sprache ein. Dann passen sie einander an. Nur so ist es ihnen möglich, miteinander in Beziehung zu treten. Die in dieser Gründungsphase eingebürgerten Verhaltensweisen können eine lange Wirkung haben, falls es eine Zukunft für die Datenden gibt.

Wenn man sein Verhalten hier nicht mit Bedacht wählt, ist es schwer, beispielsweise aus der Rolle des Partygängers wieder herauszukommen, obwohl *er* doch nur ihr zuliebe bei den ersten Dates mit auf die Piste gegangen ist. Oder *sie* bekommt zum ersten gemeinsamen Weihnachtsfest ein Theaterabo geschenkt, auch wenn sie ihn beim zweiten Date doch nur mit den beiden Theaterkarten beeindrucken wollte und eigentlich viel lieber ins Kino geht.

Matching-Verfahren bei Dating-Portalen im Netz, Reality-

Check beim Date, Bilanz ziehen, Kompromiss ausarbeiten oder abschießen: Romantisch klingt das alles nicht, zumal durch die Vielzahl an Wahlmöglichkeiten und den abnehmenden gesellschaftlichen Heiratsdruck eine größere Menge potenzieller Partner länger und genauer unter die Lupe genommen wird, ehe man eine Entscheidung trifft. Wo bleibt da die Amour fou, die wilde und verrückte Liebe über alle Standesgrenzen hinweg?

Wurden Ehen früher aus wirtschaftlichen Gründen arrangiert, konnte sich in einem langwierigen Prozess von der Renaissance bis zur sexuellen Revolution der 1960er Jahre das Konzept der romantischen Liebe durchsetzen, einer Liebe, die sich seit Romeo und Julia gegen Widerstände behaupten musste. Sind wir schon wieder dabei, das Ideal der romantischen Liebe zu verwerfen zugunsten eines nüchternen Matchings, mit dem wir kalkuliert Übereinstimmungen abgleichen?

Ich frage den Soziologen Christian Schuldt. »Ich sehe eher, dass die Liebe in unserer postfeministischen Zeit ein Comeback feiert, nach einer Zeit der Grabenkämpfe zwischen den Geschlechtern. Ich stimme jedoch zu, es ist ein Comeback in eigenartiger Gestalt, als pragmatische Liebe«, sagt er. »Nachdem die Geschlechterkämpfe ausgefochten und die Problempotenziale ausdiskutiert worden sind, scheint der Weg frei für einen Eintritt des Liebescodes in eine neue, gewissermaßen ›postproblematische Phase‹. Die Liebe auf Verhandlungsbasis ließ das Problematische an der Passion so weit ins kollektive Bewusstsein einsickern, dass jetzt ein Gespann aus Pragmatik und Romantik die Zügel übernommen hat.«

Will heißen: An die Stelle der romantisch verklärten Liebe gegen Widerstände ist nach der weiblichen Emanzipation das Ideal einer zwar noch romantischen, aber auch pragmatischen und vor allem partnerschaftlichen Liebe getreten. Gefühle, Romantik, schön und gut, aber was nützt es, wenn wir keinen Alltag teilen können. Wenn ich mit diesem Menschen keine Familie gründen kann. Wenn ich ihn meinen Eltern nicht vorstellen möchte und mich vor meinen Freunden mit ihm schämen würde oder er sich für meine schämt. Wenn dieser Mensch meinen Status nicht verbessert, wir uns nicht finanziell absichern können. Wenn ich denke, dass man mich für einen anderen Partner mehr bewundern könnte. Hier entlarvt sich der vorgebliche zweisame Charakter von romantischen Verbindungen. Niemals geht es nur um zwei Menschen. Immer spielt auch die Gesellschaft eine (verborgene) Rolle. Sie sitzt schon beim allerersten Date unsichtbar mit am Tisch.

Wenn eine Anpassung der beiden Partner nicht möglich scheint, die Bilanz nicht stimmt, die feinen Unterschiede zu grob sind, stehen wir vor einem Dating-Desaster. Da der Habitus-Check größtenteils unbewusst abläuft, machen wir nach einem solchen Date verschleiernde Aussagen mit vielen Leerstellen wie »Er tickt ganz anders als ich« oder »Wir leben in verschiedenen Welten« oder »Sie liegt nicht auf meiner Wellenlänge« oder »Wir passen einfach nicht zusammen«.

Manchmal gehen die Unterschiede so weit, dass wir uns fremdschämen: Wir haben unseren Habitus so verinnerlicht, dass uns die Abweichungen beim anderen peinlich sind. Natürlich finden auch Menschen mit komplett unterschiedlichem Habitus zusammen. Meist ist es dann aber so, dass ein Partner sich extrem anpasst oder die Beziehung sich auf Teilbereiche des Lebens beschränkt. Wir haben es dann mit stark asymmetrischen und daher oft – wenn die Anpassung scheitert – explosiven Verbindungen zu tun.

Sylvia, Chefautorin für TV-Serien, traf sich eine Zeit lang mit Eisverkäufer Massimo. Obwohl beide besten Willens waren, mussten sie feststellen, wie mächtig der Habitus ist und in welch schwierige Situationen die feinen Unterschiede führen können.

Sylvia (33):
Als ich mein Eis-Eis-Baby datete

Der Sex mit Massimo, Eisfachmann im Familienunternehmen, sieben Jahre jünger, war gut, aber eigenartig. Ohne vorher den Spiegel vorm Bett in Position zu rücken, ging gar nichts. Er schaute beim Sex hinein, als würde er sich versichern wollen, dass er wirklich passierte. Wenn er mir seine Erektion zeigte, brauchte er viel Lob dafür. Ich musste so tun, als sei er der einzige Mann auf der Welt mit einem funktionsfähigen Penis. Wenn er kam, konnte es passieren, dass er seinen eigenen Namen rief. Doch im Vergleich zu vielen anderen Männern mit ihren Unsicherheiten, Problemen, Degenerationserscheinungen und seltsamen Vorlieben gestaltete sich der Sex erfrischend unneurotisch. Er kam in meine Wohnung, rückte den Spiegel zurecht, wir hatten Sex, manchmal brachte ich ihm danach etwas zu essen aus dem Kühlschrank, wir sahen fern, und manchmal hatten wir dann noch mal Sex. Dann ging er wieder. Das ging fünf-, sechsmal so, und ich war zufrieden damit. Aber an einem Abend war alles anders. Ich wollte in Ruhe »Grey's Anatomy« gucken, aber Massimo fragte mich immerzu irgendetwas, Sachen wie:

»Triffst du dich gerne mit mir?«

Ich: »Klar, ist ja nicht so, dass du dir hier gewaltsam Zugang verschaffst.«

Massimo: »Hast du mal jemandem von mir erzählt?«

Ich: »Wem sollte ich was erzählen? Meiner Freundin Vera habe ich von dir und mir erzählt. Aber sonst? Sollen die Leute klatschen?«

Massimo: »Das wäre Klatsch, wenn sie von uns beiden wüssten, ja?«

Ich: »Klar würden die klatschen. Oder versuchen, dich mir abspenstig zu machen. Wenn ich erst mal erzähle, was für ein phantastischer Liebhaber du bist ... « Ich lehnte mich zu ihm rüber, küsste ihn, er erwiderte es kaum.

Massimo: »Ich möchte dich in ein schönes Restaurant ausführen, wir trinken guten Wein.«

Ich: »Das sagst du doch jedes Mal, und dann treffen wir uns doch wieder hier bei mir.«

Massimo: »Ich möchte dir was schenken, Blumen oder Schmuck ... «

Ich sah ihn an, musste kurz etwas glucksen. »Du willst mir Blumen und Schmuck schenken?«

Massimo, etwas ungehalten: »Das findest du witzig, das findest du zum Lachen? Dass ich dir was schenken will? Glaubst du, ich kann mir nichts leisten, oder denkst du, ich weiß nicht, was schön ist?«

Ich: »Massimo, was ist denn los mit dir?«

Massimo: »Dir geht es nur ums Ficken. Die deutschen Weiber sind doch alle gleich. Du schämst dich für mich, du willst nicht, dass deine Freunde uns sehen.«

Ich: »Massimo, mach mal 'nen Punkt. Natürlich will ich mit dir ins Restaurant gehen. Aber du sagst es immer nur, und dann landen wir doch ohne Umschweife in der Kiste. Du willst ein Date? Ein richtiges klassisches Date? Dann sag mir, wann und wo, und ich bin dabei.«

Er grunzte skeptisch, aber doch ein wenig zufrieden. »Mitt-
wochabend hol ich dich um 20 Uhr ab.«

Ich: »Mittwochabend holst du mich um 20 Uhr ab. Das
finde ich ganz phantastisch, Massimo. Ich freue mich dar-
auf.«

Ein bisschen seltsam fühlte sich unser erstes richtiges Date
schon an. Es war schließlich das erste Mal für mich, dass ich
ein erstes Date hatte, nachdem wir schon circa achtmal mit-
einander geschlafen hatten. Wir hatten das Pferd von hinten
aufgezäumt. Aber Massimo war so süß! Wie er sich in Schale
geschmissen hatte mit einem Versace-Hemd, das wirklich nur
ein Typ wie Massimo tragen darf und sonst bitte niemand,
und blitzblank gewienerten Schuhen, die Haare ordentlich
pomadig. Er hatte ein wirklich niedliches italienisches Re-
staurant ausgesucht, das Freunden von ihm gehörte, und wir
genossen eine Vorzugsbehandlung.

Er erzählte mir von seiner kalabrischen Heimat und seiner
Familie und vom Kochen. Ein Mann, der gerne kocht und
gut im Bett ist, das ist doch nicht so verkehrt. Er fragte mich
nach meinen Lieblingsorten der Kindheit, und mir fiel zum
ersten Mal wieder ein, dass es niemals wieder so schön war
wie damals mit den Eltern in der Feriensiedlung in Holland,
als ich Drachen in den Dünen steigen ließ und Vanillevla
schlürfte.

Und ich stellte fest, dass man durchaus einen Abend im
Restaurant verbringen kann, ohne über Medienmenschen zu
lästern oder mit Reisezielen zu protzen oder über angesagte
Filme / Clubs / Musik zu schwadronieren. Sollte ein Eisver-
käufer das haben, was mir bisher in meinem Leben gefehlt
hatte? »Unser erstes Date gefällt mir, Massimo«, sagte ich
und fügte scherzend hinzu: »Würdest du denken, ich bin eine

Schlampe, wenn wir direkt nach dem ersten Date miteinander ins Bett gehen?«

Dann klingelte das Telefon, es war Vera, sie käme gerade von der Premiere von Katharinas neuem Underground-Film in der Volksbühne, und sie hätte Hinz und Kunz getroffen. Und nun säßen sie alle noch bei ihr auf der Dachterrasse, bei ihr fände quasi die inoffizielle Premierenparty statt, ich solle unbedingt noch vorbeikommen. »Nein danke«, sagte ich, »ich bin gerade unterwegs mit jemandem, mit … mit Massimo … Ja, der Eis-Massimo. Jajaaa. Neiin, ich … Das geht doch nicht, gut, ich frag ihn, ja, versprochen, ich frage ihn und … Ja, gut, Vera.«

Ich legte auf und wandte mich an Massimo: »Vera fragt, ob wir noch vorbeikommen. Sie war im Kino, und jetzt sind sie bei ihr mit ein paar Leuten … «

»Dann lass uns doch hingehen!«

»Ach, ich habe überhaupt keine Lust … «

»Lass uns hingehen!«

»Na, wenn du willst«, sagte ich, und das nur, weil ich fürchtete, er würde sonst wieder denken, ich schämte mich für ihn, und sauer werden.

Wir nahmen also eine Flasche Wein aus dem Restaurant mit und fuhren zu Vera und Mick, und bei ihnen saßen schon ungefähr acht Leute aus meinem Bekanntenkreis, die ihr Geld oder kein Geld in den üblichen Betätigungsfeldern Kunst, Werbung, Film und Fernsehen verdienten.

Hitzig diskutierten sie gerade Katharinas neuen Film. Es handelte sich um einen Underground-Film über ein Huhn in einer Hühnerfarm, das miterleben muss, wie seine Familie geschlachtet wird, selber entkommt, in die Fänge eines Versuchslabors gerät, dort zu einem Superhuhn mutiert, alle

111

anderen Tiere befreit und mit ihnen quer durchs Land einen blutigen Rachefeldzug gegen Metzgereien und Kentucky-Fried-Chicken-Filialen startet. Katharina ist überzeugte Veganerin.

Irina sprach von ihrem Selbstversuch, drei Wochen als Frutarierin gelebt zu haben, also nur das zu essen, was an einer Pflanze wächst, ohne die Pflanze zu töten. Jeremy erzählte, letztens im »Grill Royal« Burkard Driest getroffen zu haben, und wir trugen zusammen, was alte Fassbinder-Schauspieler heutzutage machen.

Alles Themen, bei denen Massimo sehr schlecht einsteigen konnte. Und mir gelang kein Dreh, ihn irgendwie ins Gespräch zu integrieren. Ich sah, wie Massimo sich immer unbehaglicher fühlte und immer steifer wurde, aber mir fiel gerade keine Lösung ein. »Massimo hat eine eigene Eissorte entwickelt, er hat Zuppa Inglese und Pistacchio gemixt und nennt es Catanzaro!«, schoss es plötzlich aus mir heraus. »Oh wirklich!«, sagte Xenia, und plötzlich herrschte verlegenes Schweigen. »Es gehört ein Schuss Jannamaro dazu«, sagte Massimo. Wieder Schweigen. »Das ist ein Likör«, fügte Massimo hinzu. Wieder Schweigen. »Ich liebe Eis«, sagte Henry endlich. Alle pflichteten ihm bei, dass Eis ganz großartig sei. Dann wieder Schweigen. Ich fühlte mich elend, weil ich dieses Thema in die Runde geworfen hatte wie ein verdammtes Almosen. Ich hatte alles nur schlimmer gemacht. »Wonach schmeckt Catan ... Dingsbumms?«, fragte Vera dann. Und Massimo sagte: »Catanzaro schmeckt wie ein Sommerabend am Ionischen Meer!« Ha! Ich war begeistert! Was für eine schöne, präzise und fast schon poetische Antwort. Ich war mächtig stolz auf ihn und blickte triumphierend von einem zum anderen. Ich hatte einen Eisverkäufer

entdeckt, in dem ein feinsinniger Poet steckte. Das ließ sich
vermarkten.

Doch der Triumph währte nicht lange.

Es war Ira, die von ihrem kleinen Bruder berichtete. Er sei
am Bauhaus in Weimar angenommen worden, jetzt gelte es,
den Umzug zu organisieren. »Es gibt doch auch haufenweise
Bauhäuser in Berlin«, sagte Massimo. Er meinte die Bau-
markt-Kette. Von der Architekturschule hatte er noch nie
gehört. Es war nicht so, dass ich mich für ihn schämte.
Bauhaus kann mich mal, langweilige Quadrate und sterile
Glasflächen, und meine Bildungslücken sind so groß, dass
man damit eigentlich nur republikanische Präsidentschafts-
kandidatin in Amerika werden kann – oder eben Telenovela-
Autorin. Nein, ich schämte mich dafür, ihn in diese Situation
gebracht zu haben.

Mick ist es zu verdanken, dass der Abend dann doch noch
gerettet wurde. Er brachte die Sprache auf Berlusconi, und
wenn es um Politik und Intrigen in seinem Heimatland ging,
blühte Massimo auf und parlierte darüber mit der skeptischen
Haltung des Exilanten. Dann jedoch begann Xenia mit dem
blöden Zettelspiel, von dem ich nicht weiß, wie es richtig
heißt. Jeder klebt seinem Nebenmann den Namen einer be-
rühmten Persönlichkeit auf die Stirn, und der muss durch
Ja-Nein-Fragen herausbekommen, wer er ist.

Mit Blicken bedeutete ich Katharina, die den Zettel für
Massimo beschriftete, bitte nicht gerade einen Fassbinder-
Schauspieler auszuwählen. Als sie ihren Zettel mit Tesafilm
auf Massimos Stirn befestigte, sah ich, dass sie verstanden hat-
te: Dort stand »James Dean«. Das war gut, und das passte in
vielerlei Hinsicht sogar zu Massimo. Als Massimo mit seinen
Fragen an der Reihe war, machte er den Fehler, zu fragen, ob

er Berlusconi sei, denn bei der ersten Antwort mit Nein ist der Nächste dran. Doch bald schaute er sich von uns ab, den Kreis der in Frage kommenden Personen mit allgemeineren Fragen wie »Lebe ich noch?« oder »Bin ich schon tot?« oder »Kennt man mich aus dem Fernsehen?« einzugrenzen.

Er war dann immerhin nach einer Weile so weit zu wissen, dass er ein toter Schauspieler ist. Doch fiel ihm kein einziger Name ein. Und wir anderen hatten uns in der Zwischenzeit alle erraten, ich war Scarlett O'Hara, Xenia Daisy Duck, Henry war Berlusconi, Vera war Charlene von Monaco, Mick war Hannibal Lecter und Katharina Sofia Coppolla. Und alle schrien immer lauter auf den armen Massimo ein und gaben ihm Tipps, »Im Porsche verunglückt«, »Teenie-Idol der 50er«, »Lederjacke«, »Rebell«, »Giganten«, »Denn sie wissen nicht, was sie tun«, die Gesichter meiner angetrunkenen Freunde mussten ihm wie Fratzen erscheinen. Ich sah Panik in seinem Gesicht und wusste nicht, wie ich ihm helfen sollte, ohne ihn noch mehr zu blamieren.

Sein Ausdruck wandelte sich in Wut, und er riss sich den verdammten Zettel von der Stirn und entzifferte ungehalten »James Dehn …? Wer soll das sein?« Quälende Stille. Ich musste doch irgendwas tun! »Was guckt ihr so, er kennt James Dean nicht, aber er ist eine Granate im Bett!«, sagte ich. Wieder Stille. Mist, Sylvia, dachte ich, das war doch eine völlig beschissene Aussage. Doch jetzt stand sie im Raum, verseuchte alles, wie Fukushima. Man konnte sie nicht rausschneiden, nicht zurückspulen. Es war kein missratener Take. Das hier war die Wirklichkeit.

Massimo sprang auf und ging hinaus. »O Mann, tut mir leid«, stammelte Xenia, doch in den Augen aller sah ich schon das lüsterne Funkeln: Gerade hatte sich astreiner Klatsch-

Stoff ergeben, den man locker zwei, drei Abende noch mal diskutieren konnte. Ein Eklat! Wie angenehm unangenehm!
»Nicht eure Schuld«, sagte ich. »Ich muss ihm hinterher.«
Ich verließ die Wohnung, hörte Massimos Schritte im Treppenflur, fing ihn vor der Haustür ab. »Massimo!«, sagte ich. »Nur ein blödes Spiel! Und James Dean ... Er ist schon 100 Jahre tot, der sollte uns ganz egal sein.«
»Das Spiel ist mir scheißegal, dieser James ist mir scheißegal, die Leute da oben sind mir scheißegal!«
»Das sollten sie auch sein! Komm, Massimo, lass uns zu mir gehen.«
»Es ist nicht das Spiel!«
»Was ist es dann?«
»Du hast mich behandelt, als wäre ich eines dieser kleinen Fickhündchen, die den Yuppie-Weibern hinterherdackeln. Das verzeihe ich dir nicht.«
Ich dachte über den Begriff Yuppie nach. Für mich war ein Yuppie ein Wesen aus 80er-Jahre-Filmen, kühle New Yorker in flugplatzgroßen Lofts, die bei einem Martini irgendwas aussheckten. Ich hätte mich trampelige Neuberlinerin nie damit in Verbindung gebracht. Sicherlich gibt es Menschen, die von sich behaupten: Ich bin Gruftie, ich bin Emo, ich bin Scientologe. Aber ich glaube nicht, dass es jemanden gibt, der von sich sagt: Ich bin ein Yuppie! Es handelte sich wohl um ein Wort, mit dem bestimmte Menschen andere benennen, die mehr verdienen als sie selbst.
Er verzieh es mir wirklich nicht. Alle meine Versuche, wieder mit ihm Kontakt aufzunehmen, scheiterten. Massimo war ein Mann mit einem Herzen aus Gold, der eine eigene Eissorte kreiert hatte, die nach Sonnenuntergang in Italien schmeckt. So etwas findet man nicht alle Tage in Berlin.

In dieser Geschichte geht es nicht nur um Unterschiede im Habitus, sondern auch um unterschiedliche Vorstellungen, wie eine Beziehung in der Dating-Phase einzuschätzen ist und in welche Richtung sie führt. Sylvia nimmt die männliche Position ein: Sie ist Massimo überlegen in Sachen Status, Einkommen, Bildung; es sind ihre Freunde, mit denen sie sich treffen, sie bestimmt auch das Maß an Nähe und Distanz. Massimo hat wenig Möglichkeiten, seine Entmännlichung auszugleichen; Angebote wie Einladungen ins Restaurant nimmt Sylvia nicht für voll. Das einzige Refugium, in dem er seinen Mann stehen kann, ist das Bett.

Doch gerade das Bett führt ihn paradoxerweise in eine neue Entmännlichung, denn Sylvia degradiert Massimo zum Betthäschen, eine fragwürdige Rolle, die lange Frauen vorbehalten war. Sie erniedrigt ihn vor ihren Freunden. Erst durch den Abbruch der Beziehung kann Massimo seine männliche Würde zurückerlangen und Sylvia mit letzter Konsequenz in eine weibliche Rolle zurückdrängen: die der unglücklich Verlassenen.

Was hätte Sylvia tun können, um den Abbruch zu verhindern? Sicherlich war ihre Bemerkung von der »Granate im Bett« nicht klug, sie war aber ein Hinweis darauf, wie definitionslos, wie richtungslos, wie sprachlos die Beziehung zwischen den beiden war. Der schale Witz auf Massimos Kosten war ein Indiz für ihre Hilflosigkeit und ihre Verunsicherung bezüglich des Status-Unterschieds. Vielleicht hätte Sylvia es gutgetan, mit sich selbst zu klären, was sie von Massimo will. Das wäre die Voraussetzung dafür gewesen, feinere Antennen für seine Bedürfnisse zu entwickeln.

Auch Irina traf einen Mann, dessen Wertesystem scheinbar so weit von ihrem entfernt lag wie der Andromedanebel von der

Erde. Einfach alles an ihnen war verschieden – meinte man zumindest auf den ersten Blick: Weltanschauung, Einstellung, Erziehung. Ihr Date ist ein Beispiel dafür, zu welcher Kollision die Unterschiede führen können – aber auch dafür, dass man sie überwinden kann, dass Unterschiede belebend wirken können und Gemeinsamkeiten sich manchmal lediglich ein wenig verstecken.

Irina (35):
Als ich einen CDU-Spießer datete –
und mich verknallte

Warum fragte gerade der mich nach einem Date? Hatte sich nicht rumgesprochen, dass mir die Freunde des Mannes meiner Schwester Vera zuwider waren? Hatte sich nicht rumgesprochen, dass ich generell schwer zu genießen war? Und doch fragte Marco mich, ob ich mit ihm ausgehen würde. »Warum sollte ich mit dir ausgehen?«, fragte ich spöttisch. »Gehe mit mir aus, und vielleicht findest du einen Grund, warum es eine gute Entscheidung war«, sagte er, und er war mir nicht angenehm in seinem Ralph-Lauren-Hemd und mit seinen gegelten Haaren. Leider musste ich zerknirscht eingestehen, dass er auch nicht komplett unsympathisch war und außerdem ganz hübsch und dass seine Ohren niedlich abstanden.

Es war das Jahr 2003, und ich war eine Trendsetterin. Vegetarierin, lange bevor Bücher wie »Tiere essen« Bestseller wurden. Vehemente Atomkraftgegnerin, lange vor Fukushima und allen CDU-Wendehälsen. Und dass George Bush die Welt nicht zu einem besseren Ort machte und sein Volk und die Welt anlog, war mir glasklar. Ich war aktiv in Protest-

bewegungen an der Uni, hatte Auslandssemester in Aserbaidschan und der Türkei verbracht, engagierte mich in Kultur-
projekten, schrieb Stücke fürs Off-Theater und lernte gerade
die Gebärdensprache. Und dann kam so ein Jurastudent aus
Unternehmer-Elternhaus und mit gesponsertem Golf, Mit-
glied in der Jungen Union und obendrein in einer schlagen-
den Studentenverbindung, da hätte er ja auch gleich in der
Nazipartei sein können, und fragte mich nach einem Date! Er
konnte nicht ganz dicht sein! In einer seltenen Anwandlung
von Güte sagte ich Ja.

Er holte mich mit seinem Golf ab, den das dreistellige Num-
mernschild seines Heimatkaffs zierte, sicherer Hinweis darauf, dass er auf Daddys Namen angemeldet ist. Und dann die
Musik! »All the things I said running through my heaaaaad«,
plärrten Mädchenstimmen aus der Autoanlage.

Ich: »Sind das nicht diese minderjährigen Russinnen in
Schuluniformen, die von ihrem Manager gezwungen werden, sich zu küssen?« Er zuckte mit den Schultern. »Ich höre
gern Top 40!«

Wir gingen ins Freiluftkino, wir sahen den bosnischen Film
»No Man's Land«, denn dass ich nicht in einen Hollywood-
Blockbuster gehen würde, war ihm immerhin klar. Danach
tranken wir Wein auf einer Parkwiese, und ich erzählte ihm
von der reinen Seele Aserbaidschans und meinen politischen
Aktivitäten, und er sagte, ich sei eine erstaunliche Frau. »Was
ist daran erstaunlich?«, sagte ich. »Würdest du das auch zu
einem Mann sagen? Ist es wirklich so erstaunlich, wenn eine
Frau sich für mehr interessiert als die nächste Folge von »Sex
and the City« und den neuesten Klatsch über Bennifer?«

»Ich wollte nur ein Kompliment machen«, sagte Marco und
ließ sich nicht aus der Fassung bringen. »Immerhin kennst du

den Paarnamen von Ben Affleck und Jennifer Lopez«, lachte er.

»Meine blöde Schwester«, sagte ich. »Die lässt immer überall ihre Zeitschriften liegen.«

Ich erzählte dann von meiner Studienreise durch Syrien und der zerrissenen Seele dieses Fleckens Erde und wie weh es mir tut, wenn ein Cowboy wie George Bush die Länder pauschal als Achse des Bösen verurteilt, ohne irgendetwas über die Menschen dort zu wissen.

Wir waren also beim Thema Bush, das war nicht gut. Das brachte mich schnell in Rage. »Man sollte George Bush erst einmal machen lassen und nicht gleich verurteilen, nach den Anschlägen vom 11. September hat er sich jedenfalls ganz ordentlich bewährt«, sagte Marco.

Ganz ordentlich bewährt? Ich dachte, ich drehe durch. Heißt da jemand etwa den Irak-Einsatz der USA gut?

»Dass Saddam Hussein, ein Diktator so schlimm wie Hitler, außer Gefecht gesetzt werden soll? Ob ich das gutheiße? Ja, das tue ich«, sagte Marco trotzig.

Nun erzählte ich ihm aber einen! Und zwar von der Doppelmoral und Verlogenheit des Westens und besonders der USA, und außerdem gebe es Hintergründe und Ungereimtheiten zum 11. September, da würden ihm die Ohren schlackern.

Jetzt wurde Marco erstmals lauter: »Ach komm, diese paranoiden Verschwörungstheorien sind keine Diskussion wert! Da purzeln Menschen wie du und ich wie weggeworfene Puppen aus einem Hochhaus, und Leute wie du, die sicher und satt in ihrer staatlich finanzierten Uni sitzen, sagen: Ach, irgendwie sind die doch selber schuld. Das ist einfach ätzend, und ich will mir das nicht anhören, und dieser arrogante Antiamerikanismus von irgendwelchen Tübinger

Mittelschichtstudenten mit ihren abgehörten Meinungen, die sie für ihre eigenen halten, ist einfach nur langweilig. Die Amis haben uns vor wenigen Jahrzehnten aus der Barbarei geholt, gerade wir sollten uns hüten, mit dem Finger auf sie zu zeigen!«

Bockig zeigte ich mit ausgestrecktem Arm dorthin, wo ich Westen vermutete, und rief: »Böse Amis! Böse Amis!« Das war natürlich total blöde.

»Have a nice day!«, sagte er und ging.

»Ach, verpiss dich!«, rief ich ihm hinterher. Was ging ich auch mit einem zukünftigen Anwalt aus!

Von zu Hause mailte ich ihm noch ein paar wütende Zeilen und schickte ihm einen Link zu einem Politblog, in dem ich mich über die Irak-Lüge der USA ausgelassen hatte.

»O Mann, Irina, ich wollte es dir sagen, aber Marco ist bei dem Thema 11. September natürlich superempfindlich. Er hat letztes Jahr noch in den USA studiert und alles aus nächster Nähe erlebt und sogar einen Freund verloren!«, erklärte mir meine Schwester Vera, die freundlicherweise ihre Gala-Lektüre unterbrochen hatte, um mich darüber aufzuklären. Ich schluckte und schrieb Marco eine kleinlaute Entschuldigungsmail. Er schrieb zurück, dass er meinen Blog wirklich gut findet. Wir trafen uns noch einmal und mieden das Thema Politik. Gute Idee: Gegen meinen Willen verliebten wir uns. Und nach einer langen Unterbrechung wurden wir ein Paar.

Marco war der erste Mann, dem ich meine Artikel und Reportagen für Blogs, für die Uni-Zeitung oder nur für die Schublade zeigte. Er sagte, er sei selten meiner Meinung, ich schreibe oft zu wütend und unausgewogen und anklagend, aber ich sei talentiert. Er liebte meine Personenporträts. Er sagte mir, von meinen Theaterstücken sollte ich nicht zu viel erwarten. Er hatte recht, sie waren grässlich. Er bestärkte mich, Journalistin zu werden. Ich wäre nie auf die Idee gekommen. Ich sagte, ich sei dazu nicht gut genug. Er sagte, das müsse ich erst noch herausfinden. Er machte mir Mut. Wir zofften uns, aber ich lernte durch ihn Güte, Diplomatie und dass es bei jedem Streit drei Aspekte gibt, die Sicht des einen, die des anderen und einen Dritten, den keiner von beiden erkennt. Ich predigte Toleranz, er praktizierte sie. Er machte mich milder und gelassener. Er brachte mir bei, dass Werte wie Heimat und Tradition ihre Berechtigung haben. Er brachte mich dazu, über meinen Schatten zu springen und mich bei seinen Unternehmer-Eltern nicht aufzuführen wie eine rebellische Göre.

Gleichzeitig hoffte ich, mit einem konservativen CDU-Freund meine anthroposophischen Eltern schocken zu können. Doch ich irrte! Sie schlossen ihn nicht nur in ihr Herz, sie hielten ihn für ein Wunder. Offenbar hatten sie nie geglaubt, dass ihre kratzbürstige und vehemente Tochter jemals einen gescheiten Typen an Land ziehen würde. Meine erste große Liebe, ein Kath kauender Jemenit ohne Aufenthaltsgenehmigung, war schließlich nie ihre erste Schwiegersohn-Wahl gewesen. Tief saß der Schock auch, als mein letzter Freund, ein Auslandsstudent aus Turkmenistan, heulend vor der Tür meines Elternhauses stand, in dem ich mich nach der Trennung verschanzt hatte, und sich mit einer Glasscherbe in die Handfläche ritzte und so laut rumbrüllte, dass alle Nachbarn es hören konnten: »Irina, ich bluuuute für dich!«

Verständlich, dass sie auf meinen adretten CDU-Marco abfuhren, und wenn sie hundertmal alte 68er waren! Als ich mich einmal von Marco trennen wollte, drohte meine pazifis-

tische Mutter mir zum ersten Mal in unserem Leben mit Gewalt: »Wenn du es mit Marco vermasselst, schlage ich dich windelweich!« Keine Frage, sie wollte mich loswerden, und ihr war klar, wenn Marco mich nicht mitnahm, würde ich als Drittfrau in einem Beduinenzelt enden, was für eine Mutter fast so schlimm wäre, wie ihre Problem-Tochter für immer am Rockzipfel hängen zu haben.

Inzwischen sind Marco und ich verheiratet (er bestand darauf!), haben zwei Kinder, ich arbeite immer noch als Journalistin und unterrichte Migrantenkids, und Marco hält George Bush inzwischen für den schlechtesten Präsidenten, den die USA je hatten, und Atomkraft für ein unkalkulierbares Risiko. Er isst immer noch Fleisch, aber seltener und nur außer Haus. Er hat mit mir Aserbaidschan und den Libanon bereist, dafür war ich mit ihm in den USA, und ich betrat ihm zuliebe dort sogar einen Wildwest-Saloon und hatte ernsthaft Spaß. Es gibt ein Foto von mir mit Cowboyhut auf einem Rodeobock, man sieht leider auch, dass ich gerade wohl so etwas wie »Yiiiehhaaa!« rufe, das Foto dürfen meine alten Unifreunde nie sehen. Marco erpresst mich damit, wenn er etwas will, etwa in ein nicht-vegetarisches Restaurant gehen. Niemals jedoch setze ich einen Fuß auf einen Golfplatz oder wähle die CDU. Jede Liebe und jede Erpressung hat ihre Grenze.

Irina und Marco haben die große Leistung vollbracht, ihre Konstrukte der Wirklichkeit zu überdenken und zu verändern, nachdem sie vom so gegensätzlichen Partner in Frage gestellt wurden. Denn wir alle neigen dazu, selektiv wahrzunehmen und nur die Informationen aufzunehmen, die in unser Weltbild passen. Der Rest wird übersehen oder umgedeutet.

Und schließlich umgeben wir uns mit Menschen, die so ähnlich denken wie wir, und lesen Zeitungen oder sehen Fernsehsendungen, die unsere Einstellung widerspiegeln. So werden unsere Erwartungen immer wieder bestätigt – auch wenn sie falsch oder nicht die einzige Wahrheit sind oder nur ein Ausschnitt des Ganzen. Die Kognitionspsychologie spricht dabei vom Bestätigungsfehler.

Irina und Marco haben sich hier als erstaunlich flexibel und lernfähig erwiesen, sich auf die Andersartigkeit des Partners eingelassen – und davon profitiert. Vielleicht war diese Anpassung nur möglich, weil beide einen gar nicht so unterschiedlichen Habitus haben, wie man zunächst vermutet. Beide entstammen der akademischen Mittelschicht, sind politisch engagiert, selbstbewusst, artikuliert und diskussionsfreudig, letztendlich aber konsensfähig. Sie hatten wohl von Anfang an mehr Gemeinsamkeit, als sie gerne zugegeben hätten.

Ein völlig anderes Wertesystem dagegen erlebte Chris bei seinem Date:

Chris:
Als ich ein Castingshow-Sternchen beschnupperte

Vorab: Mein Date mit Chayenne-Chiara war kein Dreier. Sondern ein Date mit einem dieser Doppelnamen-Mädchen. Der Einfachheit halber nannte sie sich CiCi.

»Huhu«, begrüßte sie mich. »Deine Jeans ist scharf! Ist die von ›BLK DNM‹? CiCi gefällt das!« Sie, die da in der dritten Person von sich redete, war übrigens eine Ex-Castingshow-Kandidatin. »Und wie gefällt dir mein Outfit?«, schnatterte CiCi und drehte sich im Kreis. »Ich hab's mir mit einer App zusammengestellt, die heißt ›Pose‹, die ist der Wahnsinn. Du

postest noch in der Umkleidekabine die Klamotten, die du kaufen willst, und die anderen Userinnen sagen dir, ob der Look funzt oder nicht!«

Unter uns, die anderen Userinnen mussten belämmert oder böswillig gewesen sein, denn CiCi sah aus, als hätte sie beim Garagenverkauf von Christina Aguilera zugeschlagen. Während des Dates hatte sie nur ein Thema: ihren Warholschen 15-Minuten-Ruhm bei der Castingshow im Privatfernsehen. Und ich werde doch so schnell müde bei Themen, bei denen es nicht mal im Ansatz um mich geht!

CiCi erzählte die ganze Zeit von ihrem Lebenstraum, einmal selbst Moderatorin einer Castingshow zu werden oder in der Jury zu sitzen. »Ich bin in einer ziemlich miesen Gegend aufgewachsen, meine Mutter hat uns als Altenpflegerin allein durchgebracht. Die Castingshow hat mich da rausgeholt, ohne sie wäre ich jetzt nicht da, wo ich bin«, sagte sie pathetisch. »Inzwischen habe ich Shows in Discos und auf Feiern, ich trete in ganz Deutschland auf, bekomme 500 Euro pro Abend. Nächste Woche habe ich ein Casting für Verboli.«

»Verboli?«, fragte ich ratlos.

»Verbotene Liebe«, erklärte sie nachsichtig und fuhr fort: »Castingshows sind so wichtig, sie können dein Leben verändern, sie geben Millionen Kids da draußen Hoffnung, dass du es schaffen kannst. Deswegen müssen wir Talentshows, Modelshows, das alles unterstützen.« Sie horchte auf, als lausche sie ihren eigenen Worten. »Wir brauchen Talentshows, denn sie können eine Tür in die Welt sein!«, flüsterte sie feierlich und kreischte auf: »O. M. G., das war ja genial, das muss ich twittern!« Und dann tippte sie wie besemmelt in ihr Smartphone.

Ich wartete die ganze Zeit darauf, dass sie sagen würde,

kleiner Scherz, um dann zu lachen. Aber nein, sie meinte jedes Wort sehr, sehr ernst. Hilfe, war nicht einmal Bildung der Schlüssel zum sozialen Aufstieg gewesen? Jetzt führte der Weg nach oben offenbar über eine Bühne, auf der sich durchkapitalisierte 17-Jährige in Strapsen vor Windmaschinen rekeln oder als lebendes Buffet rohen Fisch auf ihrem Körper plazieren lassen, weil »der Kunde ja auch mal ausgefallene Wünsche haben kann«, wie Heidi Klum piepsen würde. Schließlich zeigte sie mir auf dem iPhone bei Youtube Filmchen, in denen sie in der Castingshow irgendwas von Rihanna oder Leona Lewis sang, und sie sah fiebrig auf diese Clips, die sie doch schon hundertmal gesehen haben musste, als passiere es gerade live. Dabei bewegte sie ihre Lippen synchron zu ihrem eigenen Gesang.

Alles an ihr schien bei diesen Auftritten zu schreien: »Mama, Papa 1, Papa 2, Papa 3, liebe Pflegeeltern, lieber Rest der Welt, seht her, was aus eurer kleinen CiCi geworden ist! Habt mich lieb, schaut, wie viel Mühe ich mir gebe!« Ich dachte nur: »Abendland, goodbye!« Wenn der IQ von Frauen unterhalb ihrer Oberweite liegt, ist das nicht speziell sexy. Und dennoch beschlossen wir, zu mir nach Hause zu fahren. Dates ziehe ich sportlich durch, niedriger IQ hin oder her.

Leider kotzte sie noch im Taxi in ihre Louis-Vuitton-Clutch, und dann plapperte sie unbefangen weiter. Ich weiß nicht, ob sie an einer Magenverstimmung oder einer Essstörung gelitten hatte oder schlicht betrunken gewesen war. Kotzen jedenfalls schien für sie völlig normal. Das Taxi hielt, sie schlang ihre Arme um mich, kam mir kussnah und gurrte: »Ich werde dich aufessen!«

»CiCi«, begann ich vorsichtig. »Du solltest alleine nach Hause fahren. Du solltest das mit deiner Handtasche in Ord-

nung bringen. Du solltest dir einen Kamillentee machen und
dich ausruhen.« Da sah sie mich mit großen, traurigen Augen
an: »Du fandest meinen Fummel doch von Anfang an übel«,
sagte sie. »Und du hast recht. Sind Tussi-Fetzen. Gute Nacht,
Chris. Wann gibt es Typen wie dich endlich als App? Dann
wäre alles so viel leichter.«
Dann brauste ihr Taxi davon, und die Erinnerung an ihren
verlorenen Blick quälte mich noch eine Weile.

Auch meine Arbeitskollegin Nicole war so freundlich, mir für
dieses Buch einige ihrer ärgsten Dates zu schildern. Wenn sie
ein Date als Desaster empfand, dann meistens deswegen, weil
ihr der Habitus des Kerls nicht zusagte.

So ließ sie sich einmal von einem Koch zu einem Date über-
reden, der seinen Job hasste, aber als notwendiges Übel betrachtete – ganz anders als sie selbst, für die der Beruf Selbstverwirklichung bedeutet und die zwischen Freizeit und Job
kaum trennt. Unter gelungener Abendgestaltung verstand ihr
Dating-Partner DVDs gucken und Kiffen (»Zum Runter-
kommen«), außerdem trug er Baggy-Pants, sein Handy um
den Hals und eine rote Baseballcap, wie Nicole sie zuletzt bei
Fred Durst gesehen hatte. Er fiel bei ihr gnadenlos durch.

Doch auch mit einem Sohn aus bestem Hause hatte sie so ihre
Probleme, wie die folgende Geschichte zeigt. Einerseits genießt
sie seine Manieren, andererseits verunsichert sie sein Habitus
so sehr, dass sie sich in Spott flüchtet, um sich nicht unterlegen
zu fühlen.

Nicole (30):
Als ein Millionärssohn mich auf den
»Hügel der blutigen Augen« entführte

Mein Minirock hatte Gürtelbreite, und es war etwa sechs Hemingways nach Mitternacht, als ich in einer ehemaligen Berliner Nobeldisco Eugen kennenlernte. Er studierte Wirtschaftsingenieurwesen, trug ein rosa Hemd mit aufgestelltem Kragen und hatte seine blonden Haare zurückgegelt. Er entsprach perfekt der Bauanleitung für einen Millionärssohn aus einer westdeutschen Kleinstadt, der in der Hauptstadt-Uni eingeschrieben ist (er hatte sich eingeklagt!) und dem Papi eine Dachgeschosswohnung in Ku'damm-Nähe kauft, damit der Sohnemann nicht in fragwürdigen Bezirken in Schmuddel-WGs verroht. Er hatte Manieren, konnte küssen – das reichte mir. Wir trafen uns einige Tage später auf Kaffee & Kino.

Mein Problem: Ich hasse es, in Cafés Ausschau nach Leuten zu halten, die auf mich warten. Lieber wollte ich Eugen bei sich zu Hause abholen. Das nüchtern-graue Designer-Apartmenthaus wirkte einschüchternd, vor allem, als nach dem Klingeln eine Kamera auf mein Gesicht zoomte. Eugen erwartete mich schüchtern an der Tür – wieder im rosa Hemd. Die Wohnung war vollkommen American-Psycho-esk, penibel gereinigt, die Küche noch jungfräulich, uneinsehbare Terrasse, die Einrichtung garantiert nicht von einem 24-Jährigen ausgesucht. Dazu alphabetisch geordnete DVD-Sammlung, dreistellige Restaurantrechnungen auf dem Tisch, PC mit zwei Flachbildmonitoren. Kurz: Ich sah mich schon mit aufgeschlitztem Bauch, in Klarsichtfolie eingewickelt auf dem grauen Teppich ausbluten, während im Hintergrund leiser 50er-Jahre-Jazz zu hören ist, oder was auch immer Gestörte so im CD-Regal haben ...

Irgendwas war merkwürdig an dem Kerl, er war so still, saß weit von mir entfernt im Sessel und beäugte mich. »So was ist mir noch nie passiert, dass mich eine Frau beim ersten Date in meiner Wohnung abholt, ich weiß nicht, wie ich dich einschätzen soll«, sagte er.

Ich atmete auf – alles klar, er war drei Jahre jünger, wir befanden uns anscheinen in einer Mrs.-Robinson-Situation. Wahrscheinlich hatte er Angst, ich würde ihn gleich ins Designer-Bettchen zerren und zwanzig verschiedene Stellungen verlangen. Aus Deeskalationsgründen schlug ich vor, schnell ins Café zu gehen. Nachdem er die offenbar notwendige Poser-Nummer abgezogen hatte (im Firmen-BMW-Cabrio von Daddy über den Ku'damm cruisen und extra langsam vorm Café einparken), schien er etwas lockerer zu werden. Er war ein perfekter Gentleman, hielt mir die Tür auf, bestellte für mich, bezahlte selbstverständlich die Rechnung, hielt zärtlich (aber nicht aufdringlich) meine Hand und fuhr uns schließlich ins Kino.

Als er vorpreschte, um die Karten zu kaufen, dachte ich noch: »Schön, mal wieder wie eine Lady behandelt zu werden.« Allerdings holte mich dann relativ schnell meine Alufolien-Vision wieder ein, als ich auf die Eintrittskarte sah: Mein Date entführte mich in den Horror-Splatterfilm »Hügel der blutigen Augen«, in dem sich irgendwelche Degenerierten gegenseitig abschlachteten.

In den kurzen Drehbuchsequenzen, in denen keine heraushängenden Gedärme vorgesehen waren, verwickelte er mich dann in einen als Diskussion getarnten Monolog über unsere moderne Wegwerfgesellschaft und das Nichtvorhandensein eines freien menschlichen Willens. Für einen kurzen Moment erschien mir die Klarsichtfolie gar kein so schlechter Deal.

Nach dem Kino hatte er mich so mürbe gefaselt, dass ich mich noch auf eine Cola light zu ihm hinaufbitten ließ. Und wie Psychos halt so sind – in den eigenen vier Wänden war er wieder der schüchterne Junge. Ich wusste mir nicht mehr anders zu helfen: Ich startete einen Knutschangriff, wobei ich kicherte, mich wild auf dem Bett drehte und versuchte, eine Kissenschlacht zu starten. »Versuchte« deshalb, weil Stiff-Eugen mich schließlich mit den Worten unterbrach: »Bleib doch bitte ernst, ich finde, Humor und Erotik passen nicht zusammen.«

Ich ignorierte den aufkeimenden Wunsch in mir, ihn zwangsaufzuklären, und wir fingen stattdessen an, rumzumachen. Irgendwann fragte ich ihn, was er denn so in seiner Goodie-Schublade habe.

Er: »Meine was?«

Ich: »Deine Goodie-Schublade ...!«

Er: »So was hab ich nicht, was ist das?«

Ich (leicht von oben herab): »So etwas hat eigentlich jeder sexuell aktive Mensch in Bettnähe.«

Er sah mich an, als hätte ich ihn gebeten, sich Windeln anzuziehen und sich von mir verhauen zu lassen. Dann stand er auf und zog sich sein rosa Hemd straff. Er meldete sich nie mehr.

Nicole wollte hier offenbar ein Gefühl von Habitus-Unterlegenheit ausgleichen, indem sie sich zunächst als flippig und ausgelassen inszeniert – die jugendliche Kissenschlacht – und dann, als er spröde darauf reagiert – als sexuell erfahren und abgeklärt: Sie fragt nach seinen Sexspielzeugen und reagiert herablassend auf seine Irritation. Da sie wohl kaum an einem Punkt waren, an dem man ernsthaft Sexspielzeuge einsetzt, wollte Nicole das Zusammentreffen, das bei ihr so viel Unbehagen auslöste, durch ein überrumpelndes Verhalten sabotieren. Warum sie aber über den Kinofilm nicht mit entschieden hat – das muss ich sie noch einmal bei Gelegenheit fragen.

Die folgenden Splitter sind zu kurz, um festzustellen, ob wirklich eine habituelle Kluft das Desaster verursachte. Vielleicht hatten alle Beteiligten auch grundsätzlich einen ähnlichen Habitus, haben den anderen aber mit einer bestimmten Variante ihres Verhaltens vergrault. Auf jeden Fall hatten sie unterschiedliche Vorstellungen, was Höflichkeit, Jargon, Benehmen, Angewohnheiten, Stil, Geschmack, Werte, Ansichten und Einstellungen betrifft. Oder es herrschten unterschiedliche Erwartungen an die Geschlechterrollen. Denn die Vorstellungen davon, wie Mann und Frau sich zu verhalten haben, weichen in unserer Gesellschaft gerade auf, was auf beiden Seiten für Konfusion sorgt.

Dating-Desaster in max. 600 Zeichen: Gar nicht so feine Unterschiede

Philipp: Date im Park. Die Abmachung: Ich mache Salat, sie kümmert sich um Getränke. Sie bringt Energy-Drinks und knallbunte Alkopops mit. Da war klar: Wir sind verschieden.

Silke: Ich chatte in einer Single-Börse. Spontanes nächtliches Treffen in einer Kneipe. Der Typ: 40, Akademiker, ist bereits total betrunken, schlimme Fahne aus Suff und Kippen. Er bestellt weiter, lallt, fällt vom Barhocker.

Sandra: In der Fußgängerzone grüßt mich überschwenglich

ein riesiger Hummer, der Flyer für ein neues Fischrestaurant verteilt. Ich erkenne mein Date vom Vortag. Ja, er sagte zwar, er sei in der Werbung, aber so?

Martin: Ich sitze mit ihr in einer Kneipe, zufällig findet dort ein Junggesellinnen-Abschied statt. Sie feiert mit den anderen Mädels, die sie gar nicht kennt, trinkt Tequila-Bodyshots von den Brüsten einer der Frauen, schleckt schließlich Sahne von einem Stripper. Hatte sie mir vorher nicht noch was von Laktoseintoleranz erzählt?

Silke: Ich hatte mal einen Typen, der setzte sich direkt nach dem Sex an den Computer und spielte »Counter-Strike«. Ich war wie Luft.

Carsten: Wir betreten die Bar, sie checkt uns bei Facebook ein. Sie fotografiert das Date lückenlos, was echt nervt. Zu Hause sehe ich, dass sie alle Fotos gepostet und »witzig« kommentiert hat.

Marco: Sie sagt, sie sei Veganerin und könne nicht mit mir schlafen, solange ich tote Tiere esse. Ich sei für sie ein wandelnder Tierfriedhof.

Irina: Ich bin Veganerin. Er bestellt ein Steak, so blutig, dass der Tierarzt es wiederbeleben könnte. Sticht mit der Gabel hinein. Blut spritzt in mein Gesicht.

Sandra: Er erzählt nur von Nachhaltigkeit, Öko-Spuren, die wir hinterlassen, den Wahnsinn Massentierhaltung, Global Warming. Ich fühle mich wie die letzte Umwelt-Sau, weil ich es grad mal so schaffe, den Müll zu trennen.

Doro: Der Typ bestellt die Sättigungsbeilage bei seinem Gericht ab, will lieber Extra-Salat. Kohlenhydratarme Ernährung. Haben wir Frauen nicht mal mehr das Monopol auf bekloppte Diäten?

Franziska: Er rastet aus, weil ich zehn Minuten zu spät

komme. Ich würde seine Zeit stehlen und meine Zeit als kostbarer einschätzen als seine, usw.

Vera: Typ ruft mich zehn Minuten vor dem Date an und fragt, ob ich pünktlich sein werde. Er selbst sei sehr pünktlich und hasse Verspätungen.

Catrin: Er zahlt. Beschlossene Sache: Wir gehen zu ihm. Er geht noch mal aufs Klo. Kommt wieder, hat sich nachparfümiert. Jede Wette, auch im Schritt. Ich geh allein.

Chris: Ich treffe diese Callcenter-Leiterin. Ich sehe ihre durchgestufte, strähnige Mähne und denke nur: Scheiße, gleich rufen die 90er an und wollen ihren Haarschnitt zurück!

Catrin: Nach dem Weihnachtsmarktbummel zu ihm ins Hotel. Er wohnt da für zwei Wochen. Er hat das Zimmer mit blinkenden Nikoläusen und Tannenzweigen dekoriert. Ich glaub, ich spinne. Ofen aus.

Michaela: Wenn ich essen gehe, will ich essen. Er aber schleppt mich ins Event-Restaurant. Pantomime-Kellner, lebende Kaninchen auf dem Tablett, verrückende Tische. Es war die Hölle!

Anna: Date am Valentinstag. Er schenkt mir einen Gutschein für eine Fischpediküre. Da knabbern Fische einem die Füße geschmeidig! Ich hätte kotzen können! Das war's.

Nicole: Sein Handy klingelt. Ein polymorpher Vogelzwitscher-Klingelton. Es ist seine Mutter!

Silke: Der Typ begrüßt mich schon beim ersten Date mit: »Altachen, du bist ja 'ne Granate!« Der Jargon setzt sich fort. »Ich bin nun mal ein fett heißer Typ«, sagte er schließlich. Ich: »Wo hast du das her, hat dir das eine deiner Tussis aus der Shopping Mall erzählt?«

Trixi: Ich hatte einen Typen, der sagte wirklich die ganze Zeit:

Okidoki. Ich dachte: Noch einmal Okidoki, und ich reiße ihm die Zunge raus und zwinge ihn, sie zu essen.

Christian: Ich verstehe nicht, wieso Frauen neuerdings immer so versaut daherreden. Ich glaube, dahinter steckt eine uneingestandene Verklemmung und Unsicherheit: Die neuen Möglichkeiten treffen auf alte kollektive Scham. Unsere Sexualität ist befreit, und jetzt wissen wir noch nicht so richtig, wie wir damit umgehen wollen, also retten wir uns in versautes Daherreden. Bei einem Date erzählt mir eine Frau sehr detailliert, dass sie einmal bei einem Typen war, der wollte, dass sie lange Ringelsocken anzieht zum Sex, und er hatte auch gleich welche in der Schublade, und dann ging es los. Vielleicht hat sie dieses Erlebnis so verstört, dass sie jetzt daraus eine Zote machen musste.

Simone: Top-Restaurant, er isst auf meine Empfehlung die erste Languste seines Lebens und ruft begeistert durch den Laden: Hm, die schmeckt so geil, ich hoffe, ich kack die nie wieder aus!

Jan: Treffen an der Uferpromenade. Sie kommt mit drei japsenden Möpsen zum Date. Die heißen Kate, Gisele und Naomi. Die Viecher speicheln alles voll. Und sie gibt ihnen Zungenküsse!

Irina: Ich lud den Typen zu einem Theaterstück ein, in dem ich mitspielte. Ich sah von der Bühne, dass er eingeschlafen war. So richtig mit Kopf nach hinten, Mund auf, jede Wette auch Speichelfluss und Schnarchgeräusche. Ich fand das sehr unhöflich.

Irina: Ich ließ mich nicht entmutigen und lud wieder einen Typen in das Theaterstück ein. In der Pause nach dem zweiten Akt sah ich vom Backstage-Bereich aus, wie er seine Sachen raffte und sich leise auf Zehenspitzen davonstahl. Er kam nicht wieder und meldete sich auch nie wieder. Sein Glück!

Irina: Ich lud wieder einen Typen in mein Theaterstück ein. Während ich als eine der »Drei Schwestern« von Tschechow alles gab, sah ich, wie er die ganze Zeit mit seinem Smartphone spielte. Da rastete ich aus, brüllte von der Bühne: »Liebes Publikum, wir haben acht Wochen durchgeprobt, um Ihnen einen intensiven Abend zu bieten. Wenn ich noch einen Kerl hier sehe, der während unserer Vorstellung in sein Handy tippt, komme ich persönlich runter und zerre ihn an seinen Eiern auf die Straße! Und ich meine tatsächlich: AN DEN EIERN!« Ach ja, ich wurde danach für eine Woche von meinem Intendanten suspendiert. Aber das war es mir wert.

Marco: Sie lud mich in ihr Off-Theaterstück ein, in dem sie eine tragende Rolle spielte. Ich bin sicher, das Stück wies auf irgendeinen Missstand in der Welt hin, ich kriegte nur nicht raus, auf welchen, denn ich kapiere nix. Also machte ich unauffällig ein Nickerchen – doch sie registrierte es von der Bühne aus und machte mir hinterher die Hölle heiß.

Sascha: Sie hieß Sandy und hat gesächselt. Sachsen ist ein großartiger Freistaat, aber ich hab es nicht so mit Akzenten.

Er ist ein Star,
holt mich hier raus!

Ein Date mit einem Star! Kann man sich besser aufwerten in unserer prominenzverrückten Zeit? Und auch wenn es zur Katastrophe wird, endlich hätte man mal eine Geschichte, bei der einem die anderen wirklich zuhören würden. Es gibt aber auch Promis, da erscheint es uns schon bedenklich, wenn wir zwei Stockwerke mit ihnen in einem Lift fahren müssten. Ich hörte mich um – was sind die schlimmsten Alptraum-Dates mit einem Promi? Das kam dabei heraus.

Mick: Lindsay Lohan. Wo sie auftaucht, ist Chaos. Sie wird zwei Stunden zu spät kommen, als ersten Gang auf dem Klo koksen, alle anderen Gänge ausfallen lassen, stattdessen Wein aus der Pulle trinken und das Tafelsilber einstecken und am nächsten Tag ihren Termin beim Bewährungshelfer verpassen.

Vera: Charlie Sheen. Langweilig wird es nicht, aber wir wären nicht allein, mit uns am Tisch säßen Drillinge, die Pornostars sind. Das wäre mir doch etwas zu viel.

Frank: Charlotte Roche. Sie hat so viel über Körpergerüche, Hämorrhoiden und Ausscheidungen geschrieben und gesprochen, dass man all diese unschönen Sachen mit ihr verbindet. Sexy ist das nicht.

Max: Madonna. Angesichts ihrer Oberarme hab ich die Figur einer Ballerina, außerdem bin ich mit 27 viel zu alt für sie.

Ira: Justin Timberlake. Er hat irgendwas Selbstgefälliges, was ich nicht mag. Wahrscheinlich hat er im Leben etwas zu oft gesagt bekommen, wie großartig er ist. Das tut niemandem gut.

Katinka: Justin Bieber. Ich finde ihn sooo süß und würde ihm gern ein paar Dinge zeigen, die er garantiert noch nicht kennt. Aber mit Millionen eifersüchtiger Teenie-Mädels legt man sich nicht an. Sie würden mich fertigmachen!

Chris: Paris Hilton. Sie hat in ihrem Leben noch nicht einen interessanten Satz gesagt. Außerdem telefoniert sie sogar, während sie Sex hat, das kann man im Internet sehen.

Renée: Til Schweiger. Ich kann seine näselnde Stimme und seine Ich-bin-grad-aus-dem-Bett-gefallen-Attitüde nicht ertragen. Wenn er mir allerdings verspricht, sich für seinen neuen Film einen dritten Gesichtsausdruck zuzulegen, ließe ich mit mir reden.

Klara: Kanye West. Er hat so viel mit der religiösen Verehrung seiner selbst zu tun, dass ich mir fehl am Platz vorkäme.

Fernando: Katie Price. Ich habe Angst vor ihrem Megabusen, außerdem bin ich sicher, dass sie irgendeine Schlägerei anfängt.

Phillip: Schlagersängerin Michelle. Sie wirkt wie jemand, der beim Date ganz viel weint. Sie würde mir bestimmt erzählen, wie sie ihr Leben lang ausgenutzt, betrogen und verlassen wurde und dass sie das Gefühl hat, ich wäre der allereinzige anständige Mann der Welt, und ich käme nie wieder aus der Nummer raus.

Doro: Ashton Kutcher. Er ist so perfekt, ich würde kein Wort herausbekommen.

Sascha: Désirée Nick. Lieber würde ich mich in eine Holzkiste voller hungriger Mambas stecken und für eine Nacht in einem Dschungelsumpf versenken lassen. Gegen Mambas soll es ein Gegengift geben. Gegen die Nick nicht.

Wenn Lebensentwürfe
zur Falle werden

Schon beim ersten Date verlassen wir ein Stück unser Ich und bilden ein neues, das versucht, an das neue Ich unseres Gegenübers anzudocken. Der zaghafte Entwurf einer neuen Identität schwebt noch unsicher wie ein frisch aus dem Nest gehopstes Vogelküken umher und sucht nach Orientierungspunkten. Doch das Zwanglos-Dogma verbietet es, dem Partner klare Orientierung zu bieten: Bist du das Single-Leben auch so leid? Könntest du dir vorstellen, mit mir zusammenzuziehen? Wie wichtig ist dir Karriere? Willst du immer in der Stadt wohnen bleiben? Willst du heiraten? Willst du Kinder? Tausend Fragen, die uns auf der Zunge liegen, die aber in der Dating-Phase mehr oder weniger tabu sind. Einige Informationen erhalten wir, indem wir die Kommunikation als zwanglos tarnen, andere erahnen oder dechiffrieren wir. Wieder anderes unterliegt unserer Spekulation. Es ist das Paradoxon eines Dates: Das, was wir jetzt am dringendsten wissen müssten, dürfen wir nicht direkt erfragen! Der Soziologe Christian Schuldt meint sogar, dass es am häufigsten Unterschiede in den Lebens- und Liebeseinstellungen sind, die in der scheinbar so leichtfüßigen und momentverliebten Dating-Phase zum Knackpunkt werden: »Es kann flirtentscheidend sein, ob jemand Kinder haben möchte oder nicht.«

Es gibt zwei Manöver, um mit den Unklarheiten umzugehen: Man versucht zu erahnen, was der andere erwartet, und passt sich ihm an. Vielleicht treffen sich beide irgendwo in der Mitte. Die riskantere Methode ist es, Einstellungen und Angewohnheiten zu betonen, damit Missverständnisse gar nicht erst entstehen: »Ich halte es nie lange an einem Ort aus«, »Der Job kommt bei mir an erster Stelle« oder »Ein Leben ohne Kinder schiene mir persönlich unvollkommen«. Vor dem Kentern schützen beide Manöver nur unzuverlässig.

Dating-Desaster in max. 300 Zeichen: Knackpunkt Lebensentwurf

Doro: Der Typ fragt mich, wie alt ich bin. Ich sage: 35. Er sagt: Oh, da werden deine Eier ja auch langsam müde, und die Fabrik schließt bald. Weißt du, ich will unbedingt noch Kinder.

Ira: Wir sprachen beim ersten Date darüber, dass wir es völlig okay finden, mit Mitte 30 noch keine Kinder zu haben. Wir lästerten ein bisschen über die eifrigen Prenzlberg-Eltern. Beim nächsten Date schenkte er mir ein Buch, »No Kid – 40 Gründe, keine Kinder zu haben«. Ich war herbe enttäuscht. Denn so hatte ich das gar nicht gemeint! Natürlich will ich Kinder!

Böse Überraschungen:
Wenn der Prinz
sich als Frosch entpuppt

Die meisten Pannen-Dates des vorigen Kapitels zeigen: Ein paar Widrigkeiten sind halb so schlimm. Dates mit tödlichem Ausgang aber sind die, in denen wir unangenehme Erkenntnisse über den anderen, seinen Charakter, seine Lebensweise, seine Einstellungen gewinnen. Die Traumprinz-Vision wird in solchen Fällen mit dem Vorschlaghammer zerstört. Die Nachwirkungen sind perfide: Der so Überraschte zweifelt an seiner eigenen Wahrnehmung, weil ihn das neue Wissen ohne Vorwarnung traf (oder wollte er die Anzeichen nicht wahrhaben?).

Da es aber doch in unserer Natur liegt, Gesetzmäßigkeiten auszumachen, die uns das Überleben im Dickicht sichern, ziehen wir häufig verallgemeinernde Schlüsse: Dann gibt es »sowieso nur noch Freaks«, dann sind wir sicher: »Männer heute sind alle Scheißkerle«, oder »Frauen heutzutage wissen nicht mehr, was sie wollen«. Vielen Frauen erscheint nach solchen Erlebnissen der fötale Rückzug in die Geborgenheit der eigenen vier Wände und zu ihrem heimlichen Partner, dem Traumprinzen, umso verlockender. Denn der hat bisher noch nicht enttäuscht und wartet daheim schon mit seinem Balsam. Über den kleinen Makel des Traumprinzen, dass er nicht existiert, kann man da ruhig schon mal hinwegsehen, denn wer ist schon perfekt? Und was ist eine Nichtexistenz schon im Vergleich zu den Makeln, mit denen man dort draußen konfrontiert wird?

Letztendlich entscheiden sich aber die wenigsten Singles trotz wiederholter böser Überraschungen und Rückschläge für die Verbitterung. Früher oder später überwinden sie sich wieder, treten einmal mehr hinaus in ungewisses Wetter. Im Folgenden berichtet Anna, eine Ärztin, von einer besonders bösen Überraschung, die ihren vermeintlichen Prinzen für immer demaskierte.

Anna (41):
Als ich mit dem Feind ins Bett ging

Nachdem meine Affäre mit Erwin zu Ende war, hatte ich das dringende Bedürfnis, meine Wohnung von einer Schamanin reinigen zu lassen. Simira stellte die Anwesenheit einer verstorbenen Bewohnerin fest, ein unglücklich verliebtes Dienstmädchen, das aber im Frieden mit sich selbst starb und mir wohlwollend gegenüberstand. Wäre toll, wenn sie mal in Abwesenheit feucht durchwischen könnte, dachte ich mir. Simira empfahl mir allerdings, ein großes Billy-Regal aus meinem Arbeitszimmer zu entfernen, der damaligen Kammer des Dienstmädchens, es verstelle die ehemalige Tür und hindere ihren Durchfluss. Sie trug mir außerdem auf, noch ein paar weitere Möbelstücke umzustellen, da sie den energetischen Strömen, den Laylines, wie sie sagte, im Wege stünden. Ich tat, wie geheißen, denn eine energetische Grundreinigung bedeutet mir mehr als die Ideen meines Innenarchitekten.

Ich sollte außerdem ein altes Bild einer traurigen, schönen Frau vom Trödelmarkt entfernen, das mit negativen Energien assoziiert sei, und verbannte es folgsam.

Doch Simira war immer noch nicht zufrieden, schnüffelte in der Luft, als rieche sie einen angebrannten Braten im Ofen.

Dann steuerte sie zielstrebig auf mein Regal in der Diele zu.
Dort fischte sie aus einer Schale eine Totenkopfkette hervor.
Ich erschauerte. Diese Kette hatte mir Erwin in New Orleans
in einem Krimskrams-Voodoo-Laden geschenkt. »Die hier
muss weg!«, sagte sie bestimmt. »Sofort!«
Ich hatte Erwin sieben- oder achtmal getroffen, als ich ihn
spontan einlud, mich zu einem Ärztekongress nach New
Orleans zu begleiten. Als er mir und sich im Französischen
Viertel die gleiche Totenkopfkette kaufte, war klar, dass wir
nun vom Dating in die nächste Phase übergehen würden – ich
fand das spannend, es machte mich glücklich, aber es beun-
ruhigte mich auch. Auf dem Rückweg im Flieger, als Erwin
vor »Hangover 2« eingeschlafen war, sah ich ihn an. Ich
dachte darüber nach, dass jeder Mensch schläft, selbst den
grauenhaftesten Vertretern unserer fragwürdigen Rasse fallen
nach circa 16 Stunden Wachzeit die Augen zu. Man darf sich
also von dem Anblick eines schlafenden Menschen nicht täu-
schen lassen. Mir ging aber auch durch den Kopf, dass er
wirklich aussieht wie ein schlafender Johnny Depp und auf
dem Trip sehr süß zu mir gewesen war.
Wäre da nicht die unangenehme Bemerkung in einem Blues-
Club gewesen, eine Bemerkung, die der echte Johnny Depp
nie gemacht hätte, da bin ich mir sicher. In dem Club gefiel
es uns beiden ganz toll. Wir sprachen über seine 17-jährige
Tochter, und ich fragte ihn, wie er reagierte, wenn sie jetzt
schwanger werden würde, in demselben Alter, in dem er da-
mals Vater wurde. Er sagte: »Wäre mir egal, solange sie nicht
von einem Schwarzen schwanger ist.« Ich hatte plötzlich ein
eisiges Gefühl und wünschte mir so sehr, dieser Satz wäre
nicht gefallen.
Ich dachte im Flieger auch an seine T-Shirts mit Südstaaten-

flagge. Trug er die, weil er ein Fan von »Vom Winde ver-
weht« war? Ich musste auch wieder an die Sache mit der
Band denken, in der er Schlagzeuger ist. »Verdammnis« hieß
sie, ein idiotischer Name, ich dachte eben, die springen auf
den Schwedenkrimi-Zug auf. Die Band spielte mit teutoni-
schen Elementen und Mittelalter, nichts Ungewöhnliches für
eine Gothic-Rockband. Doch ich hatte ergoogelt, dass Erwin
offenbar noch in einer anderen Band spielte. Und diese Band
gefiel mir gar nicht: Auf ihrer Website fand ich widerliche
Symbole der Whitepower-Bewegung, so eine beschissene
Faust zum Beispiel. Ihre Texte waren hart an der Grenze. Ich
war früher Antifa, engagiere mich bei »Deutschland gegen
Nazis«, bin bei jeder Anti-NPD-Demo dabei. Ich stellte ihn
zur Rede. Er gab zu, früher in dieser Band gespielt zu haben,
aber als die ihm zu krass wurden, sei er zu »Verdammnis«
gewechselt. Ich hatte mich damals mit dieser Antwort zufrie-
dengegeben. Weil ich sie glauben wollte.
Doch als wir nach New Orleans wieder in Deutschland wa-
ren, googelte ich intensiver, und ich fand Fotos von Auftritten
jener angeblichen Ex-Band, die auf wenige Wochen datiert
waren und in denen Erwin ganz eindeutig am Schlagzeug
saß. Ich stellte ihn zur Rede, als wir uns im Park erstmals
nach der Reise wiedertrafen. »Wer bist du, eine Stasi-Agen-
tin?«, fragte er mich, und der Ton wurde schon schärfer. Ich
sagte ihm, dass wir ehrlich zueinander sein müssen, wenn es
mit uns etwas werden sollte, und fragte ihn, warum er mich
bisher nicht ein einziges Mal zu sich nach Köpenick einge-
laden hatte. »Die Unordnung-Ausrede zieht nicht mehr!«
»Dir würde nicht gefallen, was ich sammle«, sagte er.
»Was sammelst du denn?«, fragte ich und war nicht sicher, ob
ich die Antwort hören wollte.

»SS-Uniformen«, sagte er. Ich muss speziell entsetzt ausgesehen haben. »Ich bin kein Nazi, ich sammle die aus geschichtlichem Interesse«, sagte er schnell. Ich drehte augenblicklich um und ging.

Ich fühlte mich wie eine elende Kollaborateurin. Ich hasste mich dafür, nicht hingehört zu haben, nicht richtig gegoogelt zu haben, nur das gesehen zu haben, was ich sehen wollte. Weil er doch aussah wie Johnny Depp. Weil er doch aus einer ostdeutschen Schauspielfamilie mit Hippie-Flair kam. Weil er doch so süß sein konnte. Ich hatte den Feind in meinem Bett. Ich rief ihn nach diesem Geständnis nie wieder an, und auch er meldete sich nie wieder. Er hatte verstanden. Jetzt bin ich glücklich mit einem tollen Schwarzen zusammen. Vielleicht auch zu einem winzigen Teil, weil ich etwas gutzumachen hatte. Die Totenkopfkette warf ich unter strengem Blick meiner Schamanin in den Sondermüll.

Eine besonders böse Überraschung erlebte auch Ariane – und das in buntfröhlicher Umgebung!

Ariane (31):
Als ich mein Date in den Schwulen-Club schleppte

Ich bin ein »schwules« Mädchen, sprich: Ich habe einen großen schwulen Freundeskreis. Ich bin nicht Cher und auch nicht Lady Gaga, aber wenn die beiden zusammen eine Tochter hätten, könnte ich das sein. Wenn jemand meine schwulen Freunde Schwulis oder so nennt, raste ich aus. Das darf nur ich. Ein Typ, der Probleme mit meinen Schwulis hat, der hat bei mir nichts zu suchen. Der kann in einer seiner heterosexuellen Höllen schmoren. Wissen Sie, was das Ange-

nehme an schwulen Freunden ist? Dass sie einen genau vor diesen heterosexuellen Höllen bewahren. Also vor Discos oder Bars, die Prisma, Speicher oder Ku'dorf heißen und in denen es zur Happy Hour Vier-Euro-Cocktails namens »Sex on the Beach« oder »Orgasm« gibt und Palmen mit Lichterketten umwickelt sind.

Schwule dagegen führen einen in elegante Clubs mit fortschrittlicher elektronischer Musik und einem breiten Angebot an Stimulanzien, Champagner mit Aperol etwa oder auch anderes. Samstagnachmittags geht es statt in Baumärkte in angenehme Bekleidungsgeschäfte, und Schwule begreifen, dass Schuhe eine wichtige Sache sind. Statt die X-Box-Convention besuchen sie die Möbelmesse, statt in der Hertha-BSC-Fankurve sitzen sie mit einem in der ersten Reihe bei der Fashion Week.

Meine Schwulis sind mir also sehr wichtig, und das hat ein Mann, mit dem ich ausgehe, zu verstehen. Nun habe ich auch einen ziemlich schwulen Männergeschmack: Ich stehe auf kernige, muskulöse Jungs mit einem Touch Unterschicht. Diplome hab ich schließlich selbst, und ins Theater gehe ich – richtig – mit meinen Schwulis. Leider sind die Männer, auf die ich stehe, oft genau diejenigen, die die größten Berührungsängste mit meinen Schwulis haben.

So auch Johannes, ein Tier von einem Mann, gutmütig, ein bisschen tumb, er besitzt seine eigene Gebäudereinigungsfirma, nun, warum nicht, schmutzige Gebäude gibt's schließlich immer. Ich lernte ihn am Potsdamer Platz kennen, ich wollte nur schnell zu H&M, und direkt davor machte ein Clown Faxen, warb für einen Zirkus oder Übleres.

So etwas Vertrautes, so etwas hoffnungslos Altmodisches wie ein Clown! Wie sollte er die Kids zwischen all den Playsta-

144

tions, 3-D-Animationsfilmen und Castingshow-Gewinnern auf Autogrammstunde für sich gewinnen? Nicht einmal die Jüngsten ließen sich begeistern. Sie klammerten sich erschrocken an ihre Eltern, fingen an zu weinen, als der Clown versuchte, ihnen bunte Ballons zu überreichen. Clowns sind so out, dass man ein neues Wort für out erfinden muss. Das alles ging mir durch den Kopf, und dann erblickte ich diesen schönen, kräftigen, blonden Hünen, der als Einziger über die erbärmlichen Faxen des Clowns lachte, ein aufrichtiges, klares, lautes Männerlachen, und ich sah, wie der Clown sich freute und ihn dankbar ansah. Da musste ich vor Rührung weinen, aber ich ließ es so aussehen, als weine ich vor Lachen, und der Typ reichte mir ein Taschentuch und lud mich auf ein Banana-Split in seine bevorzugte Shopping-Mall-Eisdiele ein.

Ich bewunderte, in welchem Tempo er einen XXL-Milchshake verdrückte. Er erzählte mir von der Kunst der Gebäudereinigung und von seinem letzten Ibiza-Urlaub, und ich dachte immer nur: Mann, will ich mit dir schlafen. Wir verabredeten uns auf ein Date.

Da ich für das Banana-Split eine Stunde auf den Stepper musste, wählte ich diesmal ein Café aus, in Mitte, und überredete ihn zu einem Ingwer-Mango-Shake. Ich mochte Johannes, er war charmant, schien mich und meinen Lifestyle zu bewundern, lachte über meine Witze und war einfach süß. Dann rauschten Stephen und Henry herein, zwei meiner Schwulis, winkten mir hektisch zu, sahen dann Johannes an meinem Tisch und glotzten ihn mit offenen Mündern an.

»Wie ihr so dasteht, mit euren offenen Mündern, seht ihr aus wie eine Glory-Hole-Wand!«, sagte ich, und wir lachten alle drei hysterisch über meinen Witz. Nur Johannes blickte ratlos.

Ich stellte ihm die beiden vor, sie rieben sich nach seinem Händedruck mit schmerzverzerrten Gesichtern die Knochen. »Du hast tolle blonde Haare«, sagte Stephen zu Johannes. »Passt der Teppich zu den Vorhängen?«, fügte er keck hinzu und blickte ihm anzüglich in den Schritt. Dann kauten wir die gestrige Topmodel-Sendung durch. »Ich liebe Heidi Klum«, sagte ich, »sie hat bewiesen, dass man mit einem Wortschatz, der hauptsächlich aus ›super‹ besteht, seine eigene Sendung moderieren kann. Sie hat uns allen Hoffnung gemacht!«

»Wie findest du Heidi Klum?«, wollte Henry von Johannes wissen.

»Gute Titten für ihr Alter«, sagte Johannes. Dann rauschten die beiden davon. »Was waren das denn für Vögel?«, fragte Johannes kopfschüttelnd.

»O oh, dachte ich mir. Homophobie-Alarm!«

Nach dem dritten Date gingen wir ins Bett, in mein Bett, denn er wohnt in Friedenau, und ich habe das Gefühl, ich falle von der Erdscheibe runter, wenn ich die Innenstadtbezirke verlasse. Der Sex war grandios, auch wenn ich das Gefühl hatte, dass Johannes die Sache beschleunigte, um rechtzeitig die Champions League gucken zu können. Ich ließ ihn gewähren, aber als seine Mannschaft verlor, brüllte er: »So eine schwule Scheiße!«

Da fasste ich einen Plan. »Johannes, ich habe Lust auf einen Drink. Lass uns ausgehen.«

»Okay«, sagte er. »Wohin?«

Muskeljungs mit nacktem Oberkörper, kirchturmhohe Transvestiten, Tänzer mit goldenen Slips auf den Boxen, Zungenküsse zu dritt – das waren die ersten Eindrücke, als uns der Aufzug in den Weekend-Club über den Dächern Berlins ausspuckte.

»Wir sind in einem Schwulen-Club«, stellte Johannes ganz richtig fest.

»Ja!«, sagte ich und zerrte ihn zur Bar. Ich fühlte mich wie Moses, der das Meer teilte, denn ehrfürchtig wichen alle zur Seite und bewunderten meine heterosexuelle Beute. Ich traf Stephen und Henry.

»Mist«, sagte Henry zu mir. »Wieso sind alle geilen Männer hetero?«

»Guck dich um, hier sind die schönsten schwulen Männer!«, sagte ich. »Ach, diese Diven. So einer wie Johannes«, seufzte Henry, »der ist einfach ein richtiger Mann!«

Johannes schlug sich erstaunlich gut im Club. Er kannte den Barkeeper – vom Kickboxen – und versorgte uns mit einer Wodkaflasche aufs Haus. Er zog sein Hemd aus und tanzte im Tanktop weiter – Szenenapplaus auf der Tanzfläche. Er scherzte mit Stephen und Henry und ließ sie seine Muskeln fühlen. Ich sah ihn an, stolz auf diesen fetten Fisch, den ich mir geangelt hatte und mit dem man dann noch so viel Spaß haben konnte.

Und irgendwann hatte ich ihn im Getümmel verloren. Ich begann, ihn zu suchen, ich wollte langsam heim, noch einmal in den starken Armen meines Brockens liegen. Im Gang zum Klo traf ich Stephen und Henry. »Habt ihr Johannes gesehen?«, fragte ich. »Nein, ich nicht«, sagte Henry sofort und wandte sich an Stephen: »Hast du ihn gesehen?« Stephen schüttelte übereifrig den Kopf.

Da kam Fridolin, die bissigste Schwulette, die man sich denken kann. Er war mein erster schwuler Freund in Berlin gewesen und hat mir bis heute nicht verziehen, dass ich mich mit Stephen und Henry angefreundet hatte. »Guck einer an, hallihallöchen, wenn das nicht Ariane ist, die ihre

Muskelschnitte Gassi führt! Wie geht es dir, du grauenhafte Person?«

»Nun, ich finde tiefe V-Ausschnitte bei Männern mit flacher, blasser Brust grauenvoll, aber ich bin zu höflich, um das zu sagen, du Flachbrust!«, säuselte ich.

»Ach Häschen, wenn ich Frauen wie dich treffe, weiß ich immer, warum ich schwul bin!«, zischte er. Dann küssten wir uns zur Begrüßung. »Übrigens«, fuhr er vielsagend fort, »deine Hete scheint sich ja ganz wohl zu fühlen hier. Vielleicht war es zu früh, die Leine loszulassen.«

»Hast du ihn gesehen?«

»Auf dem Kloooo-hooo!«, sang Fridolin bedeutungsvoll und schwirrte ab. Ich ahnte Ungutes: War Johannes etwa ein Kokser? Mein sportlicher, heterosexueller Johannes aus Friedenau? Das hätte ich nie vermutet. Wenn meine schwulen Freunde koksen, okay, bei zukünftigen Lebensabschnittsgefährten schätze ich das gar nicht. Kokser sind unzuverlässig, unberechenbar und polygam. Alle Klos waren besetzt. Ich blickte unter jede Klotür. Unter der ersten Tür zwei Gucci-Slipper. Unter der zweiten zwei Paar Boots und ein paar Hände in abgeschnittenen Lederhandschuhen. Handstand in der Klozelle? Ich konnte mich jetzt nicht darum kümmern. Unter der dritten Klotür drei paar Boots, um die heruntergezogene Slips hingen. Unter der vierten Tür ein Paar Turnschuhe, ein Paar Mega-High-Heels und zwei riesige rote Vogelfüße. War Bibo hier in einer Klozelle? Mich wunderte in diesem Laden wirklich nichts mehr. Das fünfte Klo war frei. Im sechsten Klo zwei Paar Turnschuhe, aber nicht die von Johannes.

Das letzte Klo war das einzige mit einer anderen Spezies Tür, unter die man nicht durchsehen konnte. Ich war mir sicher,

Johannes befand sich ausgerechnet hinter dieser Tür. »Was zum Teufel macht der da?«, schoss es mir durch den Kopf, und dann: »Das kriege ich raus!«

Ich ging in Klozelle Nummer fünf, schloss mich ein und kletterte in meinem Cocktailkleid und auf High Heels auf den Klokasten und dann über die Trennwand in die Nebenzelle. Zwei Jungs standen da mit heruntergelassener Hose und befummelten sich. Als sie mich sahen, erschraken sie und zogen sich hastig die Hosen hoch. »Wer bist du, was willst du, bist du wahnsinnig?«, schreckten sie auf.

»Schhhht!«, wies ich sie an. »Mein zukünftiger Freund ist hier nebenan in der Klozelle, und ich will rausfinden, was er da drin macht, und ihr müsst mir dabei helfen.«

»Hey«, protestierten sie, »geh raus, was hast du hier zu suchen? Bist du durchgeknallt?«

»Hört mal zu, ihr beiden Schwulis«, zischte ich. »Ich bin auf eurer Seite, seit ich ein Teenager bin! Ich war 1997 beim CSD in Freiburg und habe mich von schwäbischen Spießern mit Eiern bewerfen lassen. Ich hab eure Tränen getrocknet und selber oft geweint, so oft wie ich in Schwule verliebt war. Ich war mit euch auf Circuit-Partys in Miami, wo ich in der Discotittensuppe komplett ignoriert wurde und nicht mal einen Drink an der Bar bekam. Ich habe in Schöneberg die Kuss-Demo gegen schwulenfeindliche Restaurantbesitzer mitorganisiert. Und jetzt, verdammt noch mal, ist es Zeit, dass ihr etwas für MICH tut. Also helft mir, verdammt!«

»Okay«, sagten sie eingeschüchtert. »Und wie?«

»Hebt mich hoch, und seid leise dabei!« Und sie stemmten mich an den Hüften über die Trennwand. Ich lugte vorsichtig hinüber. Es war wirklich Johannes in der Zelle nebenan. Die gute Nachricht: Drogen nahm er nicht. Die beiden Jungs lie-

ßen mich wieder runter, ich stutzte kurz und befahl ihnen,
mich noch einmal hochzuheben. Ich musste mich verguckt
haben. Wieder lugte ich über die Trennwand. Nein, es war
wahr. Ich stürmte verstört aus dem WC und suchte Henry
und Stephen.

»Johannes hat Sex auf dem Klo!«, schrie ich ihnen entgegen.

»Oh mein Gott!«, riefen sie. »Mit einem Mann?!?«

»Mit einer Frau!«

»So richtig Sex?!«

»Eindeutig.«

»Na dann steht er ja tatsächlich auf Frauen«, sagte Henry ein
wenig enttäuscht.

»Ja«, sagte ich. »Und er legt keinen Wert darauf, dass sie als
Frauen geboren wurden. Hauptsache, sie sind jetzt Frauen.«

»Nein!?!« Henry konnte es nicht fassen. »Er macht mit einer
Transe auf dem Klo rum?!«

»Mit einer Transsexuellen. Einer Umgebauten. Oben Brüste.
Untenrum noch Mann.«

»Das konntest du sehen?«

»Ja.«

»Tja, er dachte sich wohl, Loch ist Loch … «, sagte Stephen.

»Es ist nicht so, dass er es ihr machte.«

»Sondern?«

»Sie machte es ihm.«

Was lief hier schief? Das Perfide an Arianes Erlebnis: Sie wurde auf ihrem eigenen Terrain geschlagen, der glamourösen
Welt eines Nachtclubs. In dieser multisexuellen Welt herrscht
ein eigener Verhaltenskodex, der sich ganz bewusst abgrenzt
von der Welt draußen, der Welt des Tages. Die Abgrenzung
erfolgt schon allein durch die Nachtzeit, in welcher der brave

Bürger Kraft schöpft für sein Tagwerk, aber auch durch die versteckte Lage solcher Clubs und eine selektive Türpolitik. Rausch und sexuelle Ausschweifung sind im Gegensatz zur Welt dort draußen erwünscht, aber ebenfalls reglementiert, nach eigenen, ungeschriebenen Gesetzen.

Im Nachtclub bilden sich eigene Hierarchien, die kein bloßes Abbild der Hierarchien der Welt draußen sind. Über den Status bestimmen Kriterien wie Aussehen, Tanzkunst, Vernetzung, Popularität, Großzügigkeit, exaltierte Verhaltensweise. Ariane ist vertraut mit diesem System und wollte Johannes mit ihrem Wissen um diese geheime Welt beeindrucken und ihn an ihre exponierten Maßstäbe heranführen. Ebenso wollte sie ihn herausfordern und prüfen, wie gut er sich schlägt. So würde sie eine asymmetrische Situation schaffen, in der sie die Fäden in der Hand hält. Doch Johannes schlug sich gut, fast zu gut. Denn offenbar kannte er ihre Subkultur, um die zu wissen sie so stolz machte, längst. Er hatte die Regeln dieser Schattenwelt offenbar sogar verinnerlicht und wusste sie für seine Bedürfnisse zu nutzen. Diese unerwartete Wende kam für Ariane zu dem Schock über sein sexuelles Verhalten hinzu, ein Verhalten, das ihn als männlichen Traumprinzen auf der Stelle desavouierte und das Vorzeichen »Date« ins Absurde führte. Ariane war also in doppelter Hinsicht geschlagen. Sie wollte sich als Königin der Nacht inszenieren und stand anstatt von Prinzengemahl und Hofstaat umgeben nun ziemlich allein im Dunkeln.

Auch Phillip musste bei einem Date entdecken, dass seine zarte Traumprinzessin eine unangenehme verborgene Seite hatte …

Philipp (36):
Als Paris & Nicky davonflogen

Ich ahnte, dass ihre Nymphensittiche Paris & Nicky für Melissa eine große Bedeutung hatten. Schon beim ersten Date zeigte sie mir zahlreiche Handyfotos der beiden Racker mit dem kessen Kopfschmuck. Paris auf den Klaviertasten, Nicky nippt am Weinglas, Paris & Nicky bei schwesterlichen Inzestspielen, Paris & Nicky in symmetrischer Anordnung auf Melissas dunkelhaarigem Kopf. Dass sie so tierlieb war, machte Melissa nur noch anziehender für mich, diese sanftmütige Pianistin zypriotischer Herkunft mit den dunklen Augen, die wachsam ihr Geheimnis hüteten. Melissa, die Gedichte von Rilke und Lord Byron zitieren konnte.

Als ich nach dem dritten Date erstmals ihre Wohnung betrat, war ich zunächst einmal abgeschrieben, denn Paris & Nicky kamen angeflattert, setzten sich zwitschernd auf ihre Schultern, und dann tauschten die drei Mädchen Zungenküsse aus. Mir blieb nichts, als neidisch zuzusehen.

Doch ich wurde belohnt: Die erste Nacht mit Melissa war warm und weich und sanft, sie roch nach Thymian und Lavendel und ganz viel Frau. Melissa war Gesundheitsfanatikerin, eigentlich stand immer eine dampfende Kanne in ihrer Nähe, darin biologisch korrekter Tee. Dass ich mir manchmal gerne eine Kippe ansteckte, hatte ich taktierend verheimlicht. Als sie am nächsten Morgen zum Bäcker lief, um Vollkornbrötchen für unser erstes gemeinsames Frühstück zu holen, öffnete ich das Fenster und rauchte erleichtert hinaus. Eine gute Gelegenheit lasse ich ungern verstreichen. Draußen zwitscherten die Vögel, und drinnen zwitscherten sie auch.

Aber nicht mehr lange. Denn plötzlich schossen Paris und Nicky abenteuerlustig kreischend und in wilder Entschlossen-

heit geeint über meinen Kopf hinweg aus dem Fenster, hinaus Richtung Freiheit. Sie ließen sich in einer schräg gegenüberstehenden Straßenkastanie nieder. Ein Moment der Schockstarre bei mir, dann arbeitete mein Hirn auf Hochtouren an einem Notfallplan. Das Einzige, was dabei herauskam: Flüchten! Weg von hier! Sofort! Da ging das Schloss, ich hörte Melissa in der Diele flöten: »Ich habe Laugenstangen, Kümmelbrötchen, Vollkorncroissants … «

Sie kam ins Zimmer, blieb an der Tür stehen. Es entstand eine unheilvolle Achse: Melissa an der offenen Zimmertür, der leere Vogelbauer mit seiner geöffneten Käfigtür, dahinter ich am verräterisch geöffneten Fenster. Melissa sah zum Käfig, der, verlassen wie er war, mit seiner Schaukel und seinem bunten Spielzeug, innerhalb von Augenblicken zu einem Gegenstand völliger Sinnlosigkeit herabgestuft worden war, zu einem gleichgültigen Verweis auf etwas, das seit wenigen Augenblicken Vergangenheit war. Melissa blickte sich panisch im Zimmer um, sah zum offenen Fenster, suchte dann, noch panischer, mit ihren Augen wieder das Zimmer ab, blickte noch einmal in den trostlosen Käfig. Dann schrie sie, wie ich noch nie eine Frau habe schreien hören.

»Ich konnte doch nicht ahnen, dass der Käfig offen ist!«, stammelte ich.

»Meinst du, ich sperre Paris & Nicky ein!?!«, brüllte sie und stürmte auf mich zu und packte mich, und ich war mir sicher, sie schmeißt mich aus dem Fenster. »Meinst du, ich schreibe ihnen vor, wann sie Freiflug haben!?! Ihre Tür ist immer offen! IMMER! Sie waren meine Freundinnen. Sperrst du deine Freunde ein???«

Sie ließ von mir ab, lehnte sich aus dem Fenster, brach in Tränen aus, sah sich verzweifelt draußen um, flötete immerzu

*in einer irren Tonlage die Namen ihrer beiden Lieblinge,
sackte schließlich hoffnungslos heulend vor dem Fensterbrett
zusammen. Ich näherte mich ihr vorsichtig, stotterte, dass es
mir leidtut, legte ungeschickt eine Hand auf ihre Schulter.
»Ich wette, Paris & Nicky erleben gerade ein wahnsinniges
Abenteuer!«, sagte ich.
Da fuhr sie hoch, wutrot im Gesicht, und pestete mich an:
»Willst du mich auch noch verhöhnen? Die Krähen werden
sie zerreißen, noch ehe die Sonne untergeht. Das ist das ganze
Abenteuer. Und du bist schuld an allem, nur du! Du ver-
dammter Scheiß-Idiot, du bist schuld, mit deiner verdammten
Nikotinsucht!« Sie beugte sich wieder aus dem Fenster. Dann
drehte sie sich um, sah mich mit einem entrückten Blick an,
der mich in seiner Entschlossenheit erschauern ließ. »Ich muss
Paris & Nicky retten. Und du wirst mir dabei helfen.«
Schließlich standen wir auf einer belebten Straße mitten
im Prenzlauer Berg unter der Kastanie, auf der wir Paris &
Nicky vermuteten. Ich hatte diesen dämlichen Vogelkäfig in
der Hand, während Melissa unermüdlich Vogelstimmen imi-
tierte, um ihre gefiederten Gefährtinnen anzulocken. Passanten sahen uns verwundert an, manche schmunzelten, begriffen aber bald, dass sie Zeuge einer Tragödie waren. Und
wer Zeuge einer Tragödie wird, geht in Berlin besser schnell
weiter.
Stunden verbrachten wir so. Als ich Melissa bat, wenigstens
etwas zu trinken holen zu dürfen, brüllte sie mich an: »Du
bleibst hier!« Schließlich aber schwanden ihre Kräfte, und sie
ließ sich erschöpft vor dem Vogelkäfig auf die Pflastersteine
sinken und weinte bitterlich.
Plötzlich erklang vertrautes Gezwitscher. Melissa horchte auf
wie eine Mutter, die ihr vermisstes Baby weinen hört. Paris &*

Nicky saßen direkt vor uns auf dem Fahrradständer eines Spätkaufs, sahen keck zu uns hinüber. Die beiden Pieptiere befanden sich auf Augenhöhe! Sie wirkten aus Höchste erregt. Einerseits schienen sie ihr Heim und ihre verzweifelte Herrin zu erkennen, andererseits aber überwältigt zu sein von ungeahnten Verlockungen und auflodernden Instinkten. Vielleicht las ich aber auch etwas zu viel in ihren kleinen Vogelgesichtern.

»Wenn du jetzt ein Geräusch machst oder eine falsche Bewegung, bringe ich dich um!«, flüsterte Melissa. Ich hatte keinen Zweifel, das würde sie tun. In Zeitlupe nahm sie den Käfig und robbte auf den Knien über den Bordstein an den Fahrradständer heran. »Hallo meine beiden Süßen, tirili, tschirp tschip«, gurrte sie gepresst und wiederholte die beschwörende Formel wieder und wieder. Ich hörte, wie sie um Beherrschung kämpfte, während sie Stück für Stück an die beiden Vögel heranrückte.

Jetzt erkannten auch die letzten Passanten den Ernst des Geschehens. Das war kein Kunst-Happening, das waren keine Dreharbeiten, hier befanden sich zwei Mitmenschen und zwei Vögel in einer Grenzsituation. Also blieben die Leute stehen und erstarrten zu Säulen. Interessiert reckten währenddessen die beiden Viecher die Hälse, wippten nervös und richteten den Kopfschmuck auf. Fürchterliche Konflikte mussten sich in ihren winzigen Hirnen abspielen, der ewige Kampf zwischen Gewohnheit und Abenteuer, zwischen Geborgenheit und Sehnsucht, zwischen Orientierung und Unendlichkeit. Bald war ihr Heim ihnen so nah, dass sie nur einen Satz hätten machen müssen, um hineinzuschlüpfen. Ich betete um meiner selbst willen, sie möchten begreifen, dass Freiheit gefährlich und gemein ist und nichts als ein *trügerisches Versprechen, das sich niemals einlöst. Eine Illusion, der zu folgen das Verderben bedeutet. Ich betete, dass sie sich für viele weitere Vogeljahre in einem 20-Grad-Zimmer mit Trill-Hirsestangen und Gurkenscheibchen bis zum Abwinken entscheiden würden. Dass sie bemerken würden, dass sie in ihren lächerlich bunten Vogelkleidern in dieser rauhen Fauna nur zum Gespött taugten. Dass sie in ihrer Unbeholfenheit dazu bestimmt waren, Opfer eines unbarmherzigen Verbrechens zu werden, dass düstere Gestalten schon in diesem Moment auf sie lauerten.*

Aber wie hätte ich es Paris & Nicky verdenken können, wenn sie sich geweigert hätten, diesen einen Sprung zurück in ihr altes Leben zu machen! Wie mickrig, wie konstruiert wirkte dieser Käfig mit seinem Leckstein, seinem Trinkfläschchen, seinen Kletterleitern und seiner geöffneten Tür, die eine tückische Einladung aussprach, hier draußen. Wie falsch erschien der Vogelbauer im Schatten dieser prächtigen Kastanie. Und hinter dieser Kastanie warteten weitere Kastanien, und dahinter Gärten und Parks und tausend Düfte, und über all dem ein endloser Himmel.

Vielleicht sollten sie fliegen, vielleicht hatten sie eine Chance, vielleicht waren die wenigen Tage, die vor ihnen lagen, bis eine feindselige Witterung oder eine Krähe sie dahinraffen würde, so viel mehr wert als all die langen Vogeljahre in jener 50-Quadratmeter-Wohnung mit Gasetagenheizung. Sie müssen so gedacht haben, die Biester, als sie zielsicher durch das Fenster geflogen waren. Einem geheimnisvollen Kompass waren sie gefolgt, dem Ruf ihrer wilden Ahnen, und all die Zähmung, das Sitzen auf Fingern und Schultern und Christbäumen und das drollige Hüpfen auf Klaviertasten und das Geschnäbel mit ihrer Gebieterin waren nur eine Tarnung ge-

wesen, um auf diese eine Gelegenheit zu spähen. Und um diese Gelegenheit, sollte sie kommen, ob in einer Woche oder in fünf Jahren, um jeden Preis zu nutzen. Vielleicht hießen die beiden gar nicht Paris & Nicky, vielleicht waren Thelma & Louise ihre wirklichen Namen. Melissas Wispern war ein Flehen an ihre unschlüssigen Vögel, ihre schützende Liebe nicht zu verraten. Diesen Gedanken ging ich in endlosen Minuten nach, als plötzlich ein Kind auf einem quietschbunten Dreirad den Bordstein entlangbretterte. Aus reiner Lust am Lärm ahmte der Bub eine Polizeisirene nach und drückte dabei eine Bart-Simpson-Hupe. Eine kindliche Allmachtphantasie hatte sein Knabengesicht zum Leuchten gebracht. Kreischend flatterten Paris & Nicky Richtung Straße und knallten gegen die Windschutzscheibe eines vorbeifahrenden SUVs. Der Aufprall verursachte ein dumpfes, entsetzliches Geräusch, der SUV bremste quietschend.

Wenig später kratzte ich unter großer Anteilnahme der Bevölkerung zwei blutige, bunte Federknäuel vom Asphalt, mit einem rosa Kehrblech, das mir der hilfsbereite vietnamesische Spätkaufbesitzer gebracht hatte. Ich übersetzte die grässlichen Überreste von Paris & Nicky in eine Orangensaftkiste, während Melissa nicht aufhören wollte zu weinen. »Komm, Melissa, ich bring dich nach Hause!«, sagte ich schließlich zu ihr, die Kiste mit dem traurigen Inhalt in der Hand. Sie blickte auf zu mir, ihre Augen rot und wässrig, Haarsträhnen klebten auf ihrem glühenden Gesicht. »Du Mörder«, hauchte sie hasserfüllt.

Das Desaster liegt hier weniger in dem Missgeschick, dass die Vögel entflogen sind. Es ist vielmehr die Art, wie Melissa auf den Vorfall reagiert und einen erschreckenden Charakterzug offenbart, bei allem Verständnis für den Schock, ihre Lieblinge verloren zu haben: wütend, voller Anklage und Schuldzuweisungen für ein Malheur, an dem sie mindestens genauso viel Schuld trägt – schließlich hatte sie die Käfigtür offen gelassen. Es sind solche Ausbrüche, die uns völlig überrumpeln. Und doch muss man sich sagen: Besser, wir machen die Bekanntschaft mit diesem zweiten Gesicht des anderen jetzt als später.

Dating-Desaster in max. 680 Zeichen: Charakter und andere böse Überraschungen

Sarah: Der Typ war wirklich schräg. Stellte komische Fragen, schien nach Liebe zu betteln, hatte gleichzeitig aber auch so eine unterschwellige Gereiztheit. Ich verabschiedete mich schnell, lief nach Hause. Meine Freundin Simone rief an, wollte vorbeikommen. Es klingelt, ich drücke auf den Türöffner und öffne schon mal meine Wohnungstür, gehe in die Küche und entkorke den Wein. Plötzlich steht ER im Flur. Ich erstarre vor Schock. Er: »Ich will nicht, dass es das schon war. Es könnte echt was werden mit uns, ich weiß es. Du musst mir eine Chance geben.« Ich frage: »Wie kommst du hier rein?« Er: »Du hast mir doch aufgemacht.« Ich: »Woher weißt du, wo ich wohne?« Er: »Ich bin dir gefolgt, wollte noch mal mit dir reden. Sarah, ich ...« Er tritt auf mich zu. In dem Moment klingelt Simone unten an der Haustür. Er geht.

Stella: Er fängt in der Bar an, irgendwelche Fremden anzubrüllen, sie sollten ihn nicht so anglotzen.

Ira: War lange verliebt in Hannes, Musiker. Er zieht nach New York. Kommt zurück nach Deutschland, unser erstes

Date wieder in Berlin. Er: Ich bin blank, kannst du mir 1000 Euro leihen?

Johanna: Ich hole ihn fürs Date von zu Hause ab, ziehe extra für ihn Killer-High-Heels an. Er: Pass bloß auf, du zerkratzt mir mein Parkett.

Carsten: Ich traf mich mit Shyun, so ein süßes, kleines China Girl. Wir waren ganz ausgelassen und kicherten und spielten »Ich darf dich was fragen, und du darfst nicht lügen«. Also frage ich sie: Mit wie vielen Männern hast du geschlafen? Sie gluckst verlegen, zögert, sagt: »Drei ... oder vier ... hundert ... ungefähr ... Und mit etwa 20 Frauen ...« Sie offenbart mir, Pornodarstellerin zu sein, Künstlername Lovely Li, spezialisiert auf Gangbang, Bukkake, aber auch Füße und Bondage. Ich dachte, mir zieht's die Schuhe aus, ich kam damit gar nicht klar.

Franzi: Drittes Date. Wir gehen zusammen zum Katy-Perry-Konzert. Er: Du hast ja ein Korsett an wie Dita von Teese. Ich: Gefällt's dir? Er (verstört): Es erinnert mich an meinen Vater. Der läuft auch manchmal so rum.

Claudia: Nach dem Essen kontrolliert er die Rechnung mit dem Taschenrechner in seinem iPhone. Mir fehlen die Worte.

Ute: Es gab einmal eine Zeit, es war in den 60ern, die Älteren erinnern sich noch, da schrieben wir uns Briefe, mit der Hand auf Papier. Manchmal dauerte es Tage, bis sie ankamen. Ein Verehrer lud mich mit einem solchen Brief galant zu sich ein und schrieb als Schlusswort: »Ich ersehne deine Antwort. Vergiss nicht, 40 Pfennig aufzukleben, sonst muss ich Strafporto zahlen, was bei meiner Finanzlage ein tiefes Loch in den Geldbeutel reißen würde.«

Das sagt die Statistik: Innere Werte spielen für Frauen tatsächlich eine Rolle! In einer Studie beurteilten Frauen Männer auf Fotos attraktiver, von denen man ihnen gesagt hat, sie seien nette Kerle. (Apotheken Umschau)

76 Prozent aller Frauen würden ihrer besten Freundin den Mann ausspannen, wenn er es wert ist. (Gewis / Petra)

Das sagt der Dating-Coach

Clemens Beöthy ist Single- und Partnerschafts-Coach sowie Buchautor *(Heirate niemals einen Udo, Schnacksel nie mit einem Axel)*. Ich fragte ihn nach seinen Erfahrungen mit Dating-Desastern in der täglichen Praxis. Ich erfuhr: Dating kann die Hölle sein!

Die größten Todsünden

1. Größere Geschenke oder einen riesigen Blumenstrauß mitbringen
2. Themen, die die andere Seite null interessieren
3. Nach sexuellen Vorlieben fragen oder eigene ansprechen
4. Den anderen totreden oder totschweigen
5. Von der Ex/dem Ex schwärmen oder über sie/ihn lästern
6. Diskussionen darüber, wer bezahlt
7. Nach dem Date fragen, was aus dem Kontakt werden soll
8. Unangemessenes Outfit: schlampig/overdressed
9. Negative Stimmung verbreiten, Leid klagen, Pessimismus
10. Dritte Person mit zum Date nehmen

Und wie komme ich in den Dating-Himmel?

1. Gute Manieren an den Tag legen
2. Großzügig über kleine Fauxpas des Gegenübers hinwegsehen
3. Zuhören

4. Auf die Reaktionen des Gegenübers achten (Körpersprache)
5. Einen guten Mittelweg zwischen Großkotzigkeit und übertriebener Bescheidenheit finden
6. Komplimente machen
7. Eine gewisse Distanz wahren
8. Einander auf Augenhöhe begegnen
9. Einen angemessenen Zeitrahmen einhalten
10. Ehrlichkeit

Was sind die Ängste Ihrer Klienten?

1. Zu lange Sprechpausen
2. Beleidigt werden
3. Sprachlosigkeit wegen Desinteresses
4. Versetzt werden
5. Von einem bösen Charakterzug überrascht werden

Was fürchten speziell Frauen?

1. Ihn nicht mehr loszuwerden
2. Gemäkel über die Optik
3. Einen Typ, der unangenehm auffällt
4. Vergleiche mit der Ex
5. An einen Psychopathen zu geraten

Und die Männer?

1. Ausgefragt zu werden
2. Nicht genug bieten zu können
3. Kein Wort herauszubringen
4. In eine Position der Schwäche zu geraten
5. Mit überschäumenden Emotionen konfrontiert zu werden

Was sind die größten Missverständnisse beim Date?

1. Männer schätzen ihr Chancen oft viel höher ein, als sie sind
2. Frauen glauben, die Situation nach dem Date geklärt zu haben, haben sie aber nicht
3. Männer meinen, sie müssten beim Date eine Show abziehen
4. Offener Umgang mit dem Thema Sex bei Frauen bedeutet nicht automatisch, dass sie gleich ins Bett wollen
5. Für Frauen ist auch die Option Freundschaft drin, für Männer eher nicht

Welche Dating-Desaster haben Ihre Klienten erzählt?

1. Mann und Frau sitzen im Restaurant. Frau hat Bärenhunger. Als die Bedienung die Karte bringt, sagt der Mann »Wir essen nichts« und lässt sie zurückgehen.
2. Mann macht sich einfach aus dem Staub, als es ans Bezahlen geht. Frau hat gar kein Geld dabei, weil er sie schon am Telefon zum Essen eingeladen hat.

3. Mitgebrachtes Kind einer Frau scheuert ihrem Date eine, weil es sich vernachlässigt fühlt.

4. Mann wird beim Date mehrmals von seiner Mama angerufen und aufgefordert, endlich nach Hause zu kommen.

5. Mann lässt Frau in der Kneipe sitzen, um eine Dame am Nachbartisch anzubaggern.

6. Frau erkennt ihr Date in der Kneipe nicht und wird indes von einem anderen Typen angegraben.

Das sagt die Dating-Expertin

Lilly, 46 Jahre, Fernsehjournalistin, drehte zahlreiche Beiträge zum Thema Sex, Liebe, Dating. Für sie selbst ist das Single-Leben der Grundzustand, die Beziehung die Ausnahme. Sie hält sich für normal glücklich und schätzt, dass sie in ihrem Leben über 1000 Dates hatte. Das befugt sie, ein paar Fragen zum Thema Dating zu beantworten.

Wie kann man dich erobern?

Nicht mit gutem Aussehen und auch nicht mit Status. Mit Humor, Großzügigkeit und einem edlen Geist. Ein Mann muss lässig sein, sinnlich, lebensfroh und eine gewisse Bodenständigkeit besitzen. Wenn er mir das Gefühl vermittelt, dass ich so sein kann, wie ich bin, und er durch nichts aus der Fassung zu bringen ist, finde ich das sehr sexy. Ein bisschen dreist darf er schon sein. Ach ja, das Wichtigste zum Schluss: Verbindlichkeit, Verbindlichkeit, Verbindlichkeit. Nichts ist schlimmer als ein Kerl, der sich nicht an das hält, was er sagt. Wenn Handeln, Denken und Fühlen eine Einheit bilden, kann es zwischen ihm und mir sehr spannend werden.

Was geht gar nicht?

Geiz: die Rechnung teilen! Oh Gott, oh Gott, ja, aber das gibt es, und zwar immer noch. Junge, wenn ich dir noch nicht mal einen Kaffee wert bin, *will* ich gar nicht wissen, was sonst alles nicht zwischen uns klappen würde. Keine Frau bindet sich gerne an ein Sparbrötchen, denn die sind auch schlecht im Bett.

Bei einem Date fühle ich mich ...

… manchmal wie im falschen Film, aufgeregt, gelangweilt, hingerissen, möchte *nach Hause* oder mit dem Mann ins Bett.

Dein Tipp für Männer:
So klappt es mit dem Date!

Sorry, Jungs, ich finde, der erste Abend gehört der Frau. Sie soll sich wohl fühlen, sie will erobert werden. Und ist am Ende selbst die Eroberin. Umgarne sie, sei aufmerksam, höre zu, sei interessiert. Öffne ihr die Tür, rücke ihr den Stuhl zurecht, hat sie genug zu essen und zu trinken, geht es ihr gut? Eine Frau muss sich gut fühlen, um sich zu entspannen. Wenn er nur von sich erzählt, handgreiflich wird oder total unter Strom steht, ist das ein Abtörner. Man merkt instinktiv, ob der Typ echtes Interesse hat oder einfach nur sein Ding durchziehen will. Der Mann sollte ein Gespür für die Stimmung haben. Eine Frau, die Sex haben will, wird es unmissverständlich signalisieren. Durch Blicke, Gesten, eindeutige Gesprächsthemen. Tut sie es nicht: Finger weg! Eine falsche Bemerkung oder Berührung kann am ersten Abend das ganze Schiff zum Kentern bringen.

Erste Bilanz

Wir sehen: Dates sind mitunter ein undankbares Geschäft. Wir werfen viel in die Waagschale: unser Leben, unseren Status, unsere Attraktivität, unsere Art zu kommunizieren, unseren Witz, unseren Geist. Und dann bekommen wir so oft all das zurück mit einem: »Och nö, danke, ich guck dann doch mal lieber woanders …«

Bei einem Date sind die Möglichkeiten, uns zu kränken, groß, und prompt scheint unser Gegenüber davon Gebrauch zu machen. Wahrscheinlich machen wir nur weiter, weil wir Menschen Meister darin sind, negative Erfahrungen zu vergessen, zu verdrängen oder im Nachhinein umzuschreiben. Doch auch wenn aus einem Date eine Liebesgeschichte wächst, schreibt das Paar den Anfang dieser gemeinsamen Geschichte oft um. Im Nachhinein erscheint alles logisch, folgerichtig, völlig klar. Dabei ist am Anfang nichts klar. Und es gab sehr viel mehr Unsicherheiten, als wir hinterher zugeben möchten.

Es hat den Anschein, als sei die besondere Situation Date das eigentliche Hindernis. Denn ist der Druck der Dating-Situation erst einmal überwunden, fällt vieles leichter. Paradox: Die Situation, die zwei Menschen schaffen, um ein gemeinsames Ziel zu erreichen, kann genau diesem Ziel hinderlich sein. Das Date mit seinem Mix aus Erwartungen, Ansprüchen und Ängsten steht sich selbst oft im Weg.

Sarah (36): Ich hatte ein Date, das war einfach furchtbar. Ich war sauer, weil er mich dauernd unterbrach, und fand ihn angeberisch. Ich habe das Date vorzeitig beendet. Ein paar Monate später traf ich ihn zufällig bei einer Dinnerparty bei Freunden. Wir haben uns blendend verstanden und sind bis heute ein Paar.

Trixi: Ich glaube, ich bin mit Sven nur deshalb zusammengekommen, weil wir nie ein Date mit Absichten hatten. Er war mein Kollege, wir saßen Rücken an Rücken in einem Großraumbüro, und für mich galt immer: Ich fang doch nichts mit Kollegen an. Wir sind nach der Arbeit immer mal wieder mit mehreren Kollegen was trinken gewesen. Irgendwann ergab es sich dann, dass Sven und ich plötzlich allein an der Bar saßen. Das war ohne Absicht und Erwartung. Wir wären nie darauf gekommen, dass wir jetzt gerade ein Date haben. Es ist einfach so passiert. Inzwischen sind wir fast drei Jahre ein Paar.

Klaudia (35): Ich saß im Café, wartete auf mein Internet-Date – und wurde versetzt. Wieder zu Hause sah ich, dass er mir eine E-Mail geschrieben hatte. Sorry, hieß es darin, er hätte mich im Café gesehen und festgestellt, dass ich nicht sein Typ sei. Ich fühlte mich wie die schlimmste Netzhautpeitsche, der man nicht mal Hallo sagen kann. Dann dachte ich mir: »Nimm es nicht persönlich, sei froh, dass du mit so einem Hund nicht noch plänkeln musstest.« Später traf ich ihn auf einem Stadtfest, und er grub an mir herum und machte mir Komplimente für mein Aussehen. Er hatte keine Ahnung, dass ich das Mädchen war, das er erst wenige Wochen vorher versetzt hatte. Dabei hatte ich nichts geändert an meiner Figur, meiner Frisur oder meiner Kleidung.

Organisiertes Gruppen-Dating, so genannte Single-Events, leiden an einer ähnlichen Paradoxie. Ich sprach mit meinem Versicherungsmakler darüber. Er berichtete mir begeistert von seinen Single-Veranstaltungen: mal eine Fahrradtour, mal eine Feier, mal eine Wanderung, mal eine Reise. Viele neue Freunde hätte er gefunden, Interessengemeinschaften hätten sich gebildet, darunter ein Schachclub und eine Wandergruppe. Nur eine Frau zum Liebhaben war bisher nicht dabei. Das Problem: Alle Teilnehmer an Single-Events haben eine ähnliche Ausgangssituation und ähnliche Absichten. Sie sind alle ein wenig nervös. Aufgrund dieser gemeinsamen Voraussetzungen solidarisieren sie sich miteinander. Der Druck fällt ab, die Verkumpelung tritt in Gang, die Leute haben Spaß miteinander – nur erotische Spannung entsteht so selten.

Der schlechte Rat: Wenn Sie die Liebe finden wollen, sind Dates alternativlos. Da müssen Sie durch, möglichst oft, anders geht es nun mal nicht. Streuen Sie breit, und irgendwann haben Sie es geschafft!

Was stimmt denn nun? Jeder kennt Berichte von Arbeitssuchenden, die 200 Bewerbungen geschrieben haben und nur Absagen kassierten. Diese Menschen denken, wenn sie ihre Bemühungen nur multiplizieren, wird das Leben schon einen Lohn ausspucken wie ein Automat. Sinnvoller wäre es, zu überprüfen: Bewerbe ich mich auf die falschen Stellen? Erfülle ich die Kriterien? Sollte ich neue Qualifikationen erwerben? Was kann ich an meiner Bewerbung ändern? Ist eine schriftliche Bewerbung der einzige Weg, an einen Job zu kommen? Ist sie nicht.

Und so ist der tückische Weg über Dates auch nicht der einzige, der in eine Beziehung führt. Deswegen sollten wir die Augen offen halten für Möglichkeiten fernab der künstlich geschaffenen, abgegrenzten Situation Date, nach Möglichkeiten, die in unseren »natürlichen« Lebensbereichen liegen: Arbeitsumfeld, Bekanntenkreis, Sport, Hobby, Engagement. Aus einem Kollegen, einem Sportsfreund, einem Mitaktivisten kann ein Partner werden, ohne dass es jemals zu einem klassischen Date kommen muss. Wir können in eine gemeinsame, zwanglosere Flugbahn geraten, wenn wir es zulassen, dass Dinge sich entwickeln.

Im Folgenden erfahren wir noch mehr über die Paradoxie eines Dates und wie man sonst in jenen Fluss geraten kann, der in die Paarbildung führt – und stoßen dabei ausgerechnet auf das verpönte, aber eben auch sehr häufige »Abschleppen nach der Party«.

Vorher aber will ich noch einen Blick auf gesellschaftliche Zusammenhänge werfen, die dazu führen, dass mein und Ihr nächstes Date wahrscheinlich nicht ganz einfach sein wird …

Ein Wissen, das uns hoffentlich gelassener werden lässt und dazu führt, dass wir Störungen verstehen, die wir bislang unserem Unvermögen zugeschrieben haben.

Warum Dates
so schwer sind

Der Preis der Freiheit

Während uns ein Date als eine private Angelegenheit erscheint, ist es immer auch zugleich ein Spiegelbild gesellschaftlicher Schwingungen. Wenn es sich mühselig gestaltet oder gar krachend scheitert, gibt es drei Ursachen, und meistens treffen alle drei gleichzeitig zu: Es liegt an mir, es liegt an dem anderen – und es liegt an etwas, das außerhalb von uns beiden liegt.

Demokratie, Industrialisierung, Emanzipation der Frau und der schwindende Stellenwert von Religion führten in vielen Ländern in einen Prozess, den wir Individualisierung nennen: Der Einzelne muss sich das Drehbuch seines Lebens selber schreiben. Er muss sich seine Orientierungspunkte im Meer der Möglichkeiten selber suchen. Er muss seine Zukunft entwerfen, dazu aktiv werden und Risiken eingehen.

Die Wahlmöglichkeiten werden immer größer, Massenmedien wie das Internet zeigen uns immer neue Optionen. Oft sind die Angebote widersprüchlich. Sicher ist nur eines: Was früher durch ein Korsett an Traditionen und Normen vorgegeben war und sozial stark kontrolliert wurde, gilt heute nicht mehr. Es gibt nur noch wenige Verbote, die man beachten muss. Stattdessen muss ich als Individuum ständig Entscheidungen treffen: Welchen Beruf wähle ich, und wie stark engagiere ich mich? Soll ich den Job noch einmal wechseln? Brauche ich eine Mission? Bin ich religiös, wenn ja, wie? Vielleicht ein bisschen Buddhismus oder Kabbala? Wen mache ich zu meinen Freunden? Wen lasse ich an meinem Leben teilhaben, welchen Kontakt gestalte ich punktuell, welchen breche ich ab? Welche Werte habe ich? Was ist für mich Moral? Was Geschmack?

Was kaufe ich? Wie lebe ich nachhaltig, darf ich Fleisch noch essen? Will ich Frischkäse und Honigsenfsauce auf meinem »Subway«-Sandwich?

Und schließlich: Lebe ich lieber als Single oder suche ich mir einen Partner? Wenn ja, welchen, und wie gestalte ich die Partnerschaft? Ich kann gleichgeschlechtlich lieben, mich für eine offene oder eine monogame Beziehung entscheiden, eine reine Sexbeziehung führen oder mehrere Beziehungen gleichzeitig, oder vielleicht ist eine »Freundschaft plus« mein Modell? Ich kann heiraten, muss aber nicht, nicht einmal, wenn es Kinder gibt; ich kann aber auch heiraten und kinderlos bleiben. Früher wurden Eheschließungen aus wirtschaftlichen oder sozialen Entscheidungen getroffen, und die Liebe stellte sich dann ein oder auch nicht. Heute reden Eltern ihren Kindern nicht mehr hinein. Heute braucht keine Frau mehr einen Mann, der sie versorgt. Der Mann wiederum braucht keine Frau mehr für den Haushalt, er muss nicht verwahrlosen, sondern kann auf Dienstleistungen und moderne Geräte zurückgreifen. Eine Bindung ist nicht nötig, um sexuell aktiv zu sein: Außerehelicher Sex ist relativ einfach zu bekommen und wird nicht geahndet oder geächtet.

Trotz aller Entscheidungsfreiheit existiert immer noch der gesellschaftliche Imperativ, sich zu binden. Singles spüren ihn sehr wohl, auch wenn er weitaus subtiler und toleranter auftritt als früher: Durch Mediendiskussionen und Familienpolitik erlebt er derzeit allerdings eine Renaissance. Der Widerspruch zwischen Entscheidungsfreiheit und subtilem Druck von außen führt zu einer inneren Zerrissenheit des Singles. Dennoch: Keinen Partner zu haben ist nicht mehr ungewöhnlich und stellt nicht ins soziale Abseits. Der aktive, attraktive und erfolgreiche Single hat seit den 80er Jahren die alte Jungfer und den verschrobenen Hagestolz (ein Begriff so ausgestorben wie der Dodo) abgelöst.

Wenn ein Partner also nicht mehr notwendig ist, dann soll er »nützlich« sein. Natürlich spricht niemand von Nutzen. Wir sprechen von Liebe. Denn das Ideal der Liebe gilt heute als einziger Grund, sich zu binden. Ein hehres Konzept, aber ein wankelmütiges und diffuses. Der Partner soll die Zerrissenheit aufheben, unsere Identität spiegeln, unser Leben verbessern, perfekt machen, »optimieren«, uns zum Glück führen. Er soll das Sahnehäubchen sein in unserem Dasein zwischen Karriereplanung und Selbstfindung, irgendwo seinen Platz finden zwischen Fernreisen, Freunden und Fitnessstudio. Genauso sorgfältig, wie wir Produkte auswählen, etwa Schuhe, die unser Outfit abrunden, oder die Couch, die unsere Wohnung aufwertet, suchen wir einen Partner. Dating-Börsen kommen dem entgegen und ermöglichen Partnersuche nach »Matching«-Kriterien. Weniger Singles gibt es seitdem trotzdem nicht – das Gegenteil ist der Fall.

Der Autor Wolfgang Schmidbauer schildert in *Das kalte Herz,* wie wir kapitalistische Prämissen auf die Liebe übertragen: Partnersuche als Konsum, und wir schwanken zwischen Gier und der Angst, nicht zu genügen. Wir alle sind dabei Opfer und Täter zugleich.

Tina Soliman zitiert in ihrem hervorragenden Buch *Funkstille,* in dem sie sich mit plötzlichen Kontaktabbrüchen beschäftigt, den Soziologen Helmut Dubiel. Er sieht drei Gründe, warum feste Beziehungen heute so schwerfallen: die Beschleunigung des Lebens, die zunehmende Individualisierung und überhöhte Glückserwartungen. Die Menschen, so Dubiel, wollten autonom sein, aber zugleich suchten sie Nähe. Doch Nähe wiederum weckt Misstrauen. Diese Widersprüche überfordern die

Menschen, was zu schnellen Kontaktabbrüchen führt. Sie vermissen einander und wenden sich dennoch enttäuscht ab, stellt er fest. Was bleibe, sei die Sehnsucht. Hier finden wir Hinweise darauf, warum der blöde Prinz nach dem Date so oft nicht mehr anruft.

Sind die Erwartungen beim Date zu hoch? Vielleicht sind sie zu widersprüchlich. Wir wollen Nähe, aber unabhängig bleiben. Wir wollen jemanden, der erfolgreich ist, bei dem wir aber dennoch an erster Stelle stehen. Wir wollen jemanden, der aufgeschlossen im Bett ist, aber seine sexuelle Vitalität soll exklusiv uns vorbehalten sein. Wir wollen einen Abenteuer-Typen, der uns dann aber gerne begleitet zum Familienbesuch ins Schwabenländle und zu Fondue-Abenden mit befreundeten Paaren – und sich irgendwann klaglos vom Rebellen oder der Großstadtprinzessin in einen treusorgenden Papi oder eine aufopferungsvolle Mami verwandelt.

In diesem Spannungsfeld von gelebter Unabhängigkeit und dem Wunsch nach Nähe, von scheinbar endlosen Wahlmöglichkeiten und sanftem gesellschaftlichen Druck, von Glückserwartungen und der Fähigkeit, sich selbst glücklich zu machen, von Konsumhaltung und romantischem Ideal findet ein Date statt. In jenem Spannungsfeld gilt dann auch noch das Zwanglos-Dogma – kein Wunder, dass es oft zum Crash kommt. Schließlich gibt es auch kaum noch Konventionen, die uns als Geländer in diesem Dickicht dienen könnten, wie wir im nächsten Kapitel sehen.

Die Konfusion beim Date

Das sagt die Wissenschaft: Noch immer sind 60 Prozent aller Ehen auf der Welt arrangiert. (The Penguin Atlas of Sexual Behaviour)

Sind Dates heute schwieriger als früher? Wohl nicht. Früher sprach man von Aufwartungen, Besuchen, Rendezvous, und sie waren zum Teil aus den gleichen Gründen schlimm wie heute: Hohe Erwartungen, Verkrampfung, Nervosität, üble Überraschungen über das Wesen des anderen. Sie waren zum Teil aber auch aus anderen Gründen schlimm, die heute keine Rolle mehr spielen: Etwa weil das Treffen arrangiert war und man gar keine Sympathie füreinander empfand oder weil der Druck, sich bald zu entscheiden, enorm war. Eine Entscheidung, die eine viel größere Tragweite hatte, weil eine Ehe viel schwerer wieder aufgelöst werden konnte. Die Phase der Paarwerdung war schwierig, weil man völlig unerfahren war oder nie allein – Stichwort »Anstandsdame«. Sie war belastend, weil Frau und Mann sich nicht symmetrisch begegneten, sondern ein Machtgefälle herrschte.

Früher war diese Phase eine höchst öffentliche Angelegenheit, die beobachtet und kontrolliert wurde. Sie unterlag strengen Regeln. Beschleunigt von Theaterstücken und Romanen, angefangen beim empfindsamen Briefroman des späten 18. Jahrhunderts bis zu den Ehebruchromanen des bürgerlichen Realismus 100 Jahre danach, und später auch vom Kino, setzte sich das Ideal der romantischen Liebe durch. Sie funktionierte durch Überwindung von Hindernissen, durch den Kampf individuelles Glück gegen gesellschaftliche Norm. Heute ist

Paarbildung Privatsache, und sie muss sich nur noch sehr selten durchsetzen.

In den 1960er Jahren bahnte sich der nächste Umsturz an, er überrollte die Gesellschaft jedoch in einem ganz anderen Tempo: Sexualität gewann als autonome Kraft ihre Berechtigung, wurde auch außerhalb von Gefühl und Bindung legitim. Sexuelle Erfahrung gilt inzwischen als neues Kapital, als Zeichen eines gelebten Lebens, die reine Lust ohne Gefühl wird auch Frauen zugestanden. Der Wunsch nach Gefühlsüberschwang wie in Zeiten der »verbotenen Liebe« besteht nach wie vor, wie etwa der Erfolg von Romantikkomödien, Liebesballaden oder Befindlichkeitsmagazinen wie *Neon* beweist, die Schwerpunkte setzen auf Themen wie Liebe, Gefühl, Partnerschaft, Selbstbeobachtung und -optimierung. Doch oft reicht es nur noch für ein Strohfeuer. Wenn auch die wilde, verrückte, intensive Liebe das Ideal, der Traumprinz oder die Traumfrau eine feste virtuelle Bezugsgröße bleibt, richten sich doch viele im Alltag konkret und pragmatisch ein: Die Schriftstellerin Sibylle Berg schrieb mit *Der Mann schläft* ein spektakulär gutes Buch über eine unspektakuläre Liebe. In einer Kolumne bei *Spiegel online* fragt sie ihre Leser polemisch, ob sie allein sind, aber mit einer Beziehung Begriffe wie Auflösung, Begehren, ewiger Rausch verbinden. Wer so redet, dem gibt die Autorin ein paar Worte mit auf den Weg: Das Ideal von der romantischen Liebe mache unglücklich. Wer aber gerne mit »etwas Atmendem« lebt, das »bestenfalls kein Hund« sein sollte, der befinde sich meist in etwas, »was als Zweckgemeinschaft verspottet wird«. Ihr Fazit: Romantische Liebe scheitert in den meisten Fällen, Menschen in pragmatischen Verbindungen hingegen erfreuen sich aneinander.

Dennoch ächten viele Menschen diese Zweckgemeinschaften,

verweisen auf die heute so einfache Möglichkeit eines Ausstiegs. Die israelische Soziologin Eva Illouz *(Warum Liebe weh tut)* zum *Süddeutsche Zeitung Magazin:* »Früher wurde das gebrochene Liebesversprechen geächtet, das war eine moralische Verfehlung.« Heute sei es umgekehrt, das Stehenbleiben, die stagnierende Entwicklung, die gescheiterte Selbstoptimierung werden sanktioniert. Wir schelten etwa einen Freund, der in einer unserer Meinung nach eingeschlafenen Beziehung verharrt, ermuntern ihn mit Phrasen wie »Andere Mütter haben doch auch schöne Töchter« oder »Du hast doch nur dieses eine Leben«.

Ob die Liebe nun stürmisch oder pragmatisch ist, sie war noch nie eine so individuelle und private Angelegenheit wie heute. Und damit entstehen Schwierigkeiten, die es früher noch nicht gab: Es existieren für die Paarbildung keine festen Regeln mehr, keine Konventionen, keine verbindlichen Rituale, keine eindeutigen Codes. Jeder muss ständig entscheiden, wie er sich verhält, und kann kaum noch ahnen, was der andere erwartet. Alles ist möglich oder nichts. Man kann Sex beim ersten Date haben oder das erste Date nach dem Sex oder gar keinen Sex oder nur Sex, aber keine Dates. Es herrscht Konfusion über die Situation, in der die Beteiligten sich befinden und über die Rollen, die sie dabei einnehmen. Ist das jetzt gerade ein Date? Und wenn ja, was heißt das überhaupt? Wie verhält man sich da, welches Verhalten erwartet der andere? Es gibt kaum noch Signale und Symbole, an denen man den Stand der Beziehung ablesen kann. Ist man Kumpel/in, Verehrer/in, Liebhaber/in, Sexpartner/in? Geht es uns um Spaß, gemeinsame Interessen, Sex, Liebe oder Zukunft?

Es gibt unendliche Möglichkeiten, eine Beziehung zu gestalten, von der offenen Beziehung bis zur Fernbeziehung. Man kann spät heiraten oder gar nicht oder eine Patchwork-Familie gründen oder sich entscheiden, kinderlos zu leben. Es gibt in unserer postfeministischen Zeit auch keine klaren Geschlechterrollen mehr. Die Männer sind nicht mehr die Verführer und Frauen nicht mehr diejenigen, die sich hingeben. Auch Frauen können die Initiative ergreifen, Männer lassen sich umwerben oder warten passiv ab.

Es herrscht ein Zustand der **Anomie,** ein Begriff, wie ihn die Soziologen Émile Durkheim oder Robert K. Merton prägten und damit beispielsweise die Entstehung von Kriminalität begründeten. Es fehlen gesellschaftliche Regeln, Normen, Zwangsläufigkeiten, Verbindlichkeiten. Die alten Zwänge sind eingerissen, doch fehlen jetzt Halt und Orientierung. Eva Illouz im *Süddeutsche Zeitung Magazin:* »Wir sind verwirrt. Wir sind so unsicher und verletzlich wie nie zuvor, weil wir unsere Position in der Welt ausschließlich aus uns selbst ableiten müssen.«

Wenn Mann und Frau sich treffen, können sie auf unendliche Deutungsmöglichkeiten zugreifen, und manchmal deuten beide aneinander vorbei. Was der eine als Romantik-Date auffasst, ist für den anderen der Start in eine »Booty Call«-Beziehung, bei der man sich spontan per Anruf oder SMS zum Sex verabredet. Was der eine als Gründungsakt für eine Partnerschaft versteht, ist für den anderen nur der Start in eine platonische Freundschaft. Wo der eine sich im inneren Film vor dem Traualtar sieht, spekuliert der andere lediglich auf einen One-Night-Stand. Es herrscht Verwirrung. Das Alte funktioniert nicht mehr, und das Neue noch nicht so richtig. Die folgenden Berichte sind Beispiele dafür.

Dating-Desaster in max. 410 Zeichen: Rollenwirrwarr

Nina: »*Ich gehe mit dem Typen zu mir, ›auf eine DVD‹, alles klar. Wir knutschen. Da klingelt sein Handy, Freunde laden ihn zu einer Party ein. Er fragt, ob ich Lust hätte, noch dorthin zu gehen. Ich: ›Eigentlich finde ich es schön hier mit dir.‹ Er: ›Ich würde lieber noch hin, wenn es dir nichts ausmacht.‹ Und dann geht er!*«

Ira: »*Endlich ein Date mit einem Typen, den ich schon eine ganze Weile durch gemeinsame Freunde kenne. Ich bin soooo scharf auf ihn! Und er sagt beim dritten Mojito: ›Du bist wie ein Kumpel für mich, das find ich super. Ein Kumpel mit Titten.‹*«

Klara: »*Wir verabreden uns zur Fahrradtour. Besichtigen ein Schlösschen. Seine Idee. Fand ich super, so kultiviert. Wir schlendern durch den labyrinthartigen Schlossgarten. Er ruft mich. Ich folge ihm. Er steht in einer dunklen Nische, zieht mich ran, wir knutschen, er lässt die Hosen runter. Ich sage: ›Du Assi!‹ – und gehe weg. Er rennt hinter mir her, die Hose an den Knöcheln, stammelt Entschuldigungen. Ich sage: ›Wie du da läufst, als wäre das Toilettenpapier alle‹, sage ich. Es war so lächerlich!*«

Alex: »*Nettes erstes Date. Konzertbesuch. Zwei Gläser Wein. Wir verabreden uns fürs nächste Mal. Ein keuscher, aber verheißungsvoller Kuss zum Abschied. 2 Stunden später die SMS von ihm: ›Ficken, jetzt?!‹*«

Marcantonio: Er lädt mich zu sich nach Hause ein, ich bin richtig spitz auf ihn. Er kreiert ein Drei-Gänge-Menü. Zum Dessert will ich ran an den Speck, doch er zieht es vor, eine DVD zu gucken: »Mamma mia!« Er kennt den Film kom-

plett auswendig und singt alle ABBA-Songs mit. Als ich das
überstanden habe, sagt er, ihm wäre heute nicht so nach Sex.
Philipp: Ich bring sie zum Auto. Sie: Ich brauche einen Mann
oder ein Buch zum Einschlafen. Und mein Buch habe ich
aus. Ich dachte: Wer bin ich, deine Einschlaf-Hilfe?

Ist es ein Date? Stehen wir am Beginn einer Romanze? Ist es
nur Sex? Ist es Freundschaft? Eine Interessengemeinschaft?
Auch Marie befand sich im Unklaren, und je länger sie sich
schon mit Zack traf, umso weniger Orientierung hatte sie. Es
gab für sie keine Kriterien, an denen sie eine Richtung ausma-
chen konnte. Es war, als nutze Zack genau diesen Zustand der
Anomie aus, um Marie hervorzuholen und fallen zu lassen,
wie es ihm gerade im Sinn stand.

Marie (27):
Als mein Date in einer Clubtour endete

Früher dachte ich über Zack so: Ein Panther, der einsam
durch den Dschungel streift, völlig frei. Der sich die natür-
lichen Rechte seiner Schönheit nimmt und sich bedient an
dem, was die Welt ihm auf einem Silbertablett serviert.
Ungreifbar, dämonisch. Wütend und hilfebedürftig, heraus-
ragend und tragisch zur gleichen Zeit.
Heute denke ich über Zack so: ein Arschloch.
Er hatte es nie nötig, normaler Arbeit nachzugehen. Er war
Model, zwei, drei Aufträge im Monat, das reichte, um gut zu
leben. Er hasste den Job, aber noch mehr hätte er es gehasst,
jeden Morgen aufzustehen und in ein Büro zu gehen. Sein
Sternzeichen war Löwe, und wie alle Löwen brauchte er viel
Ruhe, um dann gnadenlos zuzuschlagen.

Ich glaube, er drehte auch ein paar krumme Dinger, jedenfalls entdeckte ich bei ihm verschiedene Pässe. Ich stellte keine Fragen. Er war unklarer Herkunft und ohne festen Wohnsitz. Er tauchte so plötzlich auf, wie er wieder verschwand. Immer hinterließ er Trümmer und blutende Herzen. Bis er dann wieder mit großen, wässrigen, abgründigen blauen Augen vor der Tür stand, mit seinem Jimmy-Dean-Blick, und die langen Wimpern niederschlug, und schon verzieh ich ihm alles. Hätte er mir gesagt, er hätte gerade gemordet, ich wäre mit ihm in die Nacht hinausgegangen, um die Spuren zu beseitigen, die Leiche zu entsorgen, und ein Alibi hätte es natürlich auch gegeben, unter Eid, versteht sich.

Zack war ein bipolarer, sentimentaler Borderline-Exzentriker. Jemand, der sich alles herausnehmen konnte und mit allem durchkam. Ein weinerlicher Verlierer, bindungslos und ohne Hoffnung, erkenne ich heute. Ein mieser Kleingauner und lächerlicher Stricher, sage ich im Nachhinein. Doch war ich ihm damals ausgeliefert. Zumindest glaubte ich das.

Ich spürte schon in den Momenten des Zusammenseins schmerzlich den Verlust. Für ihn würde es immer so weitergehen, das Leben eine Aneinanderreihung üppiger Geschenke. Doch für mich, so glaubte ich zumindest, war das hier der größte Hit.

Ich war mir für wenig zu schade. Zum Beispiel, als er mir am Telefon sagte, er fliege von Mailand für ein paar Tage nach Düsseldorf, ein Model-Job. Ich tat so, als hätte ich genau an diesem Wochenende ebenfalls in Düsseldorf zu tun. Also ließ ich in München alles stehen und liegen, buchte mich in einem viel zu teuren Hotel ein, weil alles andere wegen der Mode-Messe belegt war. Tu es nicht, sagten meine Freundinnen. Ich muss es tun, sagte ich, auch wenn ihr recht habt. Unsere Not-

fall-Hotline ist rund um die Uhr für dich geschaltet, sagten
meine Freundinnen.

Zack und ich gingen essen, ich brachte kaum einen Bissen
herunter und kaum ein Wort heraus, weil es mich so glück-
lich und so traurig machte, ihn zu sehen. Denn dem Glück des
Moments wohnte schon das böse Ende inne, ich machte mir
da wenigstens keine Illusionen. Er dagegen war bester Laune,
scherzte und flirtete und schoss mit Charme nur so um sich.
Dieses Ungleichgewicht beunruhigte mich zusätzlich: Konn-
te ihm etwas an mir liegen, wenn er so gelassen war? Selbst-
verständlich übernahm ich die Rechnung. Ich wünschte mir
so sehr, er würde nun einen Rhein-Spaziergang vorschlagen
und dann mit mir in mein Hotel kommen, und ich würde
mich verlieren in ihm und ihn dann trösten und beschützen
und lieben, obwohl ich eigentlich diejenige war, die Trost,
Schutz und Liebe brauchte.

Doch es war wie in dem alten Discohit »I love to love, why
does my baby just love to dance?«: Zack wollte tanzen gehen.
Also quälte ich mich mit ihm in einen Club in Köln. Wie ich
es hasste, diese Menschenmassen am Eingang. Wir mogelten
uns durch sie hindurch. Selbstverständlich kannte Zack den
Türsteher. Er kannte alle in dem Laden, ich kannte nie-
manden. Er tanzte, flitzte umher, war hemmungslos, bekam
Drinks spendiert, machte Scherze an der Grenze des Ge-
schmacks, doch er kam mit allem durch, denn die Leute lie-
ßen ihm alles durchgehen. Er beherrschte den Laden. Ich
klammerte mich an meine Drinks; Alkohol, der verlässliche
Freund, hatte mir doch immer geholfen, mich wenigstens ein
bisschen besser zu fühlen. Doch diesmal fühlte ich mich mit
jedem Drink nur noch lahmer, noch reaktionsärmer. Junge
Dinger rempelten mich an, als sie aufeinander zustürmten

und sich begrüßten, beschütteten mich mit ihren Drinks, sie entschuldigten sich nicht, hatten mich nicht einmal bemerkt, oder ich war ihnen schlicht keine Entschuldigung wert.

Zack tanzte und tanzte, und der ganze Laden himmelte ihn an. Zum Glück stellte er mir Anita vor, eine alte Freundin, wie er sagte. Er würde immer bei Anita wohnen, wenn er in Köln war, erklärte er mir. Anita war eher unscheinbar, eine kleine, etwas burschikose Partymaus, aber sie war wahnsinnig nett zu mir, und eine Freundin war das, was ich jetzt am dringendsten brauchte. »Woher kennst du Zack?«, fragte ich. Und sie lachte nur selbstsicher und sagte: »Ach, den kenne ich schon eine Weile.« Wir waren uns einig, dass Zack ein ausgeflippter Typ ist. Anita bot mir eine Zigarette an, und ich fand, das sei ein optimaler Zeitpunkt, um wieder mit dem Rauchen zu beginnen. So unbefangen, wie Anita über Zack redete: Konnte es sein, dass sie ihm nicht verfallen war? Mir war es zu dem Zeitpunkt unbegreiflich, wie irgendjemand ihm nicht verfallen sein konnte. Wie irgendjemand es schaffte, ihm mit klarem Kopf gegenüberzustehen.

So sehr hoffte ich, Zack würde müde werden, denn dann wäre ich ins Spiel gekommen, hätte ihn endlich in mein teures Hotelzimmer mitgenommen, in dem es sich gewiss besser schläft als in Anitas WG. Doch er schien immer munterer zu werden. Glücklicherweise gingen um sechs Uhr morgens die Lichter an. Die Erlösung!

An der Garderobe jedoch legte Zack fest, dass es noch weiterginge, in einen Afterhour-Club. »Super, zur Afterhour, da wollte ich immer schon mal hin, cool«, sagte ich. »Da bin ich dabei!« Ich konnte nicht ganz dicht sein.

Allerdings machte der Club erst um acht Uhr früh auf. Zack bestimmte, dass er und Anita nach Hause fahren würden, duschen, was essen, sich vielleicht eine Stunde hinlegen, und dann würden wir uns alle gegen neun vor dem Club treffen. Ich bewies in dem Moment eindrucksvoll, wie weit ich mit meiner Selbstachtung heruntergehen kann, wenn es mir gerade notwendig erscheint: »Mein Hotel ist so weit weg von hier, kann ich nicht mitkommen zu Anita, und wir chillen alle gemeinsam?«, hörte ich meine verdammte, klägliche Stimme.

»Hey, cool, na klar!«, sagte Anita. »Würde mich total freuen, wenn du mitkommst!« Und sie winkte ein Taxi heran.

In Anitas Wohnung tranken wir alle ein Gatorade und aßen einen Toast und rauchten. Zack suchte Musik bei Youtube und tanzte mit uns in der Küche. Ich machte mit, womöglich sah es sogar aus, als hätte ich Spaß, aber es war eine Qual. »So, ich bin fix und fertig, jetzt müssen wir uns alle dringend noch mal hinlegen!«, sagte Anita dann und wies mir die Couch zu. Sie ging mit Zack in ihr Schlafzimmer. Ich blätterte in Zacks Modelbüchern, die überall herumlagen, und stellte mich dann schlafend. Ich hörte mein von Red-Bull-Wodka zusätzlich aufgeputschtes Herz in der stillen, fremden Wohnung schlagen.

Irgendwann ging die Schlafzimmertür auf, und Anita trat heraus, schlich sich an mir vorbei Richtung Badezimmer. Durch meine Wimpern hindurch sah ich, dass sie nackt war.

Ich fühlte mich gelähmt. Ich kann mir bis heute nicht ausreichend erklären, warum ich diese Wohnung nicht einfach verließ. Mir war in jenem Moment, als gebe es keine andere Möglichkeit, als müsste ich die Sache durchstehen wie eine Physikdoppelstunde in der Schule früher, und mit dem Gong wäre ich erlöst, und dann wartete das Mittagessen bei meiner Mutter auf mich, aber bis dahin hätte ich einfach keine

*Wahl ... als mich tot zu stellen ... Ich hörte die Spülung,
Anita huschte zurück ins Schlafzimmer.*

*Eine unklare Zeit später hörte ich erneut die Klinke vom
Schlafzimmer. Ich vernahm Schritte, fuhr meinen nervösen
Atem auf den einer Schlafenden hinunter. Ein Täuschungs-
manöver. Eine warme Hand legte sich auf meine Schulter.
»Schläfst du, Marie?«, hauchte Anita. Ich spürte ihren Atem,
sie musste mir ganz nah gekommen sein. Plötzlich küsste sie
mein Ohr. »Du schläfst gar nicht ... «, flüsterte sie.*

*»Ich habe es versucht«, murmelte ich matt. »Ich habe es ver-
sucht.«*

*»Du bist ganz kalt«, sagte sie. »Du frierst doch.« Sie nahm
meine Hand in ihre Hände. »Komm mit. Komm zu uns ins
Schlafzimmer. Zack ... er möchte das auch ... « Sie gluckste
sanft. »Ich soll dich zu uns holen! Und es ist mir ein Vergnü-
gen ... « Sie streichelte meine Brust.*

*Eine Weile lag ich da wie ein erstarrtes Opossum. »Tut mir
leid, ich kann das nicht«, stammelte ich endlich. »Ich kann
das nicht.«*

*»Ist doch okay«, sagte Anita. »Ist doch völlig in Ordnung.
Lass uns alle ein bisschen schlafen.« Und sie deckte mich zu
und küsste noch einmal mein Ohr. Weil ich sie gewähren ließ,
stutzte sie kurz, wollte sich vergewissern, ob ich meine Meinung vielleicht geändert hatte. Als sie merkte, dass ich starr
blieb, stand sie auf und zog sich leise zurück ins Schlafzimmer.*

*Auch als ich Zack und Anita aus dem Schlafzimmer hörte,
fand ich immer noch nicht die Kraft, aufzustehen und zu gehen. Draußen dämmerte ein Oktobermorgen. Endlich hatten
die grauenvollen Geräusche ein Ende gefunden. Wieder ging
die Türklinke. Es war Zack. Diesmal stellte ich mich nicht*

schlafend. Er trat zu mir an die Couch, sah mich an, nahm meine Hand. »Warum fickst du sie«, sagte ich leise. »Warum fickst du sie ...« Er schwieg lange, hielt weiter meine Hand, sagte dann, er wisse es nicht. Schließlich küsste er meine schlaffe Hand und ging zurück ins Schlafzimmer.

Es wurde neun, und Anita brühte Kaffee auf. Ich duschte, und Zack legte wieder Musik auf. Mechanisch sagte ich irgendetwas, ich hatte schon vergessen, was, noch während ich es aussprach. Anita rief ein Taxi an, wir fuhren über graue, verschlafene Straßen in den Afterhour-Club. Ich beneidete alle Menschen, die hinter den gleichgültigen Häuserfassaden in ihren Betten lagen und demnächst einen normalen Tag beginnen würden, mit einem Frühstück, vielleicht mit Personen, die sie gernhatten, oder auch nur mit einer freundlichen Radiosendung.

Wir schoben uns an den Wartenden vorbei in den Club, Beats wummerten, es roch nach den verbrauchten Verheißungen einer künstlich verlängerten Nacht, ein blasierter Barkeeper mischte mir einen Drink, ich tanzte, meine Beine führten einfach die geübten Abläufe durch, ich hörte keine Musik, ich spürte gar nichts.

Anita knutschte mit einem tätowierten Typen, Zack tanzte wild mit einer blonden schönen Frau, ich weiß nicht, wie viele Stunden vergingen. Schließlich kam Zack mit der Blondine auf mich zu, er stellte sie mir vor, ich weiß noch, dass sie eine Holländerin war, er verabschiedete sich, gab mir einen Kuss auf die Wange, sie würden jetzt gehen.

Ich schlug auf ihn ein und brüllte: »Du Arschloch, du widerliches Arschloch!«

Die Holländerin sagte: »O Shit, damit will ich nichts zu tun haben«, und wandte sich ab.

Ich brüllte und wimmerte, schlug ihm eine Bierflasche aus der Hand, alle glotzten, bis kräftige Arme mich von hinten packten. Widerstandslos ließ ich mich zur Tür führen, eine Stimme fragte, ob ich noch etwas an der Garderobe hätte, ich sagte nein, obwohl ich einen Mantel abgegeben hatte. Ich wollte einfach nur raus. Alle Taxis waren von aufgekratzten Parytmenschen umlagert, ich hörte ein Stimmengewirr aus Spanisch, Englisch, Deutsch und was auch immer, ich lief weiter, in meinem kurzen Top durch den kalten Morgen, ein Wrack in einem schlecht sitzenden Nuttenfummel.

In einem Park sah ich ein glückliches, attraktives Paar mit seinen glücklichen, attraktiven Kindern. Die Frau war nur wenig älter als ich, das entzückende kleine Mädchen kam mit kurzen krummen Beinen und großen Augen auf mich zu-gelaufen, und endlich konnte ich weinen.

Als ich im Hotel war, stellte ich fest, dass Zack mir mehrere SMS geschrieben hatte: Er würde immer alles kaputtmachen, er sei ein Idiot, er liebe mich, er sei auf der dunklen Seite der Straße, ich sei sein Engel, es ginge ihm so unendlich schlecht. Ihm ging es also schlecht!

Ich weiß nicht, wann ich wieder weich wurde, ob direkt, am nächsten Morgen oder ein paar Tage später. Ich tippe mal, unmittelbar. Es folgten noch drei, vier weitere schreckliche Dates mit Zack, ehe ich mit letzter Kraft das wiederfand, was ich verloren hatte: meine Selbstachtung. Das Fatale war, dass ich glaubte, in eine Tragödie hineingeraten zu sein. Dass die-ses elende Stück genau so für mich geschrieben wurde. Dass ich keine Wahl hatte. Heute weiß ich, dass das nicht stimmt. Ich habe immer eine Wahl.

Marie glaubt, schicksalhaft in eine Flugbahn geraten zu sein. Ziel: unbekannt. Womöglich führt der Flieger in eine Tragödie. Dennoch ist sie gewillt, Turbulenzen zu überstehen. Sie ist sogar bereit, abzustürzen. Sie nimmt das Steuer nicht selbst in die Hand. Denn Zack bietet ihr ein starkes Selbstgefühl, mit all dem Leid und der uneingelösten Verheißung. Sie hat ihn zu einer Ikone überhöht, neben der alle anderen Männer nur banal und alltäglich erscheinen können.

Vielleicht glaubt sie an ein Märchen, in dem es nach vielen Schwierigkeiten zu einem Happy End kommt. Doch ein Happy End war hier nie vorgesehen, und Marie findet nicht die Kraft, rechtzeitig abzuspringen. Sie setzt alles auf eine fatale Karte. Ihr Ich ist gespalten, ein Teil des Ichs folgt Zack, die Stimmen des alten Ichs, die sie warnen, zurückrufen, sie sind leise geworden. Zu blass erscheint ihr, was das alte Ich ihr bieten kann: das Leben einer Single-Frau, ein Apartment mit Katze, ein einsames Abendbrot, eine Folge »Desperate Housewives«, dann wieder aufraffen, in unfreundlich gesinnten Bars herumstehen. Ist da die Tragödie nicht anziehender? Sie will lieber untergehen als zurück zu ihrem alten Ich.

Als das neue Ich gedemütigt und demontiert von einer Nacht ausgespuckt wird wie Geröll, wartet das alte Ich, an das sich Marie beim Anblick der Familie erinnert. Das alte Ich wird die Wunden versorgen. Und irgendwann werden die Schmerzen nur noch eine Erinnerung sein. Doch was wir unter Schmerzen gelernt haben, vergessen wir nicht so schnell, denn wir lernen am erfolgreichsten, wo wir am heftigsten scheiterten: Ein Frosch bleibt ein Frosch bleibt ein Frosch – auch wenn er die Maske eines Prinzen annimmt.

Auch Anika saß in der Anomie-Falle. Dabei schienen die Zeichen doch ganz eindeutig auf Date zu stehen, und sie hatte bereits die Rolle der Umworbenen eingenommen. Aber war es das wirklich, ein Date?

Anika:
Als ich dachte, dass ich ein Date habe

So sehr kann man sich täuschen! Nennen wir den Herrn einfach mal Horst, weil er sich genauso verhalten hat. Horst war eigentlich eine ziemlich geile Sahneschnitte. Bissl Macho, bissl Beschützer. 1,87 Meter, Knackarsch, dunkle Haare, grüne Augen. Aber man hatte auch das Gefühl: Der Mann hat ein gutes Herz. Wir kannten uns vom Sport. Dort baggerte er mich derbe an, und ich war von seiner selbstbewussten und charmanten Art schwer beeindruckt. Wir schrieben SMS, telefonierten, das ganze Programm. Ich dachte: Endlich mal ein Typ, der Eier in der Hose hat. Tja, denkste!

Aber das merkte ich erst bei unserem ersten Date. Es war der Tag nach meinem Geburtstag. Wir trafen uns im Restaurant. Ich war ein wenig spät (ja, ja, die Bahn ...), und schon als ich reinkam, sah ich, wie verunsichert er an seinem Tischchen hockte. Wir bestellten Essen und Drinks, so weit, so gut. Ein bisschen aufgeregt darf man(n) ja auch sein, dachte ich. Aber eigentlich war das schon der Anfang vom Ende, ich hatte es bloß noch nicht kapiert.

Als wir fertig waren, schleppte er mich in eine schicke Cocktailbar mit unverbautem Blick auf den Hamburger Hafen. »Zur Feier des gestrigen Tages mal hübsch«, wie er meinte. »Uiuiuiiii«, dachte ich. »Alkohol in Kombination mit romantischer Aussicht, das wird ja doch noch was!«

Wir gingen also an einen Fenstertisch, jeder bestellte einen großen Cocktail. Ich redete und erzählte, zwischendurch nippte ich von meinem Cocktail. Er schlürfte seinen Drink und war sonst total schweigsam. Keine Annäherungsversuche, kein zufälliges Berühren, nichts. Als sich das auch nicht änderte, nachdem er sich innerhalb von anderthalb Stunden den dritten (!!!) Mai Tai reingezogen hatte, dämmerte es mir zum ersten Mal: Sollte sein cooles Gehabe etwa nur Fassade gewesen sein? Ist der Typ in Wirklichkeit ein Mäuschen?! Schon war der ganze Zauber verflogen. Auf einmal sah ich nicht mehr den leckeren Kerl vom Fitness, sondern einen tapsigen, kleinen Jungen, und mein Hormonpegel sank auf Montagmorgen-Level. Aber es wurde noch besser.

Als er nämlich dann doch seine Zähne auseinanderbekam. Horst: »Wenn kein Nebel ist, kann man hier bis Finkenwerder gucken.«

Ich: »Mhhhh ... «

Er: »Also, wenn du mal ein Date hast und denjenigen beeindrucken willst, dann geh mit ihm genau hier hin!«

BITTE? Da hatte ich mich zum ersten Mal fast an meinem Caipi verschluckt. Aber Horst wusste noch mehr zu erzählen: »Ich steh ja total auf schickes Ambiente. So edle Hotels und so. Wenn meine Freundin und ich uns was Gutes gönnen wollen, dann nisten wir uns in ein Fünf-Sterne-Objekt ein und verlassen das ganze Wochenende nicht mehr das Zimmer.«

Da war für mich der Moment gekommen zu gehen ... Keine Ahnung, was mit der Rechnung passiert ist. Aber danach habe ich nie wieder was von ihm gehört. Als ich die Bar verließ, hatte ich dort meinen Schal vergessen. Der liegt da Gerüchten zufolge bis heute ...

Im Nachhinein frag ich mich, was Horst geritten hat. Spontane Panik, seine Freundin doch zu betrügen? Was ja an sich

sehr löblich ist, aber muss er mich deswegen vorher wochen-
lang in Mitleidenschaft ziehen? Oder habe ich das Ganze
völlig falsch eingeschätzt? Keinen Plan. Wir werden es nie
erfahren. Das war jedenfalls ein Horror-Date!

Anika glaubte in dem Treffen alle Symbole und Rituale eines
Romantik-Dates zu erkennen. Aber gibt es diese Symbole und
Rituale überhaupt (noch), und wie verbindlich sind sie? Offenbar nicht sehr. Ob Horst das Treffen von vornherein nicht als
Date einstufte, sondern als zwanglose Verabredung zum Essen, oder ob er mittendrin kalte Füße bekommen hat und die
Situation kurzerhand umdefinierte – wir müssten Horst fragen, doch ich bin nicht sicher, ob er die Antwort kennt. Sicher
ist: Es gibt viele Deutungsmöglichkeiten eines Zusammentref-
fens zwischen Mann und Frau, und das Zwanglos-Dogma (nie
sagen zwei Menschen: »Wir treffen uns zu einem Date«) erleichtert es, aneinander vorbei zu deuten, umzudeuten oder die
Deutungs-Vielfalt als Manöver oder Flucht zu benutzen. Orientierungspunkte dagegen sind schwer auszumachen. Anika
versuchte sie zu finden, interpretierte die Wahl der schicken
Cocktailbar zu ihren Gunsten – und wurde überrascht.
Das Zwanglos-Dogma reduziert die Palette eindeutiger Symbole, die die Situation eindeutig als Romantik-Date definieren:
Kein Mann taucht mehr mit einem Rosenstrauß zum ersten
Date auf, und wenn, wäre es der Frau sehr peinlich. Nun gibt
es sie aber noch, die Verehrer alter Schule.
Vera schildert in ihrer Erzählung, wie die Verwendung alther-
gebrachter Symbole – ein übertriebenes, inszeniertes romantisches Gebaren – sie irritierte, verunsicherte und schließlich ab-
stieß. Sie spürte, wie diese Handlungen dem Zwanglos-Dogma
eines modernen Dates zuwiderliefen. Auf sie wirkten die Tref-

fen mit Roger daher verkrampft, beklemmend, aufgesetzt, geradezu lächerlich:

Vera (31):
Als mein Date mir Blumen pflückte

Wir Mädels jammern ja immer, dass Männer zu tumb sind für Romantik. Andererseits: Romantik muss präzise dosiert werden. Sie kann das zarte Pflänzchen Romanze düngen, aber auch eingehen lassen.

Ich hatte mal einen Verehrer, Roger, der war der bestaussehende Mann Düsseldorfs, ein blonder Schönling. Aber er hat immer ganz schlimme Sachen gemacht. Beim ersten Date waren wir im Kino, und er fing an, mich mit Popcorn zu füttern, bis ich ihm die Packung aus der Hand gerissen habe. Beim zweiten Date wollte er mich am See treffen, ich dachte okay, gurken wir etwas mit den Rädern rum, trinken irgendwo einen Kaffee, warum nicht. Doch als ich zum vereinbarten Treffpunkt am Ufer kam, sah ich, dass er eine Picknickdecke auf einem Bootssteg ausgebreitet hatte. Dann so ein stilvoller, altmodischer Picknick-Korb. Er servierte teuren Burgunder in echten Gläsern, dazu eine Platte mit verschiedenen Käsesorten. Mir war das alles viel zu viel! Sollten wir uns jetzt kompositorisch anordnen wie auf einem Impressionisten-Gemälde? Ich musste schmutzige Witze erzählen, um der Situation das Gekünstelte zu nehmen, eine andere Idee als diese billige Rebellion hatte ich nicht. Trotzdem kam es zu einem dritten Date. Am Ende des Abends fuhr er mich nach Hause, und ich bemerkte unvorsichtigerweise, wie schön der Mittelstreifen der Fahrbahn bepflanzt war. Da hielt er an und pflückte Blumen aus dem Beet und überreichte sie mir mit

Hundeblick. Ich hätte brechen können. Vor meiner Haustür (ich war schon bis zum Anschlag schlecht gelaunt) erzählte er mir dann (da war er wieder, dieser Hundeblick!) von seinen tiefen Empfindungen für mich: »Ich möchte sie kennenlernen, die wahre Vera. Wie tickt sie, wie fühlt sie? Wo will sie hin, was fürchtet sie? Ich will die Vera hier drin.« Und er tippte mit beiden Zeigefingern auf meine Schläfen und sah mich an, mit so einem Frauenversteher-Blick. Innerlich schrie ich nur: »Arrrrghhh!« Hoffen Männer auf ein Alleinstellungsmerkmal, wenn sie so einen Seelenstuss plappern? Ich dachte nur: Geh mir aus der Sonne, Diogenes, und schickte ihn schnell weg. Hätte er mich einfach gepackt und geknutscht, der Abend wäre womöglich anders verlaufen.

Da es keine verbindlichen Konventionen mehr für ein Date gibt, treffen häufig zwei Menschen aufeinander, die beide völlig unterschiedliche Erwartungen an das Date haben. Beide Seiten leben in ihrer Konstruktion der Wirklichkeit, bewerten das Treffen so, wie es ihren Bedürfnissen entspricht. So betrachtet es der eine als Sex-Anbahnung, der andere Partner als Ehe-Anbahnung – wenn die beiden Wirklichkeiten mit ihren jeweiligen Auffassungen von der Natur des Dates aufeinandertreffen, kann es zur Kollision kommen.

So wie bei Sylvia. Romantisch wie sie ist, erwartet sie ein romantisches Date, als sie Martin auf seinem Boot besucht. Doch der hat andere Pläne – und offenbart ganz beiläufig auch noch eine verstörende Gewohnheit.

Sylvia:
Als mein Date nicht ganz auf meiner Linie lag

Wenn man als Frau nachts alleine durch einen Wald stakst, ist das ein sicheres Zeichen, dass irgendwas nicht gut gelaufen ist. In meinem Fall war es wieder einmal ein Date, das mächtig in die Hose ging. Martin war Möbeldesigner, ich hatte ihn auf der Fashionweek kennengelernt, danach hatten wir uns einmal zum Essen verabredet. Ein flamboyanter, interessierter und kreativer Mann, und endlich mal einer mit Schotter, was ja nicht unbedingt verkehrt ist.

Er redete ein bisschen viel von seiner Ex-Freundin, Kassandra. Die beiden waren schon seit vier Jahren nicht mehr zusammen, aber hatten immer noch ein enges Verhältnis. Sie hatten zusammen in Kalifornien gelebt und dort ein Möbelgeschäft aufgebaut, dass sie aber aufgeben mussten, und so erzählte Martin mir einige Anekdoten aus der gemeinsamen Zeit in den USA. Die beiden hielten immer noch zusammen eine Katze, das Sorgerecht hatte aber Kassandra erhalten.

Nun, dachte ich, Männer, die mit einer Frau auch einfach so befreundet sein können, sind modern und feinsinnig, und dass seine Ex und er sich gut verstehen, anstatt sich zu hassen, ist doch ein gutes Zeichen. Es hätten, um ehrlich zu sein, dennoch ein, zwei Kassandra-Storys weniger sein können. An einem sonnigen Samstagmittag stand nun Date Nummer drei an. Martin hatte mich auf seine Segelyacht am Wannsee eingeladen. Er wollte sich um die Getränke kümmern, ich machte einen Salat und Tofu-Buletten.

Als ich endlich den Hafen gefunden und dort auch die Yacht aufgespürt hatte und vorsichtig mit meiner Salatschüssel betrat, hörte ich eine weibliche Stimme sprechen und kichern. Ich sah Martin auf einem Polster liegen, daneben eine rot-

haarige Frau im Bikini mit viel Busen und vielen Ketten um den Hals, die ein orientalisches Tuch von einem Futon abzog.

Martin begrüßte mich und machte mich mit Kassandra bekannt. »Stell dir vor, Kassandra hat gestern ihre Ausbildung in Shiatsu beendet!«, sagte er.

»Ich bin jetzt zertifizierte Shiatsu-Masseurin«, freute Kassandra sich. »Ich musste Martin unbedingt meine erste Behandlung als Profi geben!« Ja, das war sie ihm wohl schuldig, Martin hatte erwähnt, dass er ihr die Ausbildung kräftig bezuschusst hatte. »Und gleich habe ich schon meine ersten drei Termine«, fügte sie hinzu, um zu verstehen zu geben, dass sie auf dem Sprung war und Martins und meiner Zweisamkeit bald nichts mehr im Wege stehen würde.

Ganz so eilig hatte sie es dann aber doch nicht. Sie beteiligte sich gern am Champagner, den Martin knallen ließ, und Martin und Kassandra erzählten einige Anekdoten aus ihrer Zeit in Kalifornien, von ihrem Holzhaus in Venice Beach, das auf Pfählen mitten im Kanal stand, von den großen Essen mit zig interessanten Leuten, die sie dort veranstaltet hatten, dass Joaquin Phoenix öfter auf einen Joint vorbeikam, ebenso ein Rocker von den Red Hot Chili Peppers.

Der eine beendete die Storys des anderen, sie ergänzten sogar einzelne Sätze des anderen, benutzten ähnliche Worte, hatten die gleichen Gesten. Ich saß zwei Menschen gegenüber, die einander sehr vertraut waren, verbunden durch eine gemeinsame Geschichte. Martin und ich hatten ein Abendessen vorzuweisen und ein bisschen Geknutsche. Ich fühlte mich im Abseits, so warmherzig und freundschaftlich sich Kassandra auch mir gegenüber verhielt. Mir war sie sogar ein wenig zu freundschaftlich. Ich kannte sie doch gar nicht! Es schien so,

*als ginge sie davon aus, meine Freundin zu werden, sollte es
mit Martin und mir etwas werden. Schließlich bestand sie
darauf, mir eine Massage zu geben. Ich zögerte, teilte in möglichst freundlichem Tonfall mit, dass ich es nicht so mit
Massagen habe. Tatsächlich hasse ich dieses klebrige Getat-
sche.*

*»Sie macht das wirklich total toll, ich fühle mich sooo ent-
spannt dadurch. Sylvia, du musst dir das einfach gönnen!«,
redete Martin mir zu. Weiter zu verneinen wäre unhöflich
gewesen. Also legte ich mich tapfer im Bikini mit dem Bauch
auf den Futon. Kassandra ließ Lounge-Musik mit indischen
Klängen spielen, zündete ein Räucherstäbchen an. Es war ihr
ein Anliegen, die verwendeten Massageöle mit mir abzustim-
men. »Magst du Mandel? Das hier sind Kräuter aus Tibet.
Ich hab auch Ayurveda. Hier, riech das mal, das ist Calendu-
la, das erinnert ein wenig an Safran, ich mag das sehr gerne.
Und das hier ist ein Mix aus Orange und Macadamia; Macadamia ist eine wertvolle Nuss, um deren Wirkung wussten
schon die Aborigines in Australien ... «*

Mach einfach, Puppe, dachte ich. Bringen wir's hinter uns.

*Sie öffnete meinen Bikiniverschluss und begann. »Ich starte
von deinem Hara-Zentrum aus«, klärte sie mich auf. Sie
sagte dann mit sonorer Stimme Sachen wie »Das hier ist dein
Körpermeridian, da fühle ich noch ganz viel Blockade« oder
»Ein wenig Druck hier ermöglicht den Durchfluss deiner
Lebensessenz« oder »Ich versuche jetzt, zu deinem vorgeburt-
lichen Yin vorzudringen« oder »Hier sind aber ganz schön
viele Qi-Disharmonien«.*

*So sanft sie sprach, ihr Urteil war letztendlich vernichtend: So
wie einem der Zahnarzt das Gefühl gibt, die letzte Oralsau zu
sein, gab auch Kassandra mir zu verstehen, dass ich eine durch*

und durch steife, blockierte und verkrampfte Person war, die viele, viele Shiatsu-Sitzungen nötig hat, um ihr Qi und ihre Lebensessenzen halbwegs auf die Reihe zu kriegen.

Martin rekelte sich weiter auf seinen Polstern und sah uns beiden Frauen verklärt zu. Ich empfand die Situation als äußerst unangenehm und überlegte, ob sie womöglich gar auf etwas Sexuelles hinauslaufen sollte. Dann sah ich aus den Augenwinkeln, wie Martin seelenruhig weißes Pulver von einem Spiegel in die Nase zog. Koksen auf einer Yacht, waren wir hier in Saint-Tropez? Kamen gleich womöglich noch Kate Moss oder Lindsay Lohan vorbei? Ich war so schockiert, dass mir keine Reaktion einfiel, und in meiner Not ignorierte ich den Vorfall einfach. Kassandra machte mit ihrer Massage weiter, und Martin sagte mit schnurrender Stimme etwas wie: »Das ist für mich total schön, euch beiden zuzusehen.« Was lief hier? Er fläzte da wie ein Pascha und sah koksend zu, wie seine Hauptfrau die neue im Harem betatschte ... Nur wenig später legte Martin sich wieder eine Linie, rüsselte sie sorgsam weg.

Jetzt musste ich doch etwas sagen: »Was geht denn hier ab?« Das waren die Worte, die mir in diesem Augenblick zur Verfügung standen. Kassandra massierte akribisch weiter und flötete: »Jeder probiert seine ganz eigenen Wege zur Entspannung.«

»Und ich dachte, Koks wäre mit den Nullerjahren abgehakt«, entgegnete ich spitz.

Endlich war Kassandra mit ihrer Massage fertig. Nun drehte sie sich einen Joint, und sie und Martin machten abwechselnd Bemerkungen über die besondere Energie dieses Sommerabends und darüber, wie angenehm doch unser Zusammentreffen war und wie außerordentlich schön es sei, dass wir drei hier und jetzt auf diesem Boot lägen. Wie absolut unwohl ich mich fühlte – die beiden schienen es nicht zu bemerken.

»Ich habe Salat mitgebracht«, sagte ich, und es hörte sich ähnlich kläglich an wie Jennifer Greys berühmter Melonensatz in »Dirty Dancing«. Niemand hatte Interesse an diesem Salat, schon gar nicht meine Koksnase Martin.

Endlich verabschiedete sich Kassandra. Die Verabschiedung war etwas, wozu sie sich auch noch einmal tüchtig Zeit nahm. Sie drückte mich lange an ihren Busen, ich roch ihr Patschuli, ihre Ketten und Armreifen klirrten. »Sylvia, es ist so toll, dass wir uns getroffen haben. Du bist eine außergewöhnliche Person. Du gibst den Menschen so viel durch deinen Beruf.«

»Na ich weiß nicht«, sagte ich. »Ich schreibe Telenovelas. Ist ja nicht so, dass ich Brunnen baue in Afrika.«

»Du gibst den Menschen Freude, du machst es ihnen einfach, Freude zu empfinden, ihre Sorgen eine halbe Stunde zu vergessen«, sagte sie. Nicht wieder drücken!, bangte ich, doch da schlang sie schon wieder ihre milchweißen Arme um mich.

Zwar war ich froh, nach der Abschiedszeremonie ihren schwesterlichen Berührungen entkommen zu sein, doch ich wollte gar nicht mehr, dass sie ging. Mit Martin allein auf seinem Schiff zu sein erschien mir die unangenehmere Variante. Und tatsächlich: Kaum war Kassandra von Bord gerauscht, haute Martin mich noch einmal vom Hocker.

»Ich freu mich total, dass du hier bist«, sagte er. »Das war ein harmonischer Nachmittag, und zu sehen, wie gut du und Kassandra euch versteht, war mir wirklich eine Freude. Aber eines möchte ich dir ganz offen sagen, einfach, damit es vom Tisch ist.«

»Was? Nur zu.«

»Ich finde es nicht gut, dass du zu spät gekommen bist. Du wolltest um 17 Uhr hier sein. Tatsächlich bist du um 17 Uhr 45 gekommen. Ich finde, Verspätungen sind ein Zeichen von Respektlosigkeit.«

Ich war völlig baff. »Entschuldigung, ich bin mit der S-Bahn hier rausgefahren, ich bin noch nicht lange in Berlin. Ich hatte keine Ahnung, wie lange das dauert. Ich musste erst mal den Hafen suchen und dann noch dein Boot hier finden, es liegt ja schon alles ziemlich versteckt. Ich wollte keinesfalls respektlos sein, wenn das so gewirkt hat, tut es mir leid.«

»Wenn man nicht ortskundig ist, informiert man sich umso genauer und fährt erst recht sehr viel eher los. Das ist, was ich tun würde. Zumal mich deine Verspätung auch vor Kassandra blöd dastehen ließ. Ich wollte es nur sagen, damit es nicht zwischen uns steht, und nun ist gut. Wie gesagt, ich finde es total schön, dass du hier bist, und ich freue mich über unseren gemeinsamen Abend.«

»Moment mal!«, sagte ich. Endlich erwachte ich aus meiner Erstarrung. Da war sie wieder, meine gute alte Vitalität, die mir in dieser passiven Massagesituation völlig abhandengekommen war. »Noch ist gar nichts gut. Was hat Kassandra damit zu tun? Die war gar nicht eingeplant.«

»Kassandra ist meine beste Freundin. Die brauche ich nicht einplanen.«

»Kollege, ich glaube, du hast mächtig die Pfanne heiß. Ich komme den weiten Weg her zu dir mit meinem bescheuerten Salat, lasse eine Massage über mich ergehen, obwohl ich Massagen nicht ausstehen kann. Zwar äußere ich mein Unbehagen deutlich, dennoch ignoriert ihr es und drängt mich zu dieser unappetitlichen Prozedur. Und du sitzt auch noch da und grinst und sagst, wie toll du das alles findest, und merkst nicht, dass ich mich speziell unwohl fühle. Und dann ziehst du dir seelenruhig dein Idioten-Koks rein, als wäre das so normal wie ein Teesieb auszudrücken. Und schließlich wagst du es noch, mich anzufurzen wegen einer Verspätung! Du sprichst von Respektlosigkeit!?«

Stille. »Wow, das saß«, sagte er. »Du hast mir deine Meinung gesagt. Das schätze ich.«

»Aber ich schätze dein Verhalten so ganz und gar nicht. Ich schätze deine Unsensibilität nicht. Ich schätze deine Drogen nicht, Mister. Tut mir leid, ich möchte lieber gehen.«

Er sprang auf. »Bitte geh nicht«, sagte er weinerlich. »Bitte bleib! Du hast recht. Ich bin ein Idiot. Koks ist scheiße, ich weiß das. Ich hasse mich für mein Koks-Geschwafel. Ich hasse selber dieses anschleimende Geseier bei anderen Leuten. Es widert mich an. Ich widere mich an. Ich entschuldige mich in aller Form bei dir. Bitte bleib.«

»Martin«, sagte ich. »Das ist jetzt deine dritte Stimmung innerhalb weniger Stunden. Vielleicht solltest du dir wirklich ein anderes Mittel zur Entspannung suchen.«

Ich wandte mich ab und war stolz auf mich und meine entschiedene Art. An der Reling machte ich jedoch noch einmal kehrt. Martin sah mich hoffnungsfroh an. »Mein Salat«, sagte ich streng und nahm die unberührte Schüssel vom Tisch. Warum sollte ich den verkommen lassen? Dann verließ ich das dämliche Boot. Mit meiner Schüssel in der Hand stolperte ich umher, wollte zur S-Bahn-Station laufen, aber so genau wusste ich den Weg nicht mehr, und inzwischen war es dunkel. Wäre das ein schlechter Film, würde es noch anfangen zu regnen, dachte ich. Ich verirrte mich in einem Wäldchen, stieß endlich wieder auf eine asphaltierte Straße. Es donnerte, und wütender Regen setzte ein, als wolle er nach so viel Sommer-

harmonie das letzte Wort haben. Ich beschloss, ein Taxi zu
rufen, doch mein Handy hatte keinen Strom mehr. Meine
Auflade-Disziplin ist miserabel, und dafür büßte ich nun.
Schließlich sah ich eine kleine Datsche. Dort brannte Licht.
Meine letzte Rettung, es sei denn, ich befand mich gerade
am Beginn eines Horrorfilms, dann bedeutete das nämlich
erst den Anfang des Schreckens. Ich klopfte an und war mir
fast sicher, dass dort ein Psychokiller wohnte, der mich mit
anderen gefangen genommenen Opfern zu einem mensch-
lichen Tausendfüßler zusammennähen würde. Aber eine an-
dere Idee, als an der Datsche anzuklopfen, hatte ich nicht.
Allein bei einem Gewitter im Wald sind die Möglichkeiten
schließlich übersichtlich.
Ein Pärchen öffnete die Tür, ein Mann und eine Frau um die
50 mit wohlgesinnten, bürgerlichen Gesichtern. Beide sahen
so freundlich und beruhigend aus, dass ich sie am liebsten um-
armt hätte, um dann um eine unbürokratische Adoption zu
bitten. »Ich hatte einen Scheißabend, ich brauche ein Taxi,
und ich habe einen Salat mitgebracht«, sagte ich, klatschnass
wie ich war. Die beiden ließen mich hinein, ein nettes Lehrer-
ehepaar aus dem Prenzlauer Berg, sie gaben mir ein weich-
gespültes Handtuch, wir aßen von meinem Salat, den die
Frau auf adrettes Wildrose-Geschirr verteilte, und tranken
zusammen toskanischen Wein. Und ich lernte, dass auch
die schlimmsten Dating-Abende tröstlich enden können. Die
Koksnase auf dem Boot war da schon wieder Schnee von
gestern.

Zunächst erliegt Sylvia der Anomie-Falle: Ihr schwebte als
Rahmen des Treffens ein klassisches Date vor: Zweisamkeit,
ein wenig Romantik, gutes Essen. Doch Martins Ex-Freundin

ist mit an Bord – was einen völlig neuen Rahmen setzt, in dem Sylvia sich erst einmal orientieren muss. In ihrer Orientierungsschwäche lässt sie sich zu einer Massage von Kassandra hinreißen, obwohl es ihr eigentlich widerstrebt. Martin dagegen ist so sehr in seiner Konstruktion der Situation verhaftet, dass er gar nicht spürt, wie unwohl Sylvia sich fühlt. Er steckt ganz in seinem eigenen Film: Und sein Drehbuch sieht vor, dass seine Zukünftige und seine Ex Freundschaftsbande knüpfen, in deren Mittelpunkt aber er als verbindendes Element steht.

Als drittes Problem können wir hier unterschiedliche habituelle Verhaltensweisen beobachten: Martin nimmt Drogen, er bindet diesen Drogenkonsum wie selbstverständlich in die Situation ein. Dass sein Kokainschnupfen auf Sylvia befremdlich oder abstoßend wirken könnte, kommt ihm nicht in den Sinn. Stattdessen pflegt er sein eigenes imaginäres Hühnchen, das es noch zu rupfen gilt: Sylvias Verspätung. So wie für Martin Drogenkonsum offensichtlich nichts Ungewöhnliches ist, kann Sylvia an ihrer Verspätung nichts Ungewöhnliches finden: Schließlich war sie nicht übermäßig neben der Zeit, Martin wartete auch nicht allein in einem Lokal oder an einer Straßenecke, und schließlich war sie es, die einen langen und unbekannten Weg auf sich genommen hatte. Umso irritierter ist Sylvia, dass Martin seinen Kokainkonsum unkommentiert lässt, sich aber über ihre Verspätung auslässt – dabei ist sein Normverstoß doch unvergleichlich gewichtiger. Die Wahrnehmungsverschiebungen sind so gravierend, dass Sylvia das Treffen beendet. Sie wird aktiv und im Abbruch endlich Herrin der Situation.

Auch Männer leiden unter den Auswirkungen der Anomie. Das bekam Frank besonders stark zu spüren, wie er in seiner

Geschichte erzählen wird. Denn die unberechenbare Natascha sprengte jeglichen Rahmen eines Dates – und jede Vorstellung von Romantik.

Frank (37):
Als Swing in unser Date kam

Ich hatte Natascha an einem Ort kennengelernt, der erst mal gar nicht sexy ist: in der Kita. Ich hole fast täglich meinen Sohn von dort ab, der Kleine lebt bei seiner Mutter, von der ich getrennt bin. Natascha, alleinerziehende Mutter eines Jungen, war eine dezent elegante Erscheinung. Gelegentlich wechselten sie und ich ein paar Blicke und ein paar Sätze. Sie verriet mir, dass sie als Heilpraktikerin in Zehlendorf arbeitet.

Bei allen Elternangelegenheiten hielt Natascha sich zurück. Während die anderen Eltern sich fortlaufend beschwerten, das Essen sei nicht Bio genug, die Kita nicht so zweisprachig wie versprochen, die Kinder zu oft sich selbst überlassen, beteiligte sie sich kaum an den Debatten, und wenn, dann nahm sie eine distanzierte und beschwichtigende Haltung an. Ihre Stimme war fest, leise und unaufgeregt. Überhaupt schien sie nur das Nötigste mit den Erzieherinnen und anderen Eltern zu reden.

Die anderen Eltern, und ich rede in erster Linie von den anderen Müttern, mochten sie nicht. Sie hielten sie für kühl, unnahbar, desinteressiert. Was die anderen Väter über sie dachten, ließ sich nur vermuten. Offenbar empfanden die anderen Mütter es vor allem als Affront, dass Natascha, wenn auch schlicht, so doch unerhört sexy und vor allem hochwertig gekleidet war. Natascha verfügte offenbar über finanzielle

Spielräume. Einmal wurde sie beobachtet, wie sie ihr Kind abholte, es an der Hand über den Bürgersteig führte und sich dabei eine Zigarette anzündete. Hätte sie ihrem Kind einen Schuss Heroin gesetzt, die Eltern hätten sie nicht stärker verurteilt. Eine rauchende Frau, ein Affront, vielleicht auch, weil sie damit Abenteuer und Aufgeschlossenheit signalisierte. Ich fühlte mich geschmeichelt, als diese etwas rätselhafte junge Mutter mit mir zu flirten begann. Zur selben Zeit wünschte ich, sie würde es nicht tun, denn es brachte Unruhe in meine alltäglichen Kita-Abläufe. Es war nach einer Elternversammlung, bei der die engagierten Eltern eine Erzieherin mit ihren Vorhaltungen zum Weinen gebracht hatten. Ich sah, wie Natascha nach dieser erhitzten und unglückseligen Sitzung vor der Tür stand und eine Zigarette rauchte. Ich fragte, ob sie eine für mich hätte.

Sie sagte: »Ich warne Sie, auf Rauchen steht im Prenzlauer Berg die Höchststrafe«, und reichte mir die Schachtel. Sie fragte, wo meine Frau sei. Ich erklärte ihr, dass wir nie verheiratet waren und getrennt lebten. Sie erzählte mir, sie sei glücklich geschieden. Ihr Mann sei heute ihr bester Freund. »Wie ist es bei Ihnen?«, fragte sie dann.

»Meine Ex und ich hassen uns«, antwortete ich wahrheitsgemäß.

»Ihre Ex sieht unentspannt aus. Sie sollte sich mehr gönnen«, sagte sie, und ich ahnte, was sie damit meinte. Meine Ex hatte seit der Trennung dieses Gebrochen-aber-stark-Gesicht. Sie schien mit diesem Ausdruck ihrer Umwelt mitteilen zu wollen, dass die Zumutungen ihres Lebens eigentlich kaum zu bewältigen waren.

Ganz anders Natascha: Sie wirkte so ruhig, so gelassen, so völlig zufrieden mit dem Moment. Ich war hingerissen. »Gehen Sie mit mir etwas trinken!«, stieß ich vor und lauschte meiner Kühnheit mit einiger Verwunderung, so, als habe ein Fremder den Vorschlag gemacht.

»Ich date normalerweise nicht, das sage ich Ihnen gleich«, antwortete sie und nahm einen letzten Zug von ihrer Zigarette.

»Was tun Sie dann?«, fragte ich.

»Ich amüsiere mich lieber. Rufen Sie mich an«, sagte sie, reichte mir ihre Visitenkarte und verschwand.

Eine Woche später traf ich sie bei einem Italiener, den sie ausgesucht hatte. Sie kannte die ganze Belegschaft, alle Ernestos und Massimos umgarnten sie, schwirrten sogar aus der Küche und aus dem Hinterzimmer auf sie zu. Sie honorierte die Aufmerksamkeit mit charmanten Blicken und Gesten und mit freundlichen Sätzen in sicherem Italienisch. Sie sah umwerfend aus, trug etwas Schwarzes, was mit Sicherheit auf den Namen Miu Miu oder Chanel hörte. »Das ist kein Date!«, betonte sie, als wir uns setzten.

»Richtig! Wir amüsieren uns einfach«, sagte ich, und sie schenkte mir wie zur Belohnung ein warmes Lächeln.

»Genau!«, hauchte sie.

Sie wählte ihre Speisen mit Bedacht. Sie aß sich langsam und genussvoll durch eine erstaunlich umfangreiche Menüfolge. Sie erzählte wenig von sich und stellte stattdessen ungewöhnliche Fragen: Was würdest du aus deinem brennenden Haus retten? Wer hat dir beigebracht, was Schönheit ist? Wer würde sich für dich ein Körperteil amputieren lassen? Wann hast du zuletzt Liebe gespürt? Schweigepausen schienen sie nicht nervös zu machen. Im Gegenteil, sie nutzte sie, um mich eindringlich anzugucken, ihre dunklen Haare nach hinten zu werfen oder mir ein herausforderndes Lächeln zu schenken.

»Was machen wir jetzt?«, fragte ich sie, als ich die Rechnung bezahlt hatte.

»Wir amüsieren uns, das hatten wir uns doch vorgenommen!«, sagte sie. Draußen winkte sie ein Taxi heran, wir landeten irgendwo in Mitte in einem düsteren Hinterhof, ein Türsteher öffnete uns mit großer Geste die schwere Tür, daneben ein eleganter Transvestit, der sich mit einem Fächer Luft zuwedelte. Natascha begrüßte beide mit einem Bussi auf die Wange. Auf der Bühne des Clubs sang eine als gehörntes Fabelwesen verkleidete Indie-Elektropop-Sängerin seltsame Lieder auf Schwedisch.

Natascha begrüßte ein paar Bekannte mit warmherzigen Umarmungen. Sie begann zu tanzen, ließ mich links liegen, kam dann auf mich zu, zerrte mich auf die Tanzfläche und küsste mich. Ihr sanfter Geruch ließ mein Hirn nach Assoziationen suchen, aber es kam zu keinem Ergebnis, verlor sich in einem Strudel aus Träumen und Erinnerungen. Keine Frage, um mich war es geschehen!

»Ich will mit dir nach Hause. Ich will mit dir den Morgen erleben«, sagte ich ihr ins Ohr.

»Und ich will mit dir noch woanders hin«, sagte sie, schob mich hinaus auf die Straße. »An einen Ort, an dem es kein Morgen gibt.«

Wieder ein Taxi, diesmal fuhren wir in irgendeine Ecke von Tempelhof. Karstadt, C&A, Imbisse, Arztpraxen. Was sollte sich hier verbergen? Eine unauffällige Tür, schließlich waren wir in einem hallenartigen Vorraum mit Wandgemälden so hoch wie in Kirchen, mit riesigen Tropfkerzen, gotischen Skulpturen. Eine zarte Asiatin mit kleinen nackten Brüsten bat mich, mein Hemd auszuziehen und an der Garderobe abzugeben, und kassierte den Eintritt. Eine Eisentür öffnete sich, *und ich wusste, welcher Art dieser Ort sein würde. Es stimmte mich zunächst unbehaglich, mich mit nacktem Oberkörper unter Fremden zu bewegen. Aber mein erster Drink breitete sich warm in mir aus, beruhigte mich wie ein alter Freund. Ich erkannte, dass es ein unsichtbares Band zwischen diesen Menschen hier gab, weil jeder von ihnen an der Tür etwas abgegeben hatte, seine Kleidung, seinen Status, seine Scham. Nachtclubs, das bedeutet für mich normalerweise: Aufgedrehte Möchtegernmodels trampeln mir auf den Füßen herum, überdrehte kleine Koksnasen drängeln sich vor, Barkeeper hassen einen auf diese ihrem Berufsstand eigene Art, mit der sie das Gefälle, das entsteht, weil sie andere bedienen, auszugleichen versuchen. Hier war alles anders: Sowohl das Personal als auch die Gäste schienen sich auf eine federleichte Freundlichkeit geeinigt zu haben. Ich fühlte mich frei und sexy und wie in einer Szene aus »Basic Instinct«, als Natascha und ich uns auf der Tanzfläche bewegten. Sie traf ein bekanntes Paar, wir tanzten zu viert, die Frau flirtete mit mir, ihr Typ schien gerade mit der Musik zu entrücken. Ich sah fragend zu Natascha, die mir aufmunternd zulächelte, und ich begann, die Frau zu küssen, sie führte meine Hand zu ihrem durch ein Korsett eingezwängten Busen.*

Später streifte ich wie ein unentschlossenes Tier durch die hinteren Räume und betrachtete die Begegnungen dort. Ich stellte fest, dass die Aktivitäten gewissen Zyklen zu folgen schienen und einem Regelwerk unterlagen. Einzelne, oft zögerliche sexuelle Handlungen führten bald zu Ansammlungen, die sich wie einem geheimen Signal gehorchend plötzlich wieder auflösten. Wurden Aktionen abgebrochen, wandten sich die Beteiligten meist unmittelbar und wortlos voneinander ab und manchmal direkt jemand anderem zu.

Als könne das Verlangen sich nicht entscheiden. Alle schienen in einem geheimnisvollen Auftrag zu handeln, schlichen herum wie Agenten. Die Anspannung war greifbar und quälend, allein eine jener Begegnungen versprach die erhoffte Entspannung. Vieles, was ich sah, wirkte unbeholfen, anderes grotesk. Es herrschte eine praktische Konzentriertheit. Sachlich wurden Vorgänge ausgeführt, die doch eigentlich Freude, ja, Ekstase hervorrufen sollen. Was ich nicht sah, waren Hemmungslosigkeit oder Gier. Dazu wirkten die Vorgänge zu reglementiert, die Beteiligten zu angespannt oder aber zu unbeteiligt. Es herrschte eine gewisse Nüchternheit.

Einigen blieb nichts anderes übrig, als ihren Körper in all seiner Unvollkommenheit anzubieten. Die Zurückweisungen an diesem Ort erfolgten sehr unmittelbar, allerdings war auch für die Unvollkommenen die Chance, einen sofortigen Coup zu landen, hier größer als in der Welt dort draußen. Andere dagegen hatten ihre Möglichkeiten von vornherein optimiert und ihre primären Reize – Brust, Bizeps, Po, Beine – sorgfältig ausgearbeitet. In einer Ecke hatte sich wieder eine jener zyklischen Menschentrauben gebildet. Ein Mann, der mit präzisem Blick seine Vereinigung mit einer vor ihm knienden Frau überprüfte: Dieses aufflammende Ereignis hatte magnethaft den Zustrom weiterer Männer ausgelöst. Die Frau war Natascha. Einige der Umstehenden fassten sie an, manche forsch, andere zögernd, wieder andere testend. Natascha zuckte, ihr Körper war in Flammen, ihr Blick jedoch aus Eis. Sie sah mich, oder sah sie mich nicht? Sie lächelte verstörend. In diesem Augenblick hatte sie ihr Geheimnis verloren. Später lief ich alleine durch die Stadt. Die warme Sommernacht roch noch immer nach Versprechen, aber sie würde es nicht mehr halten.

»Wir haben kein Date«, hatte Natascha erklärt, und so entzieht sie sich mit ihrem Verhalten sämtlichen verborgenen Spielregeln, die überhaupt noch für eine erste Verabredung zwischen Mann und Frau gelten. Mit ihrer Klarheit schafft sie jedoch neue Unklarheit: Wenn es kein Date ist, was ist es dann? Was ist ihre Absicht? Natascha hält sich vage, bleibt undurchschaubar. Sucht sie einen Komplizen für ihre Amüsements? Braucht sie einen stummen Zeugen, der sie in ihrer Einzigartigkeit bestätigt? Denn in der Subkultur, in der sie sich mit diesem Teil ihres Ichs bewegt, ist sie nur eine von vielen. Womöglich benötigt sie das bürgerliche Auge, um ihre subversive Lebensweise als Besonderheit wahrzunehmen. Nur mit Franks Sicht auf ihr nächtliches Leben – ob er nun geschockt ist, verunsichert oder fasziniert – kann sie sich selbst als die ungewöhnliche Person erleben, die sie offenbar sein möchte. Natascha ist getrieben von Narzissmus, in keinem Punkt der Erzählung fragt sie, was Frank will. Sie degradiert ihn in die Rolle des Publikums für ihre Großartigkeit. Die Struktur der Verabredung gibt sie vor: Sie gestattet Frank Zutritt in ihre geheime Welt. Sie gibt den Ton an. Statt einer Begegnung findet hier nur die Natascha-Show statt. Frank hat lediglich die Möglichkeit, sich darauf einzulassen oder den Abend abzubrechen. Wenn Natascha vorhatte, sich als Mythos zu inszenieren und Franks Interesse weiter zu entflammen, so ging ihr Plan nicht auf: Frank ist zunächst zwar fasziniert, aber genauso unentschlossen, stellenweise überfordert. Am Ende aber ist Natascha für ihn entzaubert.

Auch die unkonventionelle Tessa musste erleben, wie ein hedonistischer Lebensentwurf ihre Date-Vorstellungen über Bord warf.

Tessa (38):
Als ein braver Bub durch mich böse werden wollte

Marco erschien mir genau der Richtige, mit dem ich in Ruhe mein Leben verbringen konnte. Er hatte nichts mit der Party-szene zu tun, trank nicht, rauchte nicht, war ehrgeizig und sportlich. Nach dem Essen sind wir zu mir, war ja schon das dritte Date, dachte ich mir, ungewöhnlich genug für mich, so lange zu warten. Zu Hause flitzten noch zwei Freundinnen in Unterwäsche rum, die ich zu Besuch hatte und die sich für die Clubnacht fertig machten.

Ich bekam schon mit, wie er sie anstierte. Als sie weg waren, fragte er mich allen Ernstes, ob ich da nicht mal einen Vierer arrangieren könnte, das wäre so eine Phantasie. Ich war em-pört, sagte: »Geh für deine Phantasien doch in den Puff!«

Und er sagte: »Ach komm, hab dich nicht so, ich weiß doch, dass du so was machst!«

Da wusste ich, wir hatten aneinander vorbeigedatet: Ich woll-te durch ihn braver werden, er aber wollte durch mich ver-ruchter werden! Mit dieser Erkenntnis schlief ich dann doch noch mit ihm – und warf ihn raus, bevor meine Freundinnen zurückkehrten.

Bedeutet Anomie, also der Zerfall verbindlicher Dating-Nor-men, Dekadenz, sittliche Verrohung, Verwahrlosung, Ober-flächlichkeit? Möglicherweise, aber nicht zwangsläufig. Die Deutungsfreiheit bei einem Date ist eben auch eine Freiheit, die Unsicherheit ist auch ein aufregender, besonderer Moment, der viel Spielraum lässt und dem viele Möglichkeiten inne-wohnen. Es ist der Moment an der Weiche, an der wir unsere Zukunft bestimmen können. Wir haben die historisch neue Chance, nicht starren Mustern wie in früheren Zeiten zu folgen, sondern selbstbestimmt zu gestalten. Die Dating-Phase heutzutage, so unabwägbar und verunsichernd sie auch ist, ist die Zeit, in der wir Verantwortung für uns selbst übernehmen können. Es ist die Zeit, in der wir wirklich Individuen sind.

Wenn Prinz oder Frosch ins Netz gehen – Internet-Dating

Der Grund, warum Dates heute so ein wichtiges Thema sind, klingt simpel: Es gibt viel mehr Dates als früher – und damit auch so viele Dating-Desaster wie noch nie. Früher führten relativ wenige Treffen in jungen Jahren zu einer frühen Eheschließung, die dann gewöhnlich ein Leben lang halten musste. In den 80ern erst wurde das Leben des Singles in der Großstadt zu einem Lifestyle stilisiert. Doch noch Ende der 90er Jahre war es eine Überraschung, in »*Sex and the City*« gestandene Frauen in ihren Dreißigern beim Dating zu beobachten.

Dates galten bis dahin immer noch als Angelegenheit von Teens und Twens. Inzwischen haben viele Heldinnen der Romantikkomödien, mit denen Hollywood unsere Dating-Traumata aufarbeitet und mit dem Prinzip Hoffnung in die Kinos lockt, ein gestandenes Alter zwischen 35 und 45 Jahren erreicht: Jennifer Aniston, Jennifer Lopez, Sandra Bullock oder Sarah Jessica Parker sind allesamt in einem Alter erfolgreich, in denen das Filmgeschäft Frauen früher ausmusterte, sofern sie keine Mutterrollen annahmen oder Meryl Streep hießen. Heute verabreden sich Menschen in einem Alter zu Dates, in dem man früher entweder verheiratet oder gebrochen war.

Eine wesentliche Rolle beim Dating in einem Alter, in dem man nicht mehr so oft auf Partys, in Bars oder Clubs geht, spielt das Internet. Es lockt damit, Dating so einfach und effizient zu machen wie noch nie, und kommt damit den Bedürfnissen von Menschen im besten Karrierealter entgegen. Mit dem Internet entstand eine ganz neue Dating-Kultur. Eine Kultur mit neuen Chancen, aber auch neuen Schwierigkeiten, wie die Psychologin Stefanie Malanowski mir erklärt: »Es ist zunächst ein Vorteil, dass das Internet ein niedrigschwelligeres Angebot darstellt. Es fällt leichter, auf jemanden zuzugehen. Doch gerade wegen dieser Einfachheit ist der Kontakt oft halbherzig und extrem unverbindlich.« Manch einer glaubt, nach einem Chat an einer ganz großen Sache dran zu sein, während es sich für den Chat-Partner nur um Geplänkel zum Zeitvertreib handelt.

Die Kultur des Internet-Dating ist noch neu, verbindliche Regeln und Rituale haben sich noch nicht herausgebildet, es herrscht ein Zustand der Anomie. Im Internet treffen so viele Menschen unterschiedlicher Herkunft und Milieus aufeinander wie sonst vielleicht nur noch in der Berliner U-Bahn-Linie 2. Das führt zu zusätzlichen Missverständnissen und erschwert es, dass sich Normen festigen. Schließlich sind wir die erste Generation, die das Internet zum Dating nutzt. Wir können auf keinerlei kulturellem Vorwissen bauen. Wir beherrschen die Technik, sind aber verunsichert, was den Menschen hinter der Hardware irgendwo in seiner Wohnung dort draußen betrifft.

Im Internet schließlich verdichten sich die Individualisierung und die (scheinbar) unbegrenzten Möglichkeiten unserer Zeit: Ich stoße auf Tausende von Menschen auf dem ganzen Globus, jeden kann ich anklicken, jeden wegklicken und augenblicklich weitersuchen. Doch wo ist der Mensch, der in meine innere Vision vom Traumprinzen oder der Traumprinzessin passt wie in eine Schablone? Die scheinbar endlosen Möglichkeiten führen dazu, dass meine Wahl gnadenlos und effizient sein muss, um ihn oder sie ausfindig zu machen. Eine Wahl, »die so streng ist, dass nur der eine übrig bleibt«, schrieb der legendäre französische Philosoph Roland Barthes schon 1977. Und weiter: Man müsse lange suchen und brauche viele günstige Zufälle, um denjenigen zu finden, der meinen Vorstellungen entspricht.

Barthes sprach noch von Zufällen, doch genau diesen Unsicherheitsfaktor will das Internet ausmerzen. Es will die Suche optimieren, durch Matching effizienter gestalten. Der Radius ist beliebig groß, die Auswahl an potenziellen Partnern unendlich, sie sind unmittelbar verfügbar; man müsste sehr lange durch Bars tingeln, um auf vergleichbar viele Menschen zu treffen, die anzusprechen dann mehr Mut erfordert als im virtuellen Raum. Ein Mut, den man sich in der Bar erst kostenintensiv antrinken müsste. Am Ende der Nacht wäre man zwar betrunken, aber womöglich immer noch alleine. Das Internet dagegen erlaubt es, mit nur wenigen Ressourcen unvergleichlich gezielt vorzugehen.

Was aber, wenn die Liebe erst dann entsteht, wenn wir dem Zufall eine Chance geben? Und wenn wir durch die vorgebliche Effizienz des Internets verlernen, den Zufall zu unseren Gunsten spielen zu lassen?

Der schlechte Rat: Wenn Sie den optimalen Partner wollen, müssen Sie Ihre Suche optimieren. Gehen Sie analytisch vor, und finden Sie heraus, was genau Sie von Ihrem zukünftigen Partner erwarten. Gleichen Sie nach jedem Date Ihr Gegenüber mit dem Wunschpartner ab. Es passt nicht? Weiter geht's, weil Sie es sich wert sind. Warum faule Kompromisse machen?

Was stimmt denn nun? Liebe entsteht oft durch Zufall. Dazu müssen wir den Zufall jedoch erst einmal zulassen, ihn annehmen und Dinge geschehen lassen – und gelassen und ohne Hektik beobachten, wie sich etwas entwickelt. Da ist vielleicht die Zufallsbekanntschaft der letzten Party, die wir fast schon vergessen hatten, weil wir wieder drei Chat-Fenster gleichzeitig offen haben, oder der hilfsbereite Kollege, der zwei Schreibtische weiter sitzt und zu uns hinüberlächelt, während wir uns gerade verstohlen fürs Speeddating oder die Single-Reise anmelden. In unserem Optimierungswahn müssen wir wieder lernen, Zufälle zu nutzen.

Hier erzählt Lukas die Geschichte seines Internet-Dates, bei dem er erfuhr, wie wenig sich die Bedingungen im Flirt-Chat auf eine wirkliche Begegnung übertragen lassen.

Lukas (29):
Als mein Internet-Date anders ablief, als ich glaubte
17. Oktober

Drei neue Nachrichten bei Neu.de: Monika, Zahnarzthelferin aus Bottrop-Kirchhellen, die es lustig findet, eine Katze zu haben, die wie Hitler aussieht, und einen Prinzen sucht, der mindestens ebenso verkuschelt ist wie ihr hitlereskes Haustier. Sie liebt nicht nur Tiere, sondern auch Tierprints: In ihrem Profil präsentierte sie Bilder von ihrem leoparden-gemusterten Sofa, das in einer Karibik-Situation aus Zimmerpalmen plaziert war: »Meine Wohlfühlecke«, stand darunter.

Ganz anders Susan, »flippiges Girl aus Chemnitz«, Hang zu Körperkunst, Jennifer-Rostock- und Unheilig-Fan. Sie sucht jemanden, der Festivals (»Je mehr Matsch, desto besser«) ge-

nauso liebt wie sie und mit dem sie auch mal den Berliner KitKat-Club unsicher machen kann. Bondage-Interesse sollte vorhanden sein.

Und dann Sanna. Eine Fee. Blond. Schöne große Zähne. Ich liebe Frauen mit großen Zähnen. Eine Schwedin, geschieden, alleinerziehende Mutter einer Tochter, wohnhaft in einem schwäbischen Städtchen. Ihr Schreiben: auf fast altmodische Weise höflich, ohne den Anspruch, witzig, originell oder skurril zu sein. Heutzutage wollen alle skurril sein, jeder erzählt schrille Geschichten, die er erlebt hat, von bewaffneten gesichtstätowierten Gnomen, die den Überlandbus durch Paraguay ausgeraubt haben, von einem Restaurantbesuch, bei dem eine bis dahin unerkannt speisende Opern-Diva plötzlich eine Rivalin in Grund und Boden singt, oder vom Sitznachbarn im ICE, der sich seinen Eigenurin in einer Thermoskanne mitgebracht hat und dessen heilende Wirkung preist. Alles schon gehört in Chats oder bei Dates.

Und wer so etwas nicht erlebt hat oder sich so etwas nicht ausdenken mag, erzählt von seinen Träumen, in denen riesige weiße Hasen Bäume absägen und dabei Schüttelreime aufsagen, eben diese Art von Träumen, die sich vorbildlich für die Psychoanalyse oder ein surrealistisches Gemälde eignen. Sanna dagegen schrieb herzerfrischend normal: Sie liebe die Natur und wolle bald das Reiten wieder anfangen, sie vermisse Schweden, aber fühle sich in Schwaben nach neun Jahren heimisch, auch wenn sie nicht alles verstehe, was dort so passiere. Sie verriet ein wenig über sich, stellte mir ein paar Fragen und nahm Bezug auf ein paar allgemeine Dinge. Die richtige Mischung. Das Schönste aber, was sie schrieb: Sie fühle sich von mir angezogen, weil meine Augen in meinem Profilbild etwas Gütiges hätten.

18. Oktober

Chattete mit Sanna. Wir schickten uns Bilder, überschütteten uns mit Komplimenten. Sie ist meine Traumfrau! Kann es wirklich sein? Ist das der Beginn meines eigentlichen Lebens? War alles vorher nur Lektion, nur Vorbereitung, um das hier möglich zu machen?

20. Oktober

Der Wahnsinn! Chattete vier (!) Stunden mit Sanna. Es wurde späte Nacht, es haute uns um, wie die Stunden durchrasten. Wir flirteten wie wahnsinnig, dann wühlten wir wieder freimütig in unseren Herzen. Ich erzählte von meiner frischen Trennung, sie mir von ihrer schon etwas zurückliegenden Scheidung, und dass sie ihrer Tochter zuliebe in Deutschland bleibe, da diese nur Deutsch spricht, auch wenn sie Familie und Freunde in Uppsala schrecklich vermisse. Eine schöne, etwas einsame Schwedin, in Schwaben gestrandet, die das Wohlbefinden ihrer Tochter über ihr eigenes stellt und sich mit keinem Wort bedauert. Eine gestandene Frau! Was für ein Unterschied zu meiner Ex, die sich nur für Partys, Klamotten und oberflächliche Pseudo-Freunde interessierte. Ich sagte ihr, dass sie recht habe, Schweden zu vermissen, dort sei die Welt so, wie sie sein sollte, und alle anderen Länder könnten ihre Lektion von Schweden lernen. Sie schickte ein paar Smileys. Ich war verliebt!

23. Oktober

Sanna sendete mir ein Bikini-Foto. Sie ist süß und smart und ein wenig traurig und ein wenig fröhlich. Wir sagten, dass wir kaum erwarten können zu erleben, wie der andere sich anfühlt, wie seine Stimme ist, wie er riecht und schmeckt und spricht. Wir wollten uns getragene T-Shirts schicken. Wir beschlossen, morgen zu telefonieren.

Ich rief sie an, meine Hand zitterte, sie meldete sich mit glasklarer Stimme, ich sagte: »Ich bin's!« Stille, ich hörte sie atmen. »Ich kriege kein Wort raus«, sagte sie dann. »Ich auch nicht«, sagte ich. Wir atmeten beide ins Telefon, ich lauschte gebannt ihrem Rhythmus. »Lass uns lieber chatten, das hier ist too much«, sagte ich schließlich und hängte ein. Ich hatte es nicht ertragen, und ihr muss es genauso ergangen sein.

25. Oktober

Ihr T-Shirt in meiner Post. Wie sie riecht! Es zauberte Bilder in meinen Kopf, von Wiese mit den schönsten Blumen, von ihr in einem weißen Sommerkleid. Ihr Duft: weiblich, dezent, ein Hauch von Geheimnis.

27. Oktober

Wir hatten Cybersex! Detailliert schrieben wir uns, wo wir uns anfassen und küssen wollen und wie wir uns festhalten, ineinander verbeißen wie Tiere, ich sie an den Haaren ziehe, sie mich am Gesicht wegdrückt, weil sie die Lust nicht mehr aushält, in meine Schulter beißt. Wir kamen beide. Ich hatte so etwas noch nie erlebt.

12. November

Sanna und ich chatten jetzt seit fast einem Monat jeden Tag. Ich bin verliebt, ich will sie und keine andere. Endlich habe ich freie Tage in Sicht und Zeit, sie zu besuchen. Sie sagt, sie freue sich und habe zugleich Angst, warum sie bloß so ein Feigling sei. Ich sagte, seine Angst zu gestehen sei mutig, und auch ich hätte Angst. Doch wo die Angst sei, dort sei der Weg.

16. November

14 Uhr

Autobahn Richtung Stuttgart, mit jedem Kilometer kam ich ihr näher, spürte ihre Frequenzen immer deutlicher. Felder und Orte rauschten an mir vorbei, sie bedeuteten nichts, denn dort lebte nur Bevölkerung, nicht aber Sanna. Meine Prinzessin wohnte woanders, und ich würde sie finden.

18 Uhr

Ein gesichtsloses Hotel in einem Gewerbepark. Eine fade Frau reichte mir mechanisch die Schlüsselkarte, ohne mich anzusehen. Sanna und ich hatten ausgemacht, dass ich erst einmal noch nicht bei ihr schlafen würde. Würde alles so sein, wie wir wussten, dass es sein musste, würde ich sofort auschecken und bei ihr einziehen. Zunächst für das Wochenende, aber dann für immer. Ich würde meinen Job in Köln sofort sausen lassen. Ich konnte etwas Vergleichbares auch im Raum Stuttgart finden. Wir hatten das schon durchgespielt. Wir waren verrückt.

20 Uhr

Ich stehe vor dem italienischen Restaurant in der Innenstadt von Stuttgart. Es heißt San Remo oder auch Toskana. Mein Herz schlägt bis in den Hals. Ich gehe jetzt hinein.

22 Uhr

Ich bin schon wieder in meinem Hotel, sehe eine Sendung über Messie-Wohnungen und trinke eine Cola aus dem Flurautomaten. Sanna war pünktlich ins Lokal gekommen, sie war so schön wie auf den Bildern, sie lächelte, gab mir die Hand, die Hand fühlte sich kalt und fremd an. Klar, es war November, sie kam gerade von draußen, aber ich hätte doch nie damit gerechnet, dass ihre Hand kalt war.

Sie setzte sich, und ich stellte fest, dass sie eine mir unbekann-

te Frau war. »Und, gut hergefunden?«, fragte sie. »Ja, dank Navi kein Problem«, antwortete ich.

»Ich bin der Beweis dafür, dass man sich sogar mit Navi verfahren kann«, sagte sie.

»Verfährst du dich oft?«, wollte ich wissen.

»O ja, immer.« Das erste betretene Schweigen. Ich kannte diese Frau nicht. Sie war schön, sie war sympathisch, aber das verbundene Gefühl aus den Chats: Es war im Computer geblieben. Wir bestellten unser Essen, ein Kellner mit blutunterlaufenen Augen bediente uns mit übertriebener Gestik und halb italienischen Floskeln, von denen er glaubte, dass wir sie erwarten und gegebenenfalls auch einfordern würden. Wir sprachen kurz über das Essen. Immer wieder Schweigeminuten, die jemand mit einer Banalität unterbrach, die fast noch schlimmer war als das Schweigen. Ich erzählte ihr, dass ich nicht gerne in Bars oder Clubs ging und es nur meiner Freundin zuliebe getan hatte, dass ich jetzt lieber Leute im Internet kennenlernte, als nachts umherzuziehen, mein Job ließe mir da eh keinen Spielraum.

Sie erzählte, sie habe angefangen, einmal die Woche in eine nette Bar namens Café Lucy zu gehen, sie habe das sonst nie gemacht, aber es sei angenehm dort, und man komme leicht und unverbindlich mit Menschen ins Gespräch.

Nur ein anderer Tisch im Lokal war belegt, dort saß ein Ehepaar um die 50, die Frau aß Nudeln und der Mann eine lächerlich große Pizza. Sie kauten und sahen wortlos aneinander vorbei. Der Mann hatte Schwierigkeiten, die Pizza zu schneiden, er rutschte immer ab, ein Stück Pizza segelte über den Tellerrand. Sorgfältig kauend sah seine Frau sich das an, ich erkannte in ihren Augen einen Schimmer Verachtung, und ich glaube, Sanna bemerkte es auch.

Wir blickten uns an, schwiegen wieder. Ich dachte: Jetzt, jetzt muss jemand etwas sagen, was Bedeutung hat, was die Intimität wiederherstellt, was uns einen Schritt weiterführt. Es lag quälend in der Luft. Wir standen vor einer Weiche, jemand musste sie stellen. Sie schien es ebenso zu spüren, sie aß nicht mehr, ihre Augen tasteten unruhig den Raum ab, als suche sie etwas, was ihr, was uns jetzt helfen könne. Sie sah wieder zu mir, fast bangend. »Ganz schön leer hier drin«, hörte ich mich sagen. Sie sagte: »Komisch, sonst ist es hier ziemlich voll, vielleicht, weil gerade ›Wetten, dass …?‹ läuft.« Wir überprüften gegenseitig unsere Teller, wie lange der andere wohl noch brauchen würde, um seine Mahlzeit zu beenden.

»Lass uns morgen noch einmal treffen. Ich muss leider gleich schon los, meine Babysitterin hat nur bis 22 Uhr Zeit, sie hat morgen einen Sportwettkampf«, sagte sie dann. »Als alleinerziehende Mutter muss man sich seinen Zeitplan von Babysittern diktieren lassen«, fügte sie mit müdem Lächeln hinzu. »Ist mir recht, ich bin auch total k. o.«, griff ich ihren Vorstoß dankbar auf. »Die lange Fahrt hierher, und ich habe gestern noch bis spät gearbeitet. Gleich sehe ich mir noch die Tagesthemen im Hotel an, das ist immer so mein Einschlafritual.« Wir lehnten den Vorschlag des Kellners, noch einen Espresso zu trinken, ab und machten aus, uns am nächsten Tag um 16 Uhr zu Kaffee und Kuchen in der Altstadt zu treffen. Ich notierte den Namen des Cafés, das sie ausgesucht hatte, in meinem Smartphone. Wir waren erleichtert. Unsere Erleichterung schien das vorher noch so drückende Raumklima völlig zu verändern. Wir hatten beide einen guten Grund, den Abend abzubrechen, einen Grund, der nichts mit uns und dem Abend zu tun hatte, aber wir hatten eine Aussicht für den

nächsten Tag. Dann würde alles besser, anders, richtig werden, so wie im Chat. Ich zahlte, sie bestand darauf, sich zu beteiligen, was ich vehement ablehnte. Wir betonten beide noch einmal, wie müde wir waren. Die Verabschiedung fiel vergleichsweise herzlich aus, unsere Entscheidung hatte uns beide entkrampft.

Noch im Auto gab ich in mein Smartphone »Café Lucy« ein. Es spuckte die Adresse aus. Ich hatte Lust, noch einen Drink zu nehmen, ich konnte unmöglich schon zurück in dieses freudlos funktionale Hotel, das auch in Leverkusen, Liverpool, Minsk oder Cincinnati hätte stehen können. Ich hatte Lust, mit einer Frau zu schlafen, die nach Möglichkeit keine Prostituierte sein sollte.

23 Uhr

Ich stehe vor der Bar, deren Name nicht an der Tür steht, es ist der Code der Etablissements für ein Publikum, das eben nicht in Lokale geht, deren Namen auf Leuchtschildern stehen. Menschen gehen rein und raus, beschwipst, sie lachen, umarmen sich, rauchen, palavern, planen, verteilen sich auf Taxis, tauschen Nummern, eine Frau bringt einer anderen einen Schal ins Taxi, den sie wohl in der Bar vergessen hatte. »Was man nicht im Kopf hat«, sagt die Frau im Taxi. »Müssen andere im Kopf haben«, sagt die andere. Alle hoffen, die Nacht möge ihr Leben ein bisschen verändern. Und noch ist er ja weit entfernt, der Montag, an dem sie wieder in ihren Büros sitzen werden, in ihren Agenturen oder ihren Praxen, und nicht zeigen dürfen, dass sie es manchmal auch nicht wissen, mitunter sogar Angst haben. Ich fühle mich frei und stark und mutig, weil ich in einer fremden Stadt allein in eine Bar gehe. Ich bin berauscht von den Möglichkeiten, die sich hinter dieser diskret beleuchteten Tür verbergen.

Ich kann nicht schlafen, neben mir liegt eine fremde Frau, das Zimmer riecht nach frisch vollzogenem Geschlechtsverkehr. Ich hatte die Bar betreten, mir einen Wodka Tonic bestellt und mich umgesehen. Ich stellte fest, dass das Publikum tatsächlich freundlich gesinnt war und die Stadt doch nicht so tot, wie sie mir im Hotel und im Restaurant erschienen war. Die übliche Lounge-Musik, ziemlich genau Thievery Corporation oder was anderes.

Vasen mit Lilien. Dunkles lackiertes Holz und grauer Beton, Wandstrahler, rechteckige Formen, irgendwo zwischen Asien und Apple-Store. Es sah aus, wie es in allen neuen oder neu gemachten Lokalen und Hotels gerade so aussieht, die den Ehrgeiz haben, als angesagt zu gelten.

Ich sah eine Gruppe von zwei Frauen und drei Männern neben der Bar stehen, es wurde gestikuliert und gelacht, eine Frau richtete sich ihren dunklen Zopf neu und sprach dabei, die andere Frau war Sanna. Sie erstarrte, als sie mich sah. Ich nickte ihr zu, der Drink in der Hand, es sollte lässig sein, sie hob verkrampft zum Gruß die Hand. Mit unseren Blicken sagten wir das Café-Date für den nächsten Tag ab. »Sie sind aber nicht von hier?«, hörte ich neben mir die Stimme einer fremden Frau.

Das sagt die Statistik: Unter 1200 Chattern gaben 80 Prozent der Männer und 35 Prozent der Frauen zu, falsche Angaben zu machen. (Studie »Internetsucht – neue Suchtformen und Gefahren«)

Lukas und Sanna fiel es im geschützten virtuellen Raum leicht, Intimität aufzubauen. Schließlich war die Entfernung sicher, das Versprechen verlangt nicht nach sofortiger Einlösung. Man kann große Töne spucken, ohne dass man ihnen unmittelbar standhalten muss. Man kann den Flirt jederzeit unterbrechen oder ganz aussteigen. Jeder hat selbst in der Hand, was er von sich preisgibt, und mit diesen Ausschnitten kann man eine reduzierte, geschönte Identität schaffen. Man kann photoshoppen, kontrollieren, angleichen. Ungefilterte, verräterische Informationen wie beim tatsächlichen Treffen erhält der andere nicht: etwa wie man aussieht, spricht, sich bewegt, wie man auf Unvorhergesehenes reagiert. Man kann bei einer Chat-Antwort länger überlegen als im wirklichen Gespräch, an der Antwort schleifen, sie redigieren, überarbeiten. Es kann kein peinliches Schweigen entstehen. Man schickt ein virtuelles Abbild seines Ichs ins Netz, das dort mit dem virtuellen Abbild eines anderen Ichs kommuniziert.

Wenn die beiden wirklichen Personen sich treffen, sind die Erwartungen bereits sehr hoch. Die neuen Informationen decken sich oft nicht mit dem, was man aus den reduzierten, virtuellen Informationen geschlussfolgert hat. Man ist enttäuscht. Die Intimität des Netzes kann nicht in die Wirklichkeit übertragen werden, sie muss bei null beginnen. Dass man zuvor so viel Intimes preisgegeben hat, erzeugt jetzt mitunter Scham und peinliche Gefühle. Lukas und Sanna wirken wie zwei Menschen, die sich in eine rauschhafte Nacht gestürzt hatten und nun verkatert im Tageslicht feststellen, dass sie sich wenig zu sagen haben. Sie schaukelten sich gegenseitig hoch und fielen tief.

Der schlechte Rat: Bevor Sie sich treffen, lernen Sie sich im Netz so gut kennen wie möglich. Geben Sie möglichst viel von sich preis, und erfahren Sie möglichst viel von dem

anderen. So ersparen Sie sich und dem anderen böse Überraschungen.

Was stimmt denn nun? Wahrscheinlich ist es ratsam, sein
Pulver im Internet noch nicht zu verschießen; die Vorteile des
Mediums zu nutzen, aber seinem Gefühl zu vertrauen, ob man
jemanden wirklich kennenlernen will – um dann möglichst
bald zu einem tatsächlichen Treffen überzugehen.
Womöglich gibt es Gegenbeispiele von Menschen, die sich intensiv im Internet austauschten und so aufgebaute Intimität
nahtlos in das erste wirkliche Treffen transportieren konnten.
Mir ist keines bekannt.
Denn im Internet findet ein Kennenlernen von innen nach
außen statt. Lukas und Sanna kannten (scheinbar) ihr Inneres,
bevor sie sich erstmals in Fleisch und Blut gegenübersaßen. Im
»wirklichen« Leben lernt man sich von außen nach innen
kennen: Man sieht sich, manchmal ganz oft, etwa weil man
im selben Haus wohnt oder den Arbeitsplatz teilt, und weiß
noch nichts voneinander. Der Richtungswechsel ist nicht neu:
Schon früher entstanden Freundschaften und Liebesgeschichten durch Briefwechsel. Ein mühseliger und zeitverzögerter
Weg, der durch das Postwesen allmählich beschleunigt wurde.
Liebesbriefe gab es schon in der Antike (Ovid), in der Bibel
(Hohe Lied Salomons), sie wurden in Empfindsamkeit und
Romantik zu einer eigenen Romanform. Goethes Werther
etwa steigert sich beim Verfassen seiner unbeantworteten Briefe wahnhaft in seine Liebe hinein. Auch früher gab es schon die
Möglichkeit, sich von potenziellen Partnern, die man noch nie
gesehen hatte, einen Eindruck zu verschaffen: Porträts erspar-
ten den Damen in der Renaissance beschwerliche Reisen, um
sich einem Heiratskandidaten vorzustellen.

Schon damals konnte Kommunikation also aus dem unmittelbaren Kontext und von der unmittelbaren Wahrnehmung gelöst werden. Die Verschriftlichung zwang zu Reflexion und damit zur Ich-Werdung. Wer schreibt, lernt mehr noch als den anderen sich selbst kennen. Auch heute noch, im Chat oder in der E-Mail. Auch dort sind die Wahrnehmungswelten zeitversetzt, steht die subjektive Sammlung von Informationen vor dem gemeinsamen Erleben. Es fehlen der nonverbale Kanal der Kommunikation, also Sprechweise, Stimme, Tonfall, Körperhaltung, Bewegung, Gesten, Mimik, äußere Erscheinung, Sitzposition, Körperkontakt.

Das sagt die Statistik: Die Einstellung eines Kommunikationspartners beruht nur zu 7 Prozent auf verbaler Kommunikation, zu 93 Prozent gibt nonverbale Kommunikation den Ausschlag. (Brockhaus Psychologie)

Es gibt im Internet also kaum Möglichkeiten, Sprache lebendig zu machen. Kommunikation bleibt die einzige Handlung. Laut *Brockhaus Psychologie* führt das Gefühl mangelnder Präsenz, das aufgrund des fehlenden nonverbalen Kanals schnell aufkommt, zu einem weniger förmlichen Kommunikationsstil, bei dem Statusunterschiede von geringerer Bedeutung sind als beim direkten Gespräch. Dies eröffnet zurückhaltenderen Personen mehr Möglichkeiten zum Austausch. Das Internet macht es einfacher für Schüchterne, Zurückweisung tut weniger weh als im normalen Kontakt. Allerdings birgt ein Austausch von Botschaften im Chat oder per E-Mail, der nicht nonverbal gesteuert oder kontrolliert ist, die Gefahr von Grenzüberschreitungen und Beleidigungen. Wir erleben es täglich im Internet, wie schnell die Stimmung kippen kann, wie wenig Mahnungen zur »Nettikette« nutzen und wie herabwürdigend Beiträge oft kommentiert werden. Wir alle haben schon erlebt, wie ein immer schärfer werdender E-Mail-Kontakt durch einen einzigen Telefonanruf oder besser noch durch ein Gespräch von Angesicht zu Angesicht befriedet werden konnte: Schauen zwei Menschen sich in die Augen, hemmt dies Schüchterne und Aggressoren gleichermaßen.

Eine weitere Netz-Falle: Die geschönten Ausschnitte, die ein Flirtpartner von seiner Identität präsentiert, sind eine ideale Projektionsfläche. Paartherapeut Dr. Elmar Basse zu *Bild.de*: »In ein Profil im Netz und ein paar Nachrichten kann man viel hineininterpretieren. Vor allem Frauen neigen dazu, die Online-Bekanntschaft zum Traumprinzen zu stilisieren und ihre eigenen Erwartungen in diesen (fast) Unbekannten zu projizieren.«

Sylvia erlebte die grenzenlosen Möglichkeiten des World Wide Web als Befreiungsschlag. Geradezu enthusiastisch überschätzte sie dann jedoch die begrenzten logistischen Möglichkeiten der wirklichen Welt – und verheddere sich, als sich ihre Online-Traumprinzen in eigenwillige Gestalten aus Fleisch und Blut verwandelten.

Sylvia:
Als ich mich hoffnungslos überbuchte

Ich bin der Typ quietschvergnügte Single-Frau. Ich halte mich fit mit Jogging, Pilates und Masturbation. Ich werfe bei Dates nicht vorschnell hin. Jakob sah zwar schon so aus wie auf seinem Profilbild. Auslaufende Vierziger, längeres Haar, eine gegerbte Haut, der man anmerkte, dass sie manches Mal gnadenlos der Sonne ferner Länder ausgesetzt gewesen war.

Unruhige, blaue Augen. Eine Stimme, der man anhörte, dass der Whiskey auch schon mal zu einer Uhrzeit schmeckt, zu der andere ihren zweiten Kaffee trinken. Im Internet hatte ich mir bei seinem Bild einen französischen Regisseur existenzialistischer Dreistunden-Filme vorgestellt, diese Filme, in denen entweder viel geredet oder viel geschwiegen wird, aber immer wenig passiert. In Wahrheit aber war der Mann international agierender Pressefotograf, krisengebietserfahren.

»Irak ... Die Amis. Haben sich die Suppe selbst eingebrockt ... «, murmelte er.

»Es ist nichts besser geworden inzwischen?«, fragte ich vorsichtig.

»Besser?« Er sah mich zynisch an. »Korruption, Gewalt, Chaos, überall. Ich kenne den Irak noch unter Hussein. Er war ein Riesenarschloch, aber das Leben hatte Struktur für die Bevölkerung. Ich war auf einer seiner Partys. Ein üppiges Fest, das kann man sich hier gar nicht vorstellen. Er thront in einer Loge, blickt auf die Tanzenden. Plötzlich werden zwei weiße Tiger losgelassen, sie streifen an den Gästen entlang, orientieren sich, schnuppern. Unter den Gästen bricht Panik aus. Saddam sitzt da oben und grinst. Die Angst der Leute erregte ihn ... «

»Weiße Tiger, was zum Teufel machen Siegfried und Roy bei Saddam Hussein?«

»Sie sind witzig, das ist gut, das kann man immer brauchen«, sagte er und lachte nicht die Spur. Dann beugte er sich vor: »Dann brachten sie ihm Mädchen. Blutjunge Mädchen. Verschleppt aus den Provinzen ... Wenn sie sich weigerten, mit Saddam ins Separee zu gehen ... « Er schwieg bedeutungsvoll, setzte sich dann den Zeigefinger auf die Schläfe: »Peng!« Ich schlug die Hände vors Gesicht. »O Gott, das ist grauen-

voll, ganz grauenvoll. Ich meine, ich habe Respekt vor Ihrer Arbeit und vor dem, was Sie erlebt haben, aber warum erzählen Sie mir diese grauenvollen Geschichten ...« Ich war ernsthaft verstört.

»Was schreiben Sie?«, fragte er. Ich hatte ihm im Internet verraten, dass ich Autorin sei. Wie gerne hätte ich ihm jetzt gesagt, dass ich gerade eine sensible Annäherung an Sinti-Frauen in Deutschland verfasse.

Doch da erschienen mir meine Freunde und Dating-Berater Marcantonio, Tessa, Mick und Vera im Kopf, die sich als Chor drapiert hatten. Aus einem Mund sangen sie: »Keine Lügen, denn Lügen haben kurze Beine!«, und dabei warfen sie die Beine wie die Tänzerinnen im Moulin Rouge.

»Ich schreibe Telenovelas!«, sagte ich schnell.

»Sie schreiben Telenovelas«, wiederholte er und nahm einen Schluck von seinem Gin Tonic. Ich sagte ihm, dass ich eben mal zur Toilette müsse. Ich brauchte sofort eine Minute für mich, um mir etwas einfallen zu lassen, wie ich aus dieser Situation herauskomme.

Jakob war nur einer der Männer, die ich in jener dating-reichen Zeit traf. Ich hatte in Berlin das Internet-Single-Portal Neu.de für mich entdeckt, und es verschaffte mir zeitweise eine Art Dating-Flatrate. Ich traf mich mit den verschiedensten Männern, und mit manchen ging ich auch ins Bett, nur so zum Spaß, auch wenn sie gar nicht mein Typ waren und ich keinerlei Absichten mit ihnen hegte. Ich fühlte mich frei und verrucht und selbständig, wie eine echte zugezogene Berlinerin, nicht mehr wie eine Touristin aus der Provinz. Ich, die vor ihrem Umzug erst mit drei Männern Sex hatte und sieben Jahre in einer Beziehung festsaß! Ich holte im Schnelldurchlauf auf. Und auch wenn einige meiner Dates sich als ziem-

lich schrullig erwiesen, so waren doch alle Männer liebens-
wert gewesen und eine gute Erfahrung fürs Lebensbuch.
Dieser Pressefotograf mit seinen Horrorgeschichten war der
Erste, der mir unangenehm war.
Ich traf alle meine Neu.de-Dates im selben Café, dem 103 auf
der Kastanienallee. Es war zu der Zeit das einzige Café, des-
sen Namen ich mir merken konnte. Und es war ganz in der
Nähe meiner Wohnung, so dass ich schnell nach Hause konn-
te, allein oder auch nicht, je nachdem. Man konnte im 103
essen, wenn das Treffen nett war, aber musste auch nicht,
wenn man sich nicht länger aufhalten wollte. Die anderen
Gäste waren von der üblichen Berliner Unaufgeregtheit, die
an Gleichgültigkeit grenzt. Kurz, das 103 war mein optimales
Dating-Café.
Der Gästebereich ist hufeisenförmig um die Küche und Bar
angeordnet, so dass man am einen Ende nicht sehen kann, wer
am anderen Ende sitzt. Ich saß nun mit diesem Fotografen
namens Jakob am einen Ende, die Toilette war am anderen
Ende.
An einem Tisch vor den Toiletten wiederum saß ein Mann,
der unglaublich gut aussah, lässiger Schick, so wie Skandina-
vier ihn tragen. Ich musterte ihn, er musterte mich. Er kam
mir bekannt vor. Ich wusste nicht, woher. Womöglich kenne
ich ihn aus einer Seifenoper, dachte ich. In Berlin trifft man ja
ständig Schauspieler. Da stand er auf. »Sie sind Lesley Anne!
Sie sind also doch noch gekommen!«, sagte er freudestrahlend.
Lesley Anne, das war mein Nickname bei Neu.de, nach
der großen 80er-Jahre-Seriendarstellerin Lesley Anne Down.
Mein Kumpel Marcantonio hatte mir prophezeit, dass so
ein Name schon einmal 80 Prozent der Männer abschrecken
würde, aber bisher hatte er mir Glück gebracht. Nach einem

Moment der Verwirrung war mir nun klar, woher ich diesen Prachtmann kannte: Vor mir stand mein Neu.de-Chatpartner »Lionel Hutz«, Anwalt einer Umweltorganisation – und mein Date für morgen! Gleiche Zeit, gleicher Ort. »Sie sind Lionel Hutz!«, sagte ich. »Anwalt für Umweltrecht. Wir sind morgen verabredet.«

»Wir sind jetzt gerade verabredet«, berichtigte er mich mit ruhiger, tiefer Stimme. »Ich warte schon auf Sie, ich dachte schon, Sie kommen nicht mehr. Setzen Sie sich, was wollen Sie trinken?« Er rückte einen Stuhl vor.

»Nein, nein,« sagte ich. »Morgen, am Donnerstag sind wir verabredet!« Ich kramte in meiner Handtasche nach meinem zerfledderten Notizblock, blätterte nervös darin herum, dummerweise fielen ausgerissene Zeitschriftenartikel aus der Kladde auf den Boden, mit Überschriften wie »So findet jede Frau den richtigen Partner« oder »Schnapp dir den Traumprinzen!«. Er bückte sich, um mir beim Aufsammeln zu helfen, schlug dann elegant sein iPad auf und zeigte mir den Bildschirm. Ich schämte mich ein bisschen, dass ich so wenig multimedial bin. Das war schon immer so, das Internet hielt ich lange Jahre auch für eine Modeerscheinung, die ich zunächst mal abwarten wollte.

»Sehen Sie hier, ich habe gerade noch einmal unseren Chat-Dialog aufgerufen, um mich zu vergewissern, dass ich mich nicht im Datum geirrt habe. Und hier steht's ja: ›Freu mich auf dich, Lionel, auch wenn es ja immer heißt, Umwelt-Anwälte küsst man nicht. Bis Mittwoch, 18 Uhr im 103! Ihre Lesley Anne‹«

»Oh, oh«, stammelte ich. »Ja, richtig, heute, na deswegen bin ich ja auch hier!« Ich setzte mich hastig. »War ja nur ein Test!«, lachte ich schrill auf und schnipste mit den Fingern.

Immer dieses aufgesetzt fröhliche Fingerschnipsen, wenn ich nervös bin. Ich plapperte weiter: »Das ist die erste Hürde, durch die meine Blind Dates müssen. Ich sage: Hey, seid ihr sicher, dass ihr am richtigen Tag hier seid? Und wenn sie sich nicht irritieren lassen, dann ist das schon mal ein fetter Pluspunkt!«

Sylvia, du faselst Mist, schoss es mir durch den Schädel.

»War das ein Ratschlag aus einem dieser Zeitschriftenartikel?«, *fragte er süffisant und wies auf meine Kladde. Ich lachte ergeben:* »Ja, das muss da irgendwo gestanden haben.«

Hölle, war er sexy! Er winkte die schöne, coole, tätowierte Kellnerin herbei, die mich etwas stutzig musterte, weil ich jetzt plötzlich hier am anderen Ende saß und erneut einen Aperol-Spritz orderte.

»Hören Sie, Lionel ...«

»Sören«, *unterbrach er mich.* »Lionel Hutz heiße ich nur bei Neu.de. Eine Figur aus den Simpsons ...« »Sören?«, *sagte ich baff.* »Sind Sie Skandinavier?«

»Meine Mutter kommt aus Dänemark«, *sagte er. Ich dankte dem Gott im Himmel, wer immer da oben gerade Schicht hatte. Wünschen sich nicht alle Mädchen einen stilsicheren Skandinavier mit dem richtigen Pullover und den richtigen liberalen Einstellungen? Um dann mit ihm in einem mit nachhaltiger Energie versorgten Neo-Bauhaus-Apartment zu wohnen, Bio-Gerichte zuzubereiten und Direktsäfte zu trinken und aufgeweckte blonde Kinder zu zeugen und mit dem vielen Geld, das man so verdient, niemals anzugeben?*

»Sören, ich bin Sylvia. Es freut mich wahnsinnig, Sie zu treffen. Ich muss ganz kurz nach hinten, ich habe dort beim Reingehen einen Bekannten gesehen, und dem schulde ich Geld, und ich möchte es ihm gerne eben zurückgeben ...«

»Was für eine Sorte Mädchen sind Sie, Sie kommen in eine Bar und schulden den Männern Geld? Arbeiten Sie für ein Drogenkartell?«

»Drogen? Ich? Ach nein. Damit habe ich aufgehört, als ich 14 war. Der Satz ist aus »Pretty Woman«, hätten Sie's gewusst? Ich bin sofort wieder da.« Und da war es wieder – mein Fingerschnipsen nach einem imaginären Rhythmus! Nervös stand ich auf und ging zu meinem Date Nr. 1 am anderen Ende des Cafés, Jakob. Ich war eindeutig überbucht! Mir musste ein doofer Fehler passiert sein. Was jetzt zu tun war: Jakob, den Fotografen, loswerden! Er zappelte schon ungehalten auf seinem Platz, hatte inzwischen einen zweiten Gin Tonic vor sich und fragte mich: »Wo waren Sie denn die ganze Zeit?«

Ich setzte mich wieder auf meinen Stuhl und sagte ihm: »Hören Sie, Jakob, es war sehr nett, Sie getroffen zu haben. Aber unser Date – ich muss es hiermit beenden. Sie sind ein interessanter Mann, Sie haben Dinge gesehen, die kein anderer gesehen hat, was Sie tun, ist wichtig, aber Ihre Geschichten liegen mir schwer im Magen. Es ist zu viel für eine Seifenopern-Autorin wie mich, ich bin Happy Ends gewohnt ... Es ... es tut mir leid.«

»Sie sitzen lieber bei dem Kerl dort drüben ... Ist der Ihr Happy End?«

»Dem Kerl? Was für einen Kerl meinen Sie?«

»Ich hab Sie doch dort sitzen sehen, als ich die Kellnerin gesucht habe, dieser Kerl mit dem blöden Pullover. Halten Sie mich doch nicht für dumm.«

»Jakob, Sie sollten besser gehen. Ich zahle.«

»Oh, machen Sie sich nicht die Mühe. Ich habe schon gezahlt. Und jetzt trinke ich hier in Ruhe meinen Gin Tonic aus.«

Ich stand auf. »Es … es tut mir leid … «, sagte ich und meinte es so. »Und danke für den Drink.« Ich fühlte mich schrecklich. Als ich zu Sören zurückhuschte und bestätigt fand, was für ein prächtiges skandinavisches Mannsbild er war, ging es mir allerdings rasch besser. Etwas außer Atem setzte ich mich wieder. Zum Glück war mein Drink inzwischen da. Auf den Schreck genehmigte ich mir einen kräftigen Schluck.

»Na, haben Sie Ihre Schulden bezahlt?«, fragte Sören mit leisem Spott. »Nicht alle Frauen sind da so gewissenhaft. Pluspunkt für Sie!«

Das nun folgende Gespräch kam etwas zäh in Gang, weil ich noch so durcheinander war: Weiße Tiger bei Saddam Hussein, meine versemmelte Terminplanung, diese ungemütliche Reaktion von Jakob … Doch es kam noch ärger: Plötzlich stand Jakob vor unserem Tisch!

»Na, was erzählt dir unsere kleine Telenovela-Tussi? Denselben Mist von der unschuldigen Rheinländerin, die sich ins Abenteuer Berlin stürzt? ›Alles so aufregend hier … ‹«, äffte er mich nach, und Nachäffen trifft immer.

»Wer sind Sie?«, fragte Sören kühl.

»Ich bin ihre Neu.de-Verabredung«, sagte Jakob und wies mit dem Finger auf mich. »Aber ich hatte keine Ahnung, dass ihr ein Speeddating vorschwebt. Ein Dating-Gangbang sozusagen … «

»Gehen Sie, Jakob!«, sagte ich leise.

»Ich gehe, wenn ich gehe, das ist nicht Ihre verdammte Bar!«, zischte er zornig und donnerte die Faust auf die Tischplatte. Der Tisch wackelte, beide Gläser fielen um, die Getränke liefen aus, ein Glas rollte über die Tischkante auf den Boden, zerschepperte. Jakob rauschte fluchend ab.

»Scheiße«, sagte ich, »Scheiße, Scheiße, Scheiße.« Die ande-

ren Gäste sahen von ihren Apple-Laptops oder Gesprächen auf, nur kurz, dann tippten oder redeten sie weiter.

»So ein Arschloch«, rief Sören, erschrocken von der plötzlichen Aggression eines Fremden. Dann sah er auf mich Häufchen Elend, rettete sein iPad und stoppte mit einer Serviette notdürftig die Überflutung des Tisches.

»Warten Sie, ich hole die Kellnerin«, sagte er dann, »obwohl ich sie ungern draußen beim Qualmen störe ... Aber zerbrochene Gläser gehören nun mal auch zu ihrem Job, bis sie dann eines Tages als Schauspielerin entdeckt wird!«

Ich lächelte gequält. Sören winkte nach der Kellnerin: »Uns ist ein Glas kaputtgegangen, sorry!«, rief er.

Etwas später steuerte uns die Kellnerin in besonnenen Bewegungen an. Mit viel Grazie hielt sie ein Kehrblech in der Hand. Die Art, wie sie es hielt, verdeutlichte, dass Kehrbleche eigentlich nicht ihr Ding sind. Für den Moment okay, aber nur eine vorübergehende Sache. Sie musterte mich skeptisch, als sie die Scherben auffegte und ich mich tausendmal entschuldigte. Ich dachte: »Erst sieht sie mich an zwei Tischen mit zwei verschiedenen Männern sitzen, und nun bin ich ein Nervenwrack in einem Scherbenhaufen, sie muss ja denken, dass ich einen Knall habe.«

»Wir möchten dann zahlen«, sagte Sören zur Kellnerin, nachdem sie die Scherben mit aller Beiläufigkeit vom Boden gefegt hatte. »Nein, nein, möchten wir nicht«, sagte ich schnell. »Wir lernen uns doch gerade erst kennen ... «

»Hören Sie, Sylvia, es ist mir alles etwas zu ausgeflippt. Sie haben sich hier mit zwei Kerlen gleichzeitig verabredet ... «

»Ein Versehen!«, flehte ich.

»Ja, aber vielleicht sollten Sie sich etwas sortieren. Das hier steht jedenfalls unter keinem guten Stern ... «

»Vorschlag: Ich geh noch mal raus, und Sie sitzen hier, und ich komme rein und suche Sie und finde Sie, und wir tun so, als hätten wir uns noch nie gesehen! Wir spulen einfach zurück und drehen die Szene dann neu!« Um ihn mit verzweifelter Komik zu gewinnen, bewegte ich mich rückwärts und machte Rückspulgeräusche. Sören sah mich nur betreten an und sagte: »Das hier ist keine Serie.« Dann legte er Geld auf die einzig halbwegs trockene Stelle auf dem Tisch und ging. Ich blieb allein zurück und hatte nicht einmal mehr mein Aperol-Getränk gegen den Schmerz. Von der Kellnerin war kein Trost zu erwarten. Nun fühlte ich mich richtig Lesley-Anne-down.

An diese Stelle passt die Geschichte von Tessa, auch wenn sie sich nicht im Internet verheddert hat, sondern durch ein gut gefülltes Handy-Adressbuch und SMS. Aber auch sie sieht sich am Ende mit einer unangenehmen Eskalation konfrontiert.

Tessa:
Als ich merkte, dass ich mal wieder meine Handy-Kontakte ausmisten muss

Es kann fatal sein, wenn man den Überblick über sein Adressbuch im Smartphone verliert. Ich hatte Karten fürs Kino besorgt, meine Freundin war abgesprungen, und ich dachte mir: eine schöne Gelegenheit, einen Typen einzuladen und ein zwangloses Date zu genießen. Mein erster Gedanke: Florian. Mit ihm hatte ich mich in den letzten zwei Monaten drei-, viermal getroffen, wir konnten toll miteinander schweigen und noch besser vögeln, danach rollte er einen Joint und schwieg weiter, es war unkompliziert und entspannt. Wir belästigten einander nicht mit unserer Vergangenheit, und es stand keine Zukunft im Raum, die man irgendwie zusammen füllen müsste. Wir hatten wenig Lust, viel übereinander zu erfahren, und konnten uns ganz auf die Gegenwart einlassen, auf das, was wir hatten. Wir aßen zusammen, gingen in den Park oder in den Zoo und dann ins Bett.

Also Florian. »Hab Tickets für ›Blue Valentine‹, soll ein prima Film sein, heute 20 Uhr an der Kulturbrauerei?«, textete ich ihm, und prompt piepte die Antwort: »Sehr gerne, ich freu mich!« Wie unkompliziert, triumphierte ich. Das klappt ja wie am Schnürchen. Echt lässig.

Guter Dinge lief ich zum Kino und sah überrascht, dass ein One-Night-Stand von mir, den ich vor circa zwei Wochen kennengelernt hatte, vor dem Eingang auf jemanden wartete: Ein hübscher Typ, Gott war in Bestform gewesen, als er ihn einst schuf. Ich hatte ihn in einer Bar klargemacht, der Sex war super, doch danach wurde er ein bisschen verschroben. Er plante den ganzen Sonntag durch, phantasierte von seinen Lieblingsorten in Berlin, die er mir zeigen wollte, Badeschiff, ein Picknick auf dem Kreuzberg, was weiß ich, und ich dachte nur: Hat der die Pfanne heiß? Wer ist dieses mir unbekannte Wesen, das mich hier mit großen Hundeaugen zutextet, und wie bekomme ich es aus meiner Wohnung? Und genau dieser Typ stand jetzt vor dem Kino, wie hieß er gleich, richtig, war sein Name nicht auch Florian? Da kam er schon strahlend auf mich zu und sagte: »Grüß dich, Tessa! Ich hab mich total über deine SMS gefreut, ich hab echt jeden Tag gewartet und gedacht, warum meldet sie sich nicht zurück? Ich hatte dir ja ein paar Mal auf die Mailbox gesprochen, hast du das denn gar nicht abgehört?« Und er drückte mich an sich.

Da war mir klar, ich hatte heute Nachmittag dem falschen Florian die SMS geschickt! Das war jetzt mein Date. Ich stotterte rum, überschlug in Sekundenschnelle im Kopf, was jetzt zu tun sei. Dann dachte ich: Tessa, vielleicht ist das eine dieser Fehlleistungen, von denen man immer behauptet, dass Freud an ihnen seine Freude gehabt hätte. Vielleicht sollte es dieser Florian sein. Und wie hübsch er aussieht! Nimm es an, wie es ist! Und ich setzte mein Haifischlächeln auf und sagte: »Ja, ich hatte so viel zu tun, aber toll, dass es heute mit uns geklappt hat!«

Wir betraten den Kinosaal und warteten, dass der Film begann. Florian streichelte die ganze Zeit meine Hand. Ich dachte nur: Bin ich eine Idiotin, aber irgendwie ist es ja schon wieder lustig. Da trat ein schluffiger Typ mit Basecap und Schlabbershirt vor die Leinwand und entschuldigte sich, es gebe Probleme mit der Filmrolle und keine Lösung dafür, wir könnten an der Kasse unser Geld zurückbekommen oder uns einen Gutschein ausstellen lassen … »Warst du schon mal abends auf dem Fernsehturm?«, schoss aus Florian beim Hinausgehen ein Alternativprogramm. »Sollen wir zum Teufelsberg fahren und Sterne gucken? Ich kenne ein großartiges illegales Restaurant in Friedrichshain, die haben ganz tolles vegetarisches Essen, Brad Pitt war auch schon da. Worauf hast du Lust?«

»Ach«, sagte ich, »lass uns einfach zu mir fahren und vögeln.«

»Vögeln, toll, okay, fahren wir!«, sagte er, und das machten wir dann auch. Ich muss sagen, es war nicht schlecht, er gab wirklich Gummi. Doch mir schwante schon Böses, als er nach Verrichtung mit seinen Festhalteklammersaugküssen fortfuhr. Ich wollte doch einfach nur in Ruhe eine rauchen.

Doch er legte los: »Weißt du, ich bin richtig froh, dass du dich noch gemeldet hast. Ich dachte schon, du meldest dich nicht mehr. Du bist echt eine coole Braut. Ein Kumpel von mir hat eine Datsche am Liepnitz-See, da können wir morgen hinfahren. Kann ich mal in dein Internet? Wir gucken einfach mal, wie das Wetter wird. Ich könnte dich so gegen 10 abholen, um 11.30 sind wir da … «

»Florian!«, *unterbrach ich ihn.*

»Ist 10 zu früh? Es ist ganz herrlich dort, wir können nackt schwimmen, und ich angle was für uns … Ich bin ein passabler Angler!«

»Florian, ich kann keine Aussage für morgen treffen.«

Schweigen.

»Was meinst du damit? Du kannst für morgen keine Aussage treffen? Was soll das heißen?«

»Ich kann nicht einfach den ganzen Tag hinwerfen und spontan in eine Datsche fahren, so toll das klingt.«

»Wann kannst du? Nächstes Wochenende? Wollen wir morgen einfach noch mal Kino versuchen? Der Film hörte sich wirklich gut an.«

»Florian, sei mir nicht böse, du musst jetzt bitte erst mal gehen, ich muss noch ein bisschen was machen, und wir telefonieren nächste Woche.«

»Was musst du jetzt machen, es ist 23 Uhr?«

»Florian, bitte … «

»Alles klar.« *Grimmig zog er sich an.* »Alles klar. Ist kein Problem.«

»Sorry«, *sagte ich hilflos. Er stampfte zur Tür.* »Ja, dann, ich gehe.«

»Es war wirklich schön, Florian.«

Da dreht er sich um, das Gesicht verzerrt wie bei einem klei-

nen Jungen, der gleich mit dem Heulen loslegt. »Das war wirklich schön? Ist das alles, was dir einfällt, wirklich schön? Was ist nur los mit euch Frauen … ihr seid so … so kalt wie Hundeschnauze.« Und er fing an zu schluchzen und zu weinen, und da merkte ich, auch ich habe so etwas wie einen Mutterinstinkt. Ich trat auf dieses Häufchen Elend an meinem Türrahmen zu, das vorhin noch mein Liebhaber gewesen war, reichte dem Mann meine Arme, er machte dankbar davon Gebrauch, klammerte sich an mich, ich nahm den Geruch seiner Haare wahr, seine Wärme, sein Zittern, seinen ganzen Schmerz. »War es für dich nur so?«, heulte er. »War es für dich nur einfach nur so …?«

»Ich weiß es nicht«, sagte ich ratlos und streichelte sein Haar. Da stieß er mich weg, stierte mich zornig an, brüllte. »Du weißt es nicht? Du weißt es wohl einfach nicht, hä? Was für eine blöde Antwort ist das denn bitte! Ich sag dir was: Ich weiß manches auch nicht! Du denkst, du bist cool mit deinen Sprüchen und deiner Wohnung hier und soooo abgeklärt. Ich bin ja so cool, ich arbeite beim Film, bin Model, ich fick alle Typen, ich reise allein durch Südamerika, bla, bla, bla. Ich sag dir, was du bist: Ein ganz gewöhnliches Miststück, wie es sie Tausende da draußen gibt!«

Dann schubste er mich voller Verachtung mit beiden Händen gegen die Wand. In dem Moment war mir klar, dass er ein ernsthaftes Problem hatte, und jede meiner Körperzellen schaltete um auf Alarmbereitschaft. Ich sah mich nach Gegenständen um, die ich greifen und mit denen ich mich im Fall verteidigen konnte.

»Verpiss dich. Raus aus meiner Wohnung, sofort!«, sagte ich laut und bestimmt und mit erstaunlich sicherer Stimme. Ich riss die Haustür auf, er sah mich an, wütend, hilflos, traurig, *verwirrt, trotzig, alles zugleich. Plötzlich änderte sich sein Ton, er sprach leise und auf beängstigende Weise ruhig:* »*Irgendwann wirst du auf einer schmutzigen Matratze liegen, und deine Geschwüre platzen, und du wirst winseln, dass dir jemand hilft. Aber da wird niemand sein, denn für die Welt bist du dann schon lange gestorben, keiner erinnert sich mehr an dich, noch während du da liegst und röchelst. Und dein Gewinsel verhallt ungehört im Weltall.*«

Dann ging er. Ich schlug die Haustür zu und lehnte mich dagegen und begann zu zittern. Ich fragte mich, was das für ein beschissenes Spiel ist, in dem man fortlaufend verletzt und verletzt wird und das offenbar zu gar nichts führt. Ich wusste, dass er sogar recht hatte. Irgendeine zugeschlagene Tür wird einmal die letzte sein, früher oder später.

Tessas Story zeigt zunächst, wie schwierig es ist, die verschiedenen Beziehungsmodelle und parallelen Möglichkeiten zu koordinieren. Die modernen Techniken erleichtern uns die Kommunikation und schaffen dabei neue Schwierigkeiten. Tessas Geschichte zeigt dann aber vor allem, zu welcher Verwirrung die Anomie der Beziehungsmodelle führen kann: Wenn alles möglich ist, wie stehen *wir* dann zueinander? Welche der unendlichen Möglichkeiten ist unsere? Ist es nur ein Abenteuer, starten wir in eine Romanze, lassen wir alles auf uns zukommen, werfen wir alles über Bord und gehen von 0 auf 100?

Florian wusste es nicht und reagierte auf seine Verunsicherung und seine Entmännlichung mit hilfloser, grenzüberschreitender Aggression, die sich mit einer unterwürfigen Verzweiflung abwechselte. Eine besondere Rolle spielt hier, dass der Beziehungsrahmen nicht vom Mann, sondern von der Frau festgelegt wurde und sie *seine* Definition zurückwies. Das traditionelle Modell »Frau sucht Bindung, Mann sucht zunächst mal nur Sex« wurde durch die selbstbewusste Tessa ad absurdum geführt. Eine Frau, die ein Bindungsangebot ablehnt, die den Sex um seiner selbst willen sucht und ihre Unabhängigkeit verteidigt, das ist immer noch neu für den Mann, verstört und kränkt ihn.

Hier eine weitere Neue-Medien-Panne, die Kassandra passierte:

Kassandra:
Als meine Facebook-Mail
einen Katzenjammer-Flashmob auslöste

Facebook ist ein Arschloch! Wie oft wollte ich mich abmelden, aber das Portal ist stärker als ich. Schließlich könnte ich sozial verkümmern, die meisten Einladungen gehen inzwischen über Facebook raus. So auch die zur Geburtstagsfeier von Joe, den ich nur flüchtig kannte. Auf seiner Party kamen wir uns näher, verabredeten uns zu einem Date. Das lief ganz wunderbar, er fühlte sich durch meine Geschmeidigkeit ganz richtig an eine Katze erinnert. Als ich zu Hause war, schrieb ich ihm eine Mail: »Hallo Katerchen, hast du nicht Lust, morgen Abend zum Schnurren in mein Körbchen zu kommen? Ich wohne in der Falckensteinstraße 7. Deine Catwoman.«

Ich hatte für meine Offensive unseren letzten Dialog aufgerufen – meine Zusage zu seiner Party und seine Freude darüber – und nicht bedacht, dass meine Mail an die ganze Facebook-Gruppe ging, also an alle, die er zu seiner Party eingeladen hatte. Am nächsten Abend kam Joe zwar zu mir, aber vor meinem Haus fand so etwas wie ein Facebook-

Flashmob statt. Seine besoffenen Freunde versammelten sich auf der Straße, maunzten wie rollige Katzen und jaulten Sachen wie »Catwoman, ich möchte mit dir schnurren« die Häuserfassade hinauf. Einige hatten sich wie Katzen geschminkt oder Tiger-Masken auf. Es war ein peinlicher Alptraum, den erst mein Urberliner Nachbar mit einem vom Balkon geschütteten Eimer Wasser oder Schlimmerem und wüsten Kastrationsdrohungen beendete.

Zum Abschluss des Kapitels noch ein weiteres Facebook-Fiasko! Denn auch die digitale Welt ist letztendlich nur ein globales Dorf.

Chris:
Als ich ein Déjà-Date hatte

Ich hatte schon so ein komisches Gefühl. Das hat man natürlich immer, wenn man zu einem Online-Date anrückt und nur im Besitz eines Minimums an Informationen ist. Was ist, wenn ich ihre Stimme nicht mag oder ihren Geruch nicht? Oder wenn die Profil-Fotos vor ihrer Crystal-Meth- oder Fresssucht entstanden sind? Ich erwartete erst einmal nur das Schlechteste, als ich die Strandbar betrat, und meistens kommt es dann ja auch genau so und noch schlimmer. Ich sah mich unsicher um, und dann kam sie auf mich zugestürmt. Sie trug irgendetwas Giftgrünes und jodelte: »Hallihallo, hallöchen, Popöchen, ich bin's, Doro, und du bist mein Date!« Und da hakte sie sich auch schon bei mir unter, schob mich zu zwei Liegestühlen. »Lass uns setzen.«

»Moment«, sagte ich. »Hast du gerade gesagt: Hallöchen, Popöchen?«

»Ja!«, sagte Doro vergnügt. »Ich bin die Hallöchen-Popö-chen-Doro. Steht sogar auf meiner Visitenkarte!« Dann sah sie mich an, wurde stutzig. »Mooooment ...«

Ich: »Ja ...«

Sie: »Moooment, das glaub ich nicht ...«

Ich: »Ich fürchte doch!«

Sie: »Ich flipp aus! Hab ich gerade ein Déjà-Date, oder hatten wir dieses Date wirklich schon einmal?«

Ich: »Du bist aus ... Dortmund? Und du leitest ein Promotion-Team ... Und liebst es, zu tanzen ...«

Sie: »Ich ... ich bin aus Essen, und inzwischen bin ich Stellvertreterin der Geschäftsleitung in einer Promotion-Agentur. Und ich tanze gerne, ja. Und du ... du warst BWL-Student ... Bist auf vier 7000er geklettert oder so ... Oh mein Gott, ich glaub das nicht ... Ich muss mit dem Daten aufhören, ich gehe offenbar schon in die zweite Runde!«

Ich: »Inzwischen bin ich Senior Consulter, hab acht 7000er ... bestiegen ...«

Sie: »... und du hattest inzwischen endlich Sex mit Yeti.«

Ich: »Du hattest damals noch blonde Haare!«

Sie: »Du hattest damals noch Haare!«

Ich: »Muss so sieben Jahre her sein ... War ein nettes Date.«

Sie: »Ja, das war nett ...«

Schweigen.

Sie: »Es war beschissen.«

Ich: »Ja, es war ganz grauenhaft.«

Sie: »Sonst hätte sich ja auch einer von uns gemeldet.« Sie sah eine Kellnerin: »Hey, Schätzchen, wem muss man hier einen blasen, um einen Drink zu bekommen?«

Die Kellnerin: »Ich schicke euch jemanden!«

Ich: »Und weißt du, was das Schlimme ist? Auf genau die

gleiche Art hast du damals schon nach einer Servicekraft ver-
langt.«

Sie: »Ja, und so kam ich an Drinks und Sex, vielleicht funk-
tioniert es ja noch einmal.«

Da trat ein unglaublich fetter Kellner an den Tisch. »Sie
wollten mir einen blasen und bestellen?«, fragte er. Doro
verdrehte die Augen. »Einen gut gemischten Mojito auf Eis
für mich, und versuche bitte, ihn nicht erst morgen zu brin-
gen, okay, Otti?« Der fette Kellner grinste lüstern und sagte:
»Hätte ich gewusst, dass ich heute einen geblasen bekomme,
hätte ich mich doch vorher gewaschen. Andererseits: Soll ja
nicht mein Problem sein.«

»Dieses Lokal ist das Allerletzte!«, zischte Doro angeekelt.
»Du hast damals schon ein blödes Lokal ausgesucht.«

Ich: »Hey, das war ein Clubrestaurant! Clubrestaurants wa-
ren vor sieben Jahren total angesagt!«

Doro: »Es war wahnsinnig hektisch und laut, man musste
sich anschreien, und es war voller nuttiger minderjähriger
Mädels mit dem Berufsziel Paris Hilton.«

Ich: »Du warst sauer, weil ich ein paar heißen Mäusen hin-
terhergeguckt habe, hast sie angeschrien, 100 Jahre hätten
Frauen für Gleichberechtigung gekämpft, und dann kämen
ein paar Amöben im Minirock wie sie daher und machten
alles kaputt.«

Sie: »Jemand musste es den jungen Schwestern mal sagen!«

Ich: »Eines der Mädchen kam zum Tisch und sagte: ›Hey
Laubfrosch, was hast du für ein Problem?‹ Du hast damals
schon grün getragen.«

Sie: »Ich erinnere mich: Der hab ich es gegeben. Ich habe
gesagt: Verzieh dich, mach was aus deinem Leben, hol deinen
Grundschulabschluss nach!«

Ich: »Daraufhin hat sie gesagt, sie hätte einen Bachelor in Mathematik. Daraufhin sagtest du: Wenn du es beweisen kannst, hüpfe ich einmal quakend den Gang lang ...«

Sie: »Ja, ja, ich weiß, sie kramte ein Schreiben der Uni aus ihrer Tussi-Handtasche ... Aber du musst sagen, ich nehme Wetteinsätze ernst!«

Ich: »Du warst unglaublich überzeugend als Frosch.«

Der fette Kellner brachte mit einem lüsternen Grinsen die Drinks.

Sie: »Okay, ich war dir peinlich, was hat dich sonst noch gestört an mir?«

Ich: »Wie du den schwulen Kellner umgarnt hast ... Sahneschnittchen, Apfelhintern hast du ihn genannt, ihn in den Popo gekniffen, und dann musste ich euch noch zusammen fotografieren ...«

Sie: »Und du hast unglaublich schlechte Witze gerissen ... Und schrecklich angegeben. ›Ich war mit dem Ed-Hardy-Typen auf einer Yacht vor Saint-Tropez, Champagnerflaschen groß wie der Eiffelturm, aber vergiss Südfrankreich, Dubai musst du gesehen haben, da wird noch wirklich geklotzt, bla, bla, bla.‹ Und dann dein Name-Dropping! Du warst mit Joschka Fischer joggen, der Joschka, wie du immer sagtest, und mit Matt Damon bergsteigen, ja, ja, und meine Mutter heißt Oprah Winfrey ...«

Ich: »Hey, ich war aufgeregt! Ich war unsicher! Ich gebe immer an, wenn ich unsicher bin. Du hast mich verunsichert! Wie du über dein dämliches Headset – bin ich froh, dass die Dinger außerhalb der Telefonsexbranche out sind – dein Team zusammengeschissen hast ... Du wirktest so tough. Ich dachte, ich muss dem irgendwas entgegensetzen.«

Sie (plötzlich ganz weich): »Du warst ... verunsichert? Wow, das finde ich total süß von dir ... Dass du dazu stehst, unsicher gewesen zu sein. Das hört man nicht oft von Männern.«

Ich: »War dir direkt klar, dass du dich nicht mehr mit mir treffen willst?«

Sie: »Nein. Ich dachte, er ist ein Angeber, er erzählt lausige Witze, aber vielleicht ist er ja gut im Bett.«

Ich: »Und warum hast du es nicht probiert?«

Sie: »Als du einen Rabatt-Coupon beim Bezahlen verwendet hast, da war der Ofen endgültig aus. Jemand, der bei einem Date mit einem Rabatt-Coupon bezahlt, kann nicht gut im Bett sein.«

Ich: »Den Rabatt-Coupon gab es für eine 150-Euro-Übernachtung im Hotel dazu! Warum sollte ich so etwas nicht nutzen? Ich hätte 10 Euro Ermäßigung einfach so verschenkt!«

Sie: »Wahrscheinlich hast du das Restaurant nur wegen des Coupons ausgesucht. Und wann wusstest du, dass es nichts wird?«

Ich: »Als sie einen dämlichen Song spielten, ich glaube, irgendwas von 2raumwohnung, und du wie wild anfingst zu tanzen, deine hohen Schuhe dazu auszogst. Das war so ... als wolltest du zeigen, wie verrückt und unkonventionell du bist. Das fand ich schlimmer als den Augenblick, als du quakend vor dieser Minirock-Schnalle rumgehüpft bist.«

Sie: »So bin ich: Ein guter Song, und die Doro geht steil. Weißt du, was ich auch echt ätzend fand?«

Ich: »Was?«

Sie: »Als du eine Münze aus meinem Ohr hervorgeholt hast. Ich meine, ich hasse Zaubertricks. Ich bin ganz bewusst nicht die Freundin von Uri Geller.«

Der Abend entwickelte sich unerwartet ganz nett, wir scherzten über unser verkorkstes früheres Date. Doro forderte mich *sogar zum Tanzen auf, aber ich hasse tanzen, erst recht, wenn niemand sonst tanzt. Wir waren schon leicht angeschickert, als wir uns zum Ausgang schoben. Unter einer Import-Palme blieben wir stehen.*

Sie (gurrend): »Weißt du, was mich interessieren würde?«

Ich (ängstlich, dass sie jetzt fragt, ob ich gut küssen kann oder so …): »Nein, was?«

Sie: »Ob deine Witze inzwischen besser sind.«

Ich: »Sind sie! Pass auf: Eine Familie geht in den Apple-Store. ›iPod‹, jauchzt die Mutter. ›iPhone‹, freut sich die Tochter. ›iPad‹, jubelt der Sohn. ›iPay‹, stöhnt der Vater. Na?«

Wir lachten beide übertrieben laut auf. Mittendrin aber brach Doro ihr Lachen ab, ihr Gesicht erstarrte, und sie fragte streng: »Was ist daran witzig?«

Ich: »He, du hast da was! Da, an deinem Ohr!« Und dann zog ich ein Cocktail-Papierschirmchen aus ihrer Ohrmuschel hervor.

Plötzlich küssten wir uns. Mit Zunge.

»Und?«, fragte ich nach dem Kuss.

Sie (in die Luft blickend, als suche sie dort nach einem Gefühl): »Da ist … warte mal … da ist … nichts … Bei dir?«

Ich: »Nein. Nein, ich spüre gar nichts.«

Schweigen.

Sie reichte mir die Hand. »Du bist ein netter Kerl. Und du findest ganz sicher noch eine Frau, die sich über deine Witze wundlacht. Ich wünsche es dir.«

Ich: »Und du wirst jemanden finden, der mit dir tanzt, einen richtig heißen hüftschwingenden Latino-Tänzer mit Apfelpopo!«

Sie (ein wenig melancholisch): »Einen Johnny, der sein Baby rumwirbelt … Ja, das wäre schön …«

Dann umarmten wir uns. Ich lief zu meinem Fahrrad und zauberte ein kleines weißes Kaninchen aus meinem Basecap. Die Nummer hatte ich vorbereitet, aber Doro erspart. Wir sahen uns nie wieder.

Der ungleiche Markt:
Warum Männer im Vorteil sind

Zu meinem ersten Buch *Wann kommt denn endlich der blöde Prinz ... – 100 Tipps, den Traummann zu finden* erhielt ich folgenden entrüsteten Brief einer Leserin, Anna R. aus Heilbronn: »Ich kann es nicht mehr hören, und nun auch noch von Ihnen der gleiche gequirlte Mist. Immer kriegen wir Frauen gesagt, wie wir uns verhalten sollen. Nicht zu viel reden, sich für das Leben des Mannes interessieren, Ex-Freunde nicht erwähnen, bla, bla. Wer bitte sagt den Männern mal, dass sie jedes Benehmen verlernt haben? Sie kommen angeschmuddelt oder mit Alkoholfahne zum Date oder auch gar nicht, ohne abzusagen, sie hecheln ihre Karrierestationen durch, statt sich zu unterhalten, sie reißen schlimme Witze und lassen dämliche Anmachsprüche los. Sie sind weinerlich und verwechseln einen mit ihrer Psychotante oder ihrer Mutti. Ganz zu schweigen davon, dass sie jede Höflichkeit missen lassen. Bücher wie Ihres suggerieren uns Frauen, dass wir mal wieder schuld sind, wenn es zwischen den Geschlechtern nicht mehr hinhaut. Und wir Frauen nehmen die Opferrolle auch noch an und verkriechen uns depressiv in unser Bett wie auf Ihren Covern, statt den Männern mal die Meinung zu trompeten.«

Die Frau mag in ihrem Ärger verallgemeinern, aber ihre Wut hat ihre Berechtigung und sollte gehört werden. Männer benehmen sich immer öfter wie Sau: Ich kann es nicht wissenschaftlich beweisen, aber es ist gut möglich, dass es zutrifft. Denn im wirren Strudel der Anomie hat sich auch der Benimm-Kodex für das Verhalten zwischen den Geschlechtern aufgelöst. Darum, für Anna R. und alle ihre Geschlechtsgenossinnen, die sich mit Rüpeln oder Freaks abplagen mussten: An dieser Stelle dürfen sich ausschließlich die Frauen auslassen!

Dating-Desaster: Echt unverschämte Kerle

Ira: Date auf dem Flohmarkt im Mauerpark. Erst stieß ein Kumpel zu uns, dann kam der ganze Rest der Rasselbande, alle mächtig betrunken vom Sonntagsbrunch. Es trafen weitere Kumpels ein, die dann direkt aus dem Club. Alle rissen Witze, die ich nicht verstand, und dann grölten sie auch noch schreckliche Lieder beim Karaoke.

Doro: Der Typ sagt mir: »Sag mal, hast du schon mal einen so schönen Mond gesehen, Daniela?« Ich: »Ja, der Mond ist wirklich sehr schön, und übrigens, mein Name ist Dorothea«. Und er: »Wie kann man angesichts eines solchen Mondes so kleinlich sein?«

Vera: Spaziergang im Park. Der Typ sagt plötzlich: »Geh schon mal vor!« Dann stellt er sich breitbeinig hin, zieht sein Gesicht zusammen und lässt hintereinander zweieinhalb laute Fürze. »Ahhh, das musste mal raus!«, sagt er danach zufrieden und reibt sich die Wampe.

Kerstin: Ich erzähle ihm, dass ich in der Pathologie arbeite. Er sagt, er wäre ein großer Fan der Serien »Crossing Jordan«, »CSI« und »Body of Proof« und will die ganze Zeit Gruselstorys aus mir rauskitzeln. Es nervt. Als ich später vom Klo wiederkomme, höre ich, wie er am Telefon sagt: »Ey, voll die krasse Tussi, schneidet Leichen auf, bähhhh, überleg mal, dir packt so eine mit ihren Leichenschnibbelhänden an den Schwanz!«

Ira: Er trägt eine Krawatte von beleidigender Hässlichkeit, mit Lasagne essenden Garfields drauf.

Özlem: Er kommt im schicken schwarzen Boss-Anzug und kombiniert den mit grabschwarz schmutzigen Fingernägeln.

Tessa: Ich nehme ihn mit zu einer schicken Filmpremiere, und er kommt zu spät, trägt seine abgelatschtesten Chucks und meckert dann noch über den Film.

Alex: Er erzählt mir die ganze Zeit, wie ihn sein Kollege bei einem Pitching ausgebootet hat und wie er sich rächen will.

Karolina: Nach zehn Minuten erzählt er mir, dass seine Mutter sich umgebracht hat. Er machte auch sonst keinen lebensfrohen Eindruck.

Tessa: Ich lade ihn in ein cooles Konzert ein, und er schleppt mich danach in eine Currywurst-Butze.

Salma: Die Haare, die er auf dem Kopf verloren hat, wuchsen ihm in den Ohren wieder nach. Und aus der Nase. Wie Spinnenbeine.

Doro: Er erzählt mir die ganze Zeit vom Computerspiel »Fußballmanager« und loggte sich mehrmals übers Smartphone ein – um seinen Punktestand zu checken!

Silke: Ich erfahre nach dem Date durch Zufall, dass er eine Frau hat und gerade Vater geworden ist. Muss er vergessen haben zu erwähnen.

Alex: Wir sitzen bei heiter bis wolkigem Septemberwetter im Biergarten, und er nimmt die ganze Zeit nicht einmal seine Ganzkörpersonnenbrille ab.

Mary: Wir kommen raus aus der Bar, und er pinkelt an eine Straßenecke. Ein träger, schaumiger Rinnsal fließt in den Gully. »Wo waren wir stehengeblieben?«, sagt er und will mich mit seinen Pipipimmelfingern umarmen.

Irina: Wir bestellen unser Essen. Wenig später geht er zum

Klo, kommt wieder und sagt: »Du, ich hab mein Essen wie-
der abbestellt. Es passt nicht mit uns.« Dann geht er. In dem
Moment bekomme ich meine Suppe serviert, die ich tapfer
alleine auslöffle.

Die Schilderungen zeigen: Männer nehmen sich heutzutage
eine Menge raus. Wie kommen sie dazu? Und warum kommen sie damit durch?

Eine Antwort liefert das Erfolgsbuch *Warum Liebe weh tut* der
Hochschulprofessorin Eva Illouz. Eine ihrer Thesen: Männer
und Frauen haben in der Liebe unterschiedliche Verhand-
lungspositionen. Die gleichen Errungenschaften, welche die
Position der Frau in der Gesellschaft stärkten, schwächten ihre
Position auf dem Dating-Markt. Es lohnt sich, diese neue Be-
nachteiligung der Frau in unserer postfeministischen Zeit genauer anzuschauen, weil wir so verstehen, warum Frauen öfter
unter Dating-Desastern leiden – obwohl zu einem verpatzten
Date doch immer zwei gehören. Hat die Frau wieder alles
falsch gemacht, war sie zu kühl oder zu aufdringlich, zu tak-
tisch oder zu plump, hat sie sich zu viel geschminkt oder zu
wenig, war sie zu laut oder zu leise, hat sie zu viel geredet oder
zu wenig, hat sie zu viel gegessen oder zu schmallippig im Salat
herumgestochert? Nein, nichts von dem.

Männer können sich heute bei einem Date mehr herausnehmen und länger unverbindlich bleiben als je zuvor, paradoxerweise, denn Frauen sind so selbstbewusst und frei wie nie. Aber
im Kampf um die Ressource »Bindung« sind Frauen die Verlierer. Warum das so ist? Die Antwort klingt nüchtern: Weil
Angebot und Nachfrage den Markt regulieren. Und die Männer merken, dass sie mit ihrem gefragten Gut »Bindungsbe-
reitschaft« die Hosen anhaben und den Markt beherrschen,

indem ein Überangebot an bindungswilligen Frauen besteht. Das sind die Gründe für das Überangebot:

- Eine Frau steht immer noch unter stärkerem sozialen Bindungsdruck als der Mann. Eine Frau, die dauerhaft ohne festen Partner lebt, gilt schnell als gescheitert, verschroben, karrieristisch oder unterkühlt. Sie kommt der Aufgabe nicht nach, sich hingebungsvoll dem Erhalt der Gesellschaft zu opfern, sprich, Kinder zu bekommen. Paradox: Gleichzeitig propagiert die Gesellschaft die Selbstverwirklichung. Die Frau ist die Leidtragende dieses paradoxen Appells, sie kann es nicht recht machen, wird entweder als Hausmütterchen oder als karrieregeil diffamiert. Ein bindungsunwilliger Mann dagegen wird als Playboy oder Abenteurer bewundert, als freiheitsliebend oder schlicht als schlau. Anders als früher senkt sein Solo-Dasein seinen Status nicht mehr wesentlich. Männer wie George Clooney, die es nie länger als zwei Jahre mit einer Begleitung aushalten, erscheinen nur noch begehrenswerter.
- Eine Frau steht unter einem ganz anderen biologischen Druck, wenn sie Kinder bekommen will. Wenn sie sich mit Mitte 30 an einen Mann bindet, dann meist mit der Option, dass dieser Mann ein potenzieller Vater ihrer Kinder ist. Männer sind bei Frauen dieses Alters umso mehr auf der Hut und vermeiden Verbindlichkeiten. Zwar verspüren auch die meisten Männer ein Bedürfnis nach Nähe und Bindung, aber sie sind es, die die Fäden in der Hand halten.
- Ein Mann kann bequem seine Gene erhalten und trotzdem so weiterleben wie bisher, wenn er sich von der Mutter seines Kindes trennt (falls er überhaupt mit ihr liiert war) und ihr die Aufzucht überlässt. Früher wurde ein Mann, der seine Frau

verließ, gebrandmarkt, umso mehr, wenn es schon Kinder gab – heute nicht mehr.

- Immer mehr Frauen erreichen einen höheren gesellschaftlichen Status, doch während ein Mann sich problemlos mit einer Frau mit niedrigerem Status verbinden kann, gilt es noch als ungewöhnlich, wenn die Frau einen höheren Status hat als ihr Partner. Carola zum sogenannten »Downdating«: »Kann ein Mann seine Unterlegenheit dadurch kompensieren, dass er mich stundenlang oral befriedigt oder die Wohnung blitzblank putzt? Ich bezweifle das.« Also gilt: Je höher der Status der Frau, desto dünner die Luft. Das Kontingent an potenziellen Partnern ist in den Chefetagen klein.

Das sagt die Statistik: 28 Prozent der Amerikanerinnen hatten schon einmal eine Affäre mit ihrem Boss, aber nur 7 Prozent mit ihrem Untergebenen. (Welt.de)

- Ein Mann kann traditionell sehr viel leichter auf sehr viel jüngere Partner zugreifen, während eine Frau sich damit schnell lächerlich macht. Die Konvention weicht gerade auf, uns fallen Beispiele von wildernden »Cougars« (Pumaweibchen) ein, von Madonna bis Jennifer Lopez, die jüngere Männer an ihrer Seite haben. Wir dürfen nicht vergessen, dass diese Über-Frauen zwar Signale setzen, aber ihr Verhalten noch lange nicht eine neue Norm bedeutet.
- Da bei Frauen auf dem Bindungsmarkt Schönheit noch immer die entscheidende Währung ist und bei einem Mann der Status, muss eine Frau mit Jüngeren konkurrieren. Ein reifer Mann ist auf dem Paarungsmarkt dagegen jüngeren Geschlechtsgenossen überlegen, da sein Status mit dem Alter zunimmt.
- Früher hatten Frauen die Kontrolle über den Sex: Sie bestimm-

ten, ob und wann es getan wird – auch wenn sie in ihrer Entscheidung nicht wirklich frei waren, sondern sich an Konventionen halten oder aber den Sex vertuschen mussten – bei allen Risiken. Der Mann aber musste Bindungswillen zeigen, wenn er Sex mit einer »anständigen« Frau wollte – und riskierte bei einem gebrochenen Versprechen seinen Ruf. Seit Frauen aber zugestanden wird, Sex um seiner selbst willen zu genießen, kommen Männer zum Zuge, ohne dafür die Ressource Bindung eintauschen zu müssen. Die Frau hat ihr Ass im Ärmel verloren.

Was tun? Wir wollen das Rad hier nicht zurückdrehen. Wir wollen nicht zum früheren Idealbild der keuschen Frau zurück. Wir müssen nur Wege im Miteinander finden, damit Frauen aus ihrer neuen Freiheit nicht ein neuer Strick gedreht wird. Vielleicht, indem wir die Bindung wieder höher bewerten als die Eroberung und den Konsum. Der Triumph des Rumkriegens, des Abschleppens, des »Final Close« beim »Pick up« ist schließlich ein Triumph aus der heutzutage immer länger werdenden Adoleszenz-Phase, der Zeit des Heranwachsens und Ausprobierens. Wahrscheinlich müssen Mann und Frau nach Jahrhunderten der Anpassung an Konventionen und Jahrzehnten der Rebellion erst noch zu wirklicher Reife finden.

Das sagt die Statistik: 37 Prozent der deutschen Männer haben Bedenken, sich in Beziehungsdingen festzulegen. (Gewis für Petra)

Doch bis es so weit ist, merkt der Mann genau, dass er beim Pokern mehr in den Händen hält als die Frau. Er kann sich, wie Illouz im Interview mit dem *Süddeutsche Zeitung Magazin* feststellt, vage halten, sich alle Möglichkeiten offen lassen, muss keine Zusage mehr machen. Männer sind die Gewinner des neuen Markts mit seiner Anomie, diesem Zustand frei von Regeln, Einschränkungen und Verbindlichkeiten. Der Single-Markt, heißt es treffend in dem Beitrag, ist entfesselt wie der Finanzmarkt.

Wie reagieren Frauen nun auf den ungleichen Markt? Meist, indem sie sich konform verhalten und die schwierigen Bedingungen akzeptieren und versuchen, ihren Platz darin zu finden. Viele verbergen ihren Bindungswillen als einen Makel, in der begründeten Angst, er könne Männer abschrecken. Illouz stellt fest, dass der Bindungswille der Frau bis Mitte des 20. Jahrhunderts als Tugend und Bedingung galt. Nun verknappen sich Frauen künstlich und verleugnen ihr Interesse, wie es etwa der amerikanische Ratgeber-Klassiker *The Rules – die Kunst, den Mann fürs Leben zu finden* von Ellen Fein und Sherrie Schneider nahelegt. Weitere Methoden der Anpassung an die Marktvorgaben sind eine ehrgeizige Selbstoptimierung: Fitnessstudio, Beauty-Behandlungen, Push-up-BH, Botox-Spritze, Coaching, Therapie, Flirtschule. Eine übertriebene Anpassung birgt die Gefahr von Ausfallerscheinungen wie Essstörung, Drogenmissbrauch, Schönheitswahn. Andere Frauen verweigern sich dem Druck, wollen sich nur noch vom Traumprinzen finden lassen. Durch den Traumprinz-Vergleich aber erscheint der Pool an verfügbaren Männern noch blasser. Jean-Claude Kaufmann dazu: »Durch zu viel Träumen und zu hohe Ansprüche betont die Single-Frau zusätzlich ein bestehendes Ungleichgewicht zwischen Männern und Frauen.« Viele Frauen kapitulieren auch und beschließen: »Gar kein Sex mehr!« – ohne groß darüber zu reden, denn der gesellschaftliche Kodex, sich sexuell zu verwirklichen, wiegt schwer. Wieder andere rebellieren gegen die Kluft zwischen Wunsch und Möglichkeit und drehen den Spieß um: Sie lehnen die Liebe ab und benutzen Männer als reine Lustobjekte.

Der schlechte Rat: Rufen Sie nie einen Mann an! Fordern Sie ihn nie zum Tanzen auf. Tun Sie am besten so, als hätten Sie gar kein Interesse und sowieso keine Zeit. Er wird Ihnen zu Füßen liegen.

Was stimmt denn nun? Laut Illouz ist es so: Wenn Sie unbedingten Bindungswillen wie Hühnerfutter im Stall verstreuen, schaffen Sie in dem von Männern beherrschten Markt ein Überangebot. Wenn Sie Sex geben, obwohl Sie Liebe wollen, wenn Sie das Bedürfnis nach Liebe gar mit dem Bedürfnis nach Sex verwechseln, verstärken Sie das Überangebot weiter. Das heißt jedoch nicht, dass Sie alberne oder oft genug auch erniedrigende Spielchen spielen müssen, etwa am Mittwoch kein Date für Samstag mehr zusagen oder Sex erst nach dem dritten Date haben dürfen. Spielchen durchschauen Männer meist ohnehin. Abgesehen davon: Männer mögen Frauen, die die Initiative ergreifen, die selbstbewusst sind und ihr Leben tatsächlich in der Hand haben – statt nur so zu tun, obwohl sie in Wirklichkeit glauben, erst ab dem Standesamt eine vollwertige Person zu sein. Ein ausgefülltes Leben und ein positives Selbstkonzept steigern also den Marktwert der Frau.

Mehr noch: Eine starke Frau kann den Männern einen Teil der Macht auf dem Markt entreißen und nach ihren eigenen Regeln spielen. Dazu muss sie sich über ihre Bedingungen klar sein: Etwa, dass sie sich nicht damit begnügt, Geliebte zu sein, wo sie Partnerin sein will. Oder dass sie nicht hingehalten werden will, wo sie ein Bekenntnis erwartet. Und es wäre wünschenswert, wenn die Frau diese Bedingungen auch vertritt und gegebenenfalls die Konsequenzen zieht, statt dem Bindungs-Poker der Männer noch zuzuspielen.

Frauen zwischen Selbstverwirklichung und Bindungssehnsucht

Trixi schildert, wie sie spürte, sozial aufgewertet zu werden, als sie nach langen Single-Jahren wieder einen Freund gefunden hatte: »Plötzlich kamen viel mehr Einladungen. Von Kollegen, von befreundeten Paaren. Freundinnen meldeten sich wieder, die einst meine Weggefährtinnen im Single-Leben gewesen waren, aber dann abgesprungen waren, weil sie plötzlich in Beziehungen landeten. Meine Schwester lud uns übers Wochenende zu sich und ihrer Familie ein. Auf einmal begegneten wir uns auf gleicher Augenhöhe. Ich war nicht mehr die komische Aschenputtel-Schwester.«

Bei aller Individualisierung besteht also durchaus das Dogma, sich zu binden, wenn auch unterschwellig statt ausdrücklich. Dieses Dogma steht im Kontrast zu einem anderen gesellschaftlichen Imperativ: nämlich dem, sein größtmögliches Lebensglück zu schaffen. Daher wird auch eine wenig glückliche, stillstehende oder langweilige Beziehung sanktioniert. In diesem paradoxen Spannungsfeld leben wir alle – wir suchen und glauben selten, gefunden zu haben. Sollte die Liebe uns nicht noch mehr umhauen? Habe ich nicht ein Recht auf Leidenschaft? Sollte es sich nicht aufregender anfühlen? Also suchen wir weiter – Kontaktabbruch oder Trennung sind leicht gemacht, neue Dates leicht beschafft. Die Single-Frau rächt sich manchmal an dem Beziehungs-Dogma, indem sie ihr Ass aus dem Ärmel holt, den kritischen Blick auf das Leben zu zweit. Sie verweist dann darauf, dass sie keine glücklichen Paare kennt. »Die lügen sich doch alle in die Tasche, ich brauch das nicht«, sagt Emily. »Wenn wieder mal eines dieser Paare auf seinem Habitat-Paarsofa sitzt, die Köpfe in eine Richtung schieflegt und mich fragt: ›Emily, wie kann das denn sein, dass eine tolle Frau wie du noch Single ist? Man müsste dir doch die Bude einrennen‹, dann würde ich am liebsten antworten: ›Ja, ich arbeite hart dafür, Single zu bleiben, was tut man nicht alles, um nicht so ein langweiliges, selbstgefälliges Paarwesen zu werden wie ihr beiden Arschgeigen.‹«

Frauen wie Emily geben auch jede Illusion über männliche Treue auf – oft genug selbst in der Rolle der heimlichen Geliebten, sitzen sie an der Quelle, was Wissen über männliche Untreue angeht.

Und prompt ist die Single-Frau nicht mehr nur die Gebrochene, die Einsame. Sie wirkt desillusioniert, ja, aber auch stolz, selbstbestimmt, authentisch. Und in ihrem Stolz untermauert sie die neue Norm, die auch Menschen in der Beziehung erreicht, die Norm zur Selbstverwirklichung. Die *Welt am Sonntag* zeigte jüngst in ihrem Titelthema *Ich fang noch mal von vorne an – drei Frauen über 50 erzählen,* dass sich diese neue Norm auch auf ältere Generationen überträgt, die noch mit festen Liebeskonventionen großgeworden sind. Scheidungen im Alter von 50, 60 oder 70 sind heute nicht mehr ungewöhnlich, und sie gehen häufig von Frauen aus. Die Zahl der Scheidungen nach der Silberhochzeit hat sich dem Artikel zufolge in den letzten Jahren verdoppelt, 23 550 waren es 2010. »Es war das Gefühl, dass man einfach so funktioniert«, erzählt eine der Frauen. »Ich dachte, ich muss mal mit dem Hammer reinhauen, damit sich etwas bewegt.«

Die 50-plus-Frauen verlassen ihre Männer also nicht, weil sie endlich den Mut finden, sich aus jahrzehntelanger Tyrannei zu befreien. Sie verlassen ihren Mann, weil der keine Lust hat auf Bildungsreise in die Toskana und Ehrenamt an der Montessori-Schule, sondern ganz zufrieden damit ist, Computerschach zu spielen und TV-Mehrteiler zu verfolgen. Die Frauen merken, dass sie ihren Mann gar nicht brauchen, um ihren Interessen nachzugehen. Sie bleiben mit ihm nach der Trennung oft freundschaftlich verbunden und sind stolz auf ihre Entscheidung, von nun an allein zu leben. »Uns ist die Liebe verlorengegangen«, begründen sie diese oft, das Bildungsreiseprogramm für das neue Quartal und das Italienisch-Lehrbuch auf dem Schoß.

»Liebe ist nur ein Viertel unseres Lebens«, heißt eine Polemik der Schriftstellerin Sibylle Berg auf *Spiegel online*. Sie plädiert dafür, Selbstverwirklichung nicht in der Liebe zu suchen, sondern in den anderen Bereichen des Lebens: Beruf, Wohnort, Freunde. Sie spricht sich dagegen aus, seinen Partner vorschnell zu verlassen. Dabei geht sie von einer »guten, normalen Beziehung aus. Eine, in der man redet, wenn auch nicht ununterbrochen, in der man lacht und gemeinsam einschläft, in der man dem Verfall des anderen nicht unbedingt mit Jubilieren, so doch gutmütig beiwohnt. Eine Beziehung, in der man sich nicht verspannt, die meisten Geheimnisse des anderen kennt, seine blöde Verwandtschaft und seine Angewohnheiten.« Ihre düstere Prognose für ein Leben nach der Trennung: »Alles wird bleiben, wie es war. Nur vielleicht schlechter.« Oder, wie man ebenso sagen könnte: Woanders ist es auch scheiße.

Warum wir beim Date zerrissen sind

Ich will und kann kein Urteil über späte oder frühe Trennungen fällen. Ich will nur zeigen: Trennungen sind heutzutage leicht beschlossen. Wir wollen uns selbst verwirklichen, haben aber noch nicht gelernt, diesen Anspruch mit unserem Ideal der romantischen Liebe zu vereinbaren. Ein Liebesversprechen gilt nicht mehr viel, und doch sehnen wir uns nach Verbindlichkeit. Wir sind innerlich zerrissen. Diese Zerrissenheit nehmen wir mit in jedes Date. Der Soziologe Jean-Claude Kaufmann spricht von einer »mentalen Gespaltenheit«, wenn zwei Menschen sich in einem Gründungsakt befinden. Das Ich sei nicht mehr eines, sondern zwei. Beim Date fragen wir uns: Wer bin ich? Was mache ich hier? Treffe ich mich mit dem richtigen Menschen? Passiert das wirklich? Wir schweben zwischen unserem alten Leben und neuen Möglichkeiten. Kaufmann nennt es »eine Häutung mit ungewissem Ausgang«. Die Erwägungen, die hier gezogen werden, seien nur scheinbar einfach. Schließlich geht es darum, die Sicherheit der alten Identität zu verlassen und sich für eine neue, noch ungeformte zu entscheiden.

Innere Konflikte sorgen zusätzlich für Zerrissenheit: Sie spielen sich bei jedem Date in jedem von uns ab. Genügt der andere unseren Ansprüchen oder nicht? Prescht man vor oder geht man auf Distanz? Will man seine Unabhängigkeit betonen oder sich öffnen und dem anderen ein Angebot machen, Intimität zuzulassen? Will man sich beim Date anpassen und Konsens finden oder die Einzigartigkeit der eigenen Persönlichkeit betonen? Will man sich hingeben oder kontrollieren? Baut man auf die Zukunft oder lebt man ganz in der Gegenwart? Kann man sich eine Zukunft mit dem anderen vorstellen oder sabotiert man das Date lieber, weil einem das Single-Leben vertrauter, ungefährlicher oder angenehmer erscheint? Denn Liebe ist verwandt mit Angst (die Nervosität! Das Adrenalin! Die überhöhte Wachsamkeit!), und paradoxerweise fühlen wir uns trotz aller Bindungssehnsucht oft wohler, wenn wir allein sind. Wenn man nichts hat, kann man nichts verlieren. Und man kann es sich bequem machen in der Vorstellung, dass man noch in der Vorbereitungsphase steckt, ehe das wahre Leben losgeht, ein Leben, wie es uns zusteht.

> **Der schlechte Rat:** Lösen Sie erst Ihre inneren Konflikte, und nehmen Sie sie nicht mit ins Date. Nur wenn Sie wissen, was Sie wollen, können Sie authentisch handeln.

Was stimmt denn nun? Viele innere Konflikte lassen sich nicht lösen, schon gar nicht während eines Dates. Sie müssen aber auch gar nicht gelöst werden. Es genügt, wenn wir sie wahrnehmen und beobachten, ohne etwas an unserem Zustand verändern zu wollen. Wir können die beiden inneren Konfliktparteien gleichermaßen annehmen. Beide haben eine positive Absicht und ein berechtigtes Anliegen. Wir müssen die Parteien aber nicht zu einer Lösung drängen. Vieles regelt sich von selbst, löst sich auf wie ein lockerer Knoten. Wir können akzeptieren, dass eine gewisse innere Zerrissenheit zur menschlichen Natur gehört.

Schlechte Ratschläge:
So versemmeln Sie Ihr Date

Wir hörten einige Theorien, die erklären, warum Dates eine mühselige und tückische Angelegenheit sind. Wie man es gut macht, darüber scheiden sich die Geister. Größerer Konsens herrscht bei den Tabus: Bei meinen Recherchen fiel mir auf, dass es viel leichter ist zu sagen, wie man es *nicht* machen soll. Warum nicht. Vielleicht bietet ein »So nicht!« mit einer klaren Aussage eine gute Orientierung. Hier meine Zusammenfassung schlechter – und guter – Ratschläge von IHR für IHN und IHM für SIE.

SIE: Der schlechte Rat: Männer, seid witzig, bis es kracht! Legt den schrägsten Gag-Techno auf! Nehmt euch da ruhig Mario Barth zum Vorbild. Heutzutage sind Mülltonnen sogar schon witzig, da haben andere Männer Sprüche draufgeschrieben wie »Wenn Sie auch mal was loswerden wollen ...«. Ihr wollt doch nicht humorloser sein als eine Mülltonne?
Der gute Rat: Lacht lieber mal über uns! Auch Frauen sind witzig!

ER: Der schlechte Rat: Liebe Mädels, wenn ihr beim Sex plötzlich mit dem Simsen aufhört, könnten wir das so auslegen, als seid ihr wirklich an uns interessiert und habt doch noch ein Fünkchen Respekt. Also besser durchgehend den Freundinnen twittern, was so abgeht, wie ich mich schlage – und schlage ich mich miserabel, dann retten deine Freundinnen dich gerne per »Notanruf«. Oder mach doch direkt gleich neue Dates aus!

Der gute Rat: Handy aus!

Das sagt die Statistik: 67 Prozent der Deutschen würden sich kein zweites Mal mit jemandem treffen, der beim ersten Date nebenbei SMS schreibt. (Bildkontakte.de)

SIE: Der schlechte Rat: Liebe Jungs, wenn ihr kurz vorm Sex die Halogenleuchter dimmt, könnten wir das so verstehen, als hättet ihr doch noch einen Fünkchen Sinn für Romantik. Also lasst es uns im Stadionflutlicht machen. Magst du vielleicht noch eine Videokamera laufen lassen? Wäre doch schade um das ganze Licht, und vielleicht kommen wir auf Youporn ganz groß raus.

Der gute Rat: Romantik tut nicht weh, macht nicht impotent, bedeutet nicht automatisch großen Aufwand und ist auch nicht zu verwechseln mit Kitsch.

ER: Der schlechte Rat: Spielchen spielen. Rar machen. Warum der Rat schlecht ist? Weil auch das passieren kann: Du machst dich rar, und keiner merkt's. Außerdem: Wenn ihr manipuliert, ist das ein Hinweis darauf, dass ihr Angst vor Zurückweisung habt. Und ihr glaubt, nicht landen zu können, spieltet ihr mit offenen Karten. Spielchen sind also ein Zeichen für mangelnde Selbstsicherheit. Und das ist nicht sehr sexy. Außerdem: Vielleicht fühlt ihr euch durch Spielchen im Moment sicher, aber die Gefahr ist groß, dass wir Männer schlussfolgern, ihr wäret nicht interessiert. Und wenn wir denken, dass wir auf dem Holzweg sind, verschwenden wir auch keine Energie mehr.

Der gute Rat: Es ist okay, vorsichtig zu sein und sich von seiner besten Seite zu präsentieren. Aber warum beweist ihr nicht öfter Mut und zeigt, wer ihr seid und was ihr wollt?

SIE: Der schlechte Rat: Immer schön keinen Plan haben! Gerne Fragen wie: »Wo gehen wir hin?«, »Was willst du machen?«, »Wollen wir uns erst mal treffen und dann sehen, was wir machen?«
Der gute Rat: Klare Ansagen! So wie: »Lass uns um acht Uhr treffen, dann gehen wir da und da hin.« Und: Wenn ihr von Anfang an verbindlich seid, ist alles viel leichter. Wenn ihr beim ersten Date fragt: Was machst du übermorgen? Dann brauchen wir nicht vor dem Telefon zu warten und keine Ich-mach-mich-rar-ich-bin-ein-Star-Spielchen spielen.

ER: Der schlechte Rat: Esst nicht richtig, bestellt die Kohlenhydrate ab oder gleich nur einen Salat, in dem ihr dann bitte in den wenigen Zutaten rumpickt, die ihr mögt / vertragt / die wirklich nicht dick machen. Wirkt Wunder, weil so richtig schön lustfeindlich! Und meistens sieht man euch dann auch an, dass euer Körper nicht bekommt, was er benötigt. Eure Gesichter, eure Figur eine einzige Mangelerscheinung. Dann gerne noch ausführliche Berichte, dass Fleisch euch übersäuert und ihr an Laktoseintoleranz und Nussallergie leidet, und dass man ja gar nicht ahnt, wo sich überall Reste von Nüssen verstecken.
Der gute Rat: Haut rein! Essen macht Spaß, ist sinnlich und gesund. Die Natur will, dass wir essen.

SIE: Der schlechte Rat: Immer Pfefferminz kauen, wenn ihr denkt, gleich wird geküsst. Was ist schlecht an diesem Rat? Das wirkt so kalkuliert, dabei aber prüde und ängstlich. Als hättet ihr Schiss, nach euch selbst zu schmecken.

Der gute Rat: Zähne vorm Date putzen. Reicht völlig.

ER: Der schlechte Rat: Bitte sagt mir schon beim ersten Date, dass ihr mich wahnsinnig toll findet und was ihr euch alles mit mir vorstellen könnt.

Der gute Rat: Lasst uns etwas Raum für Phantasie. Lassen wir noch ein wenig im Ungewissen, wo die Reise hingeht.

Das sagt die Statistik: Wer sich nicht sicher ist, ob sein Gegenüber ihn mag, fühlt sich stärker von ihm angezogen. Denn ein kleines Maß an Verunsicherung lässt die Gedanken um den anderen kreisen. Wer seine Gefühle also nicht gleich offen zeigt, hat mehr Chancen auf ein zweites Date. (Studie der Wissenschaftler um Erin Whitchurch von der University of Virginia in Charlotteville, vorgestellt in der Zeitschrift Psychological Science)

SIE: Der schlechte Rat: Um uns loszuwerden, sind kesse Pick-up-Sprüche aus eurer Internet-Community nützlich: »Ich bin von Beruf Prophet, ich sehe, dass du mich gleich küsst.« Oder: »Du willst wissen, wie meine Wohnung eingerichtet ist? Schau's dir an!« Oder: »Lass mich mal aus deiner Hand lesen!«

Der gute Rat: Vertraut euch selbst, eurem eigenen Charme und eurem eigenen Humor, statt irgendwelchen Aufriss-Taktiken. Und geht mal in euch: Ist euer Ziel, ein Final Close beim Outer Game zu landen, nicht auch nur ein verschleierter Schrei nach Liebe?

ER: Der schlechte Rat: Babytalk! Ist nicht niedlich, ist einfach nur Scheiße.

SIE: Der schlechte Rat: Haut Phrasen raus wie »Schlepptop« oder »Ich muss noch zur Spaßkasse«! Da sag ich nämlich gleich: Tschüssikowsky!

ER: Der schlechte Rat: Zeigt deutlich, dass ihr euch beruflich so schnell nicht entschließen möchtet! Wenn ihr sagt: Ich mach jetzt mal 'nen Fashion-Blog und will nächstes Jahr ein Semester Schauspiel auf der Lee-Strasberg-Schule in New York studieren – da weiß ich nämlich gleich, erwachsen seid ihr noch lange nicht.
Der gute Rat: Schafft was Eigenes, findet euren Weg und eure Stärken und baut die aus. Unterscheidet euch, statt irgendwelchen Träumen hinterherzuhecheln, die ihr mit Millionen anderer Mädchen teilt.

SIE: Der schlechte Rat: Jungs, zieht so richtig vom Leder! Braucht ihr Ideen? Okay: Ihr habt mit Thomas Kretschmann dasselbe Vize-»Topmodel« aufgerissen. Ihr wickelt eure Geschäfte zwischen Schanghai, Abu Dhabi und London ab. Ihr hattet mit Mark Zuckerberg eine hitzige Diskussion über Datenschutz und 3-D-Internet. Ihr saßt bei der Cinema-for-Peace-Gala neben Nicolas Berggruen. Ihr seid ein geheimes Gründungsmitglied von Wikileaks oder der Piratenpartei. Ihr wurdet mal nach einer wilden Party in einer Favela von Rio ausgeraubt. Ihr habt in Nordafrika mit Beduinen Kath gekaut. Es bedeutet für euch Freiheit, mit dem Motorroller durch Phnom Penh zu knattern. *Das* ist euer Leben. Dass ihr hier mit mir in Hannover im »Auszeit« sitzt, ist lediglich als kurze Verschnaufpause vor weiteren Abenteuern zu betrachten, ich versteh schon!

Der gute Rat: Spannende Jobs, Freunde und Reisen kommen und gehen. Wir interessieren uns viel mehr für das, was bleibt: eure Persönlichkeit! Habt mehr Mut, sie uns zu zeigen, als euch hinter Brimborium zu verstecken!

ER: Der schlechte Rat: Macht euch Gedanken über jedes Detail! Was will ich damit sagen, ich träume von Australien? Dass ich damit einer gemeinsamen Zukunft ausweiche? Und wie habe ich das gemeint, du könntest so lustig erzählen? Dass du zwar amüsant bist, aber nicht attraktiv? Habe ich da etwa gerade nervös gezuckt, als du das Kind der jungen Familie dort drüben süß fandest? Wie ist eigentlich meine Einstellung zu euch, und was werden eure Familie und Freunde zu mir sagen? Und wieso verschränke ich jetzt gerade die Arme, das ist doch eine ablehnende Körperhaltung, weiß ja jeder! Und sowieso: Haben wir beide überhaupt eine Chance?

Der gute Rat: Hört auf, euch Sorgen zu machen und alles zu deuten und gedanklich zu sezieren. Sorgen zerstören die Stimmung. Was passieren soll, wird passieren, also haltet doch mal die Füßchen still!

SIE: Der schlechte Rat: Rechnungen beim ersten Date teilen oder sie sogar von der Servicekraft auseinanderdividieren lassen beugt am besten einem zweiten Date vor.

Der gute Rat: Zahlt mit einer beiläufigen Geste, ohne viel

Worte, und erwartet dafür nicht gleich einen Kniefall, wozu auch immer. Wir werden uns revanchieren, wenn es so weit ist.

ER: Der schlechte Rat: Zu viel trinken! Oder gar nichts trinken! Denn dann fühle ich mich moralisch so richtig unterlegen.

SIE: Der schlechte Rat: Ihr wollt mir gerade ausbreiten, was für ein Luder eure Ex war, dass sie sich sogar an euren eigenen Vater rangemacht hat und wie sie euch finanziell ausgeweidet hat? Dann ist der hier für euch: Ihr macht genau das Richtige, wenn ihr alles falsch machen wollt!
Der gute Rat: Wenn ihr mit viel Gepäck reist, versucht es loszuwerden, bevor ihr euch auf was Neues einlasst. Zum Beispiel bei einer Therapie. Ich kann das nicht leisten. Ich bin nicht eure Psycho-Tante und auch nicht eure Mami, die euch ein Pflaster aufklebt und darauf pustet.

Das sagt die Statistik: 40 Prozent aller Frauen über 40 nervt es bei einem Date am meisten, wenn ihr Gegenüber von Problemen aus vergangenen Beziehungen redet. (Welt.de)

ER: Der schlechte Rat: Probiert bitte schon nach drei Dates meinen Nachnamen an und phantasiert über eine gemeinsame Zukunft, und die geht dann in etwa so: ein Haus mit Wiese drumherum, auf dem unsere kleine Lena mit unserem kleinen Jakob spielt und beide uns zupiepen, wie lieb sie uns haben, während wir Kataloge mit Privatschulen durchblättern und uns gegenseitig selbstgemachten Kuchen mit Kirschen aus eigenem Anbau in den Mund schieben! Was ist schlecht daran? Ich nehme eure Verliebtheit nicht persönlich. Ihr seid in eure Vision verliebt.

Der gute Rat: Lernt mich erst einmal kennen und guckt, was ihr dann von mir wollt. Wenn ihr es langsam angehen lasst, ist der Sturz nicht so dramatisch, als wenn eure himmelhochjauchzenden Illusionen zerbersten.

SIE: Der schlechte Rat: Ignoriert rote Karten, und eure Chancen werden noch schlechter, als sie es ohnehin schon sind! Wenn ich sage, ich will jetzt nach Hause, ist das eine rote Karte. Es nützt nichts, dann zu versuchen, an mir herumzugrabbeln. Wenn ich euch meine Telefonnummer nicht geben will, ist das … Na? Richtig, eine rote Karte! Versucht dann nicht, meine Nummer über Freunde rauszukriegen. Wenn ich eure Krawatte beleidige oder euch beim Date draufsetze, Bingo, sind das rote Karten. Manchmal seid ihr so von sportlichem Ehrgeiz besessen, dass ihr rote Karten überseht und euch angespornt fühlt, eure Bemühungen zu verstärken. Doch mehr auf die Tube zu drücken macht alles nur noch schlimmer!

Der gute Rat: Nicht gleich aufgeben, weil mal etwas nicht so läuft wie gewünscht, aber bitte auch Grenzen erkennen. Und wenn wir partout nicht wollen, eure und meine Zeit nicht verschwenden!

ER: Der schlechte Rat: Wovor ich flitzen gehe wie Lindsay Lohan vor der Urinprobe: Wenn ich merke, dass ihr einen Fragenkatalog an mir abarbeitet. Will ich Kinder? Wo sehe ich mich beruflich in fünf Jahren? Wie lange dauerte meine längste Beziehung? Woran ist sie gescheitert? Was ist schlecht an diesem Rat? Solche Fragen sind keine guten

Eisbrecher. Es ist toll, wenn ihr Interesse zeigt, aber ein Date ist kein Assessment-Center mit Aussicht auf Arbeitsvertrag.

Der gute Rat: Ich habe Verständnis dafür, dass ihr Druck verspürt. Aber bei einem Date sind Geduld und Gelassenheit gefragt. Versucht doch einfach mal, das Hier und Jetzt zu genießen und weniger an die Zukunft zu denken! Lass uns zusammen entspannen und Spaß haben!

SIE: Der schlechte Rat: Den wirksamsten Tipp, um uns loszuwerden, brauche ich euch gar nicht zu geben, denn eines habt ihr ganz von selbst drauf – flüstern euch eure Väter dieses Wissen zum 16. Geburtstag ins Ohr? Und zwar: wegrennen, wenn es auch nur ein bisschen ernst wird! Bloß keine Verbindlichkeiten! Bloß keine Verantwortung übernehmen, bloß nichts planen, was über einen Zeitpunkt von, sagen wir, zwei Wochen hinausgeht. Wir könnten euch ja in Ketten legen, euer Sperma abzapfen und unseren bedrohlich tickenden Eizellen zuführen, und schon schiebt ihr einen Doppel-Bugawoo über den Spielplatz, statt mit euren Freunden furzend vor der Champions League zu sitzen und Pizza zu mampfen, die lieblos mit dem Rest vom Schweinehintern belegt ist. Das wäre ja eine Katastrophe, wenn sich an eurem tollen Single-Leben auch nur ein Fussel ändern würde – und genau das ist unsere Absicht, euch wegzunehmen, was euch lieb ist!

Der gute Rat: Atmet mal schön durch die Hose mit eurer Bindungs-Paranoia. Intimität ist nicht gefährlich, sie kann auch schön sein, das habt ihr völlig vergessen. Und eine Beziehung ist kein Gefangenenlager in Nordkorea. Und ja, wir sind genauso unsicher wie ihr und haben Zweifel, uns darauf einzulassen. Auch wir haben Angst, verlassen, verletzt, betrogen, zurückgewiesen und gedemütigt zu werden. Aber wollen wir deswegen ewig aneinander vorbeileben wie verdammte Feiglinge?

ER: Der schlechte Rat: Bitte scannt mich noch ein bisschen genauer, damit es auch ja nicht klappt mit uns beiden! Krieche ich vielleicht doch etwas zu langsam die Karriereleiter hoch, ist mein T-Shirt nicht schrecklich, werde ich jemals auf meine Party-Urlaube auf Ibiza verzichten können? Ist es nicht ein Abtörn, dass ich mir als Mann die Beine rasiere? Könnte mein Schwanz nicht ein paar Zentimeter mehr vertragen? Kannst du meinen Dialekt wirklich auf Dauer ertragen? Und sind meine Freunde nicht ein bisschen – nun – verhaltensoriginell? Wenn ihr nur lang genug bohrt, findet ihr sicherlich etwas, was nicht in eure Vorstellungen passt von dem Leben, das ihr glaubt, verdient zu haben. Nur zu!

Der gute Rat: Den Mann, den ihr sucht, gibt es so häufig wie ein Einhorn! Aber kleine Mädchen, die gerne Märchen lesen, sind sich ja auch sicher, dass es Einhörner gibt – und Traumprinzen. Vor lauter Matching und Optimierung und Perfektionierung und Träumen von unendlich schönen »*Twilight*«-Vampiren überseht ihr ganz, was für ein netter Kerl aus lebendigem Fleisch und fließendem Blut euch gegenübersitzt. Bei einer solchen Arroganz verdient ihr es, allein zu sein.

SIE: Der schlechte Rat: Geht von 0 auf 100! Tut so, als wäre ich die erste und einzige Frau, die ihr je getroffen habt, eine Fügung des Schicksals! Was ist schlecht an diesem

Rat? So ein Vorpreschen macht mich misstrauisch. Diese Typen, die direkt nach drei Dates von Ehe, Auswandern, Kindern sprechen, mit mir auf einem Segelboot leben wollen, die mich als Pop-Art-Mutter-Gottes malen, die Wände mit Gedichten über mich vollschreiben, ein Lied für mich komponieren – bei denen weiß ich: Die sind plötzlich weg. Sie sind süchtig nach dem Kick, aber vor dem Alltag werden sie flüchten.

Der gute Rat: Springt nur ins tiefe Wasser, wenn ihr sicher seid, dass ihr dort schwimmen könnt.

ER: Der schlechte Rat: Nehmt nur ja nichts für voll, was wir sagen, dass wir euch mögen etwa oder euch wiedersehen wollen.

Der gute Rat: Drückt mal euren inneren Reset-Knopf! Mag sein, dass ihr in der Vergangenheit belogen und enttäuscht wurdet. Aber das ist doch nicht meine Schuld!

SIE: Der schlechte Rat: Sagt niemals, was ihr wollt, und tut alles nur uns zuliebe!

Der gute Rat: Wenn euch die »lange Nacht der Schlösser« langweilt, ist es keine gute Idee, unser Date dort zu verbringen, es kann lang dauern, wie der Name schon sagt, und niemand sollte sich unfreiwillig mit alten Gemäuern quälen. Und wenn euch ein vegetarisches Restaurant unbefriedigt zurücklässt, sucht eines aus, mit dem wir beide zufrieden sind.

ER: Der schlechte Rat: Macht genaue Pläne, wie wir unsere Dates verbringen, am besten solche, die keine Luft und keine Flucht zulassen. Etwa Bootsfahrten über sieben Seen.

Mehrstündige Poetry Slams. Eine neunaktige Freiluftoper von Richard Wagner.

Der gute Rat: Wenn ihr Vorschläge habt, ist das super. Aber lasst uns anfangs auf Unternehmungen einigen, die nicht überfordern, nicht allzu weit weg liegen, nicht zu lange dauern und keinen großen Aufwand erfordern. Sonst geht die Leichtigkeit verloren.

SIE: Der schlechte Rat: Geht Opfer fürs Date ein! Wir kommen erst auf unsere Kosten, wenn ihr für uns auf etwas verzichtet, was euch am Herzen liegt!

Der gute Rat: Wenn ihr lieber bei der Spontan-Party eures besten Freundes wärt, ihr eigentlich für eure Prüfung lernen müsstet oder ein Fußballspiel gucken wollt, dann ist das nicht der richtige Zeitpunkt für ein Date. Verbiegt oder verleugnet euch nicht, um uns zu kriegen! Durch Opfer fühlen wir uns schuldig. Schuld ist keine gute Basis für eine Beziehung. Durch zu viele Opfer schafft ihr ein Ungleichgewicht. Eine gute Basis sind Balance und Harmonie. Nehmen und Geben. Lernt lieber, euch einzubringen und eure Interessen zu vertreten.

Date – und dann?
Wie es weitergeht

Zu mir oder zu dir
oder man sieht sich

Die große Gefahr bei einem Date: den Sprung vom Small Talk zum Wesentlichen nicht zu schaffen. Die Rechnung kommt, und wir plappern, um zu überhören, was eigentlich anstehen würde: Wie geht es weiter? Sehen wir uns wieder? Gehen wir zu mir oder zu dir? Oder war's das, ohne dass wir es aussprechen? Der Wechsel von der Sachebene (Geplänkel über irgendetwas) zur Beziehungsebene (wie stehen wir zueinander?) ist heikel und wird deswegen oft vermieden und schließlich versäumt. Der Kellner bringt die Rechnung. Jetzt kann sich alles entscheiden oder alles zerstört werden. Es ist der Zeitpunkt, an dem innere Konflikte und unser Deutungsradar auf Hochtouren laufen: Was erwartet der andere von uns? Was wollen wir selbst? Soll er sie fragen, ob sie mit zu ihm nach Hause will, oder bricht er damit ein Tabu und verschreckt sie? Will er geküsst werden? Stößt es ihn ab, wenn sie zu viel Initiative zeigt? Wie signalisiert sie ihm, dass sie bereit ist für seine Initiative?

Niemand weiß, was der andere will. Die wenigsten wissen, was sie selbst wollen. Hat er wirklich das Bedürfnis, mit dieser Frau die Nacht zu verbringen, oder will er nur seinen Jagdehrgeiz befriedigen? Will sie, dass er sie küsst, oder wäre sie nur gekränkt, wenn er es nicht versuchte? Geht es zu zögerlich oder zu schnell? Fühle man sich angezogen oder abgestoßen oder beides gleichzeitig? Ist er ihretwegen nervös oder weil er glaubt, nicht gut genug für sie zu sein?

Hinzu kommen Ängste, zu schnell Verbindlichkeiten einzugehen, sich zu Versprechungen hinreißen zu lassen, die man nicht halten kann. Vielleicht sind wir in unserem Single-Leben nicht besonders glücklich. Aber wenigstens ist es uns vertraut. Wir haben uns darin eingerichtet und kennen seine Regeln. Der Soziologe Jean-Claude Kaufmann spricht von einem Preis, den man für die »Verzauberung« zahlt: nämlich sein altes Ich zurückzulassen. Sei man dazu nicht bereit, gestalte sich das Erwachen böse. Erst wenn man bereit sei, die alten Grenzen seiner Identität zu verlassen und seine Autonomie aufzugeben, könne das Glücksgefühl einer neuen Ära entstehen: Erst dann könne man vorstoßen in die neue Person, in sein neues Leben, ja in ein »ganzes Universum«. Und genau den Zeitpunkt verpassen wir aus Unsicherheit allzu oft. Wir plänkeln weiter, wo es eine Entscheidung zu treffen gälte. Manchmal gibt es dann keine zweite Chance. Lilly: »Es ist häufig der verkrampfteste Augenblick. Ich habe festgestellt: Trifft man sich im Café oder Restaurant, überwindet man die Trennung, die der Tisch schafft, nicht mehr. Es ist dann schwierig, die starre Position des Gegenübersitzens zu durchbrechen. Ich habe die Erfahrung gemacht, dass es leichter ist, den nächsten Schritt zu tun, wenn das Date von vornherein dynamisch war, man sich zum Beispiel zu einem Spaziergang trifft. Es kommt dann leichter zu zufälligem Körperkontakt oder einem Kuss. Auf natürliche und unverkrampfte Weise.«

Der schlechte Rat: Der beste Ort für ein Date ist ein schnuckeliges Plätzchen in einem Restaurant, in dem Sie ungestört sind.

Was stimmt denn nun? Lilly liegt richtig: Wenn wir Bewegung in unser Date bringen, geraten wir schneller in einen gemeinsamen Fluss. Räumliche Perspektivwechsel erleichtern Annäherungen, Berührungen und auch eine Fortsetzung, die beiden möglichst zwanglos vorkommt. Ein Spaziergang, eine Radtour oder ein Sport sind bessere Unternehmungen für ein Date als ein Gängemenü im Restaurant.

Der schlechte Rat: Nach einem Date machen Sie erst einmal auf schwer beschäftigt und halten sich vage. Legen Sie sich auf keinen Fall auf eine neue Verabredung fest!

Wenn wir den Abend beenden möchten, uns aber eine Fortsetzung wünschen, machen wir am besten schon während des Dates das nächste Treffen aus. Wir umgehen damit das zermürbende Hab-ich-den-Test-bestanden-Wissens-Vakuum und setzen ein starkes Signal: Ja, es war schön heute Abend. Du gefällst mir. Wir beenden unser Treffen, aber haben einen Ausblick auf die Zukunft. Wir ersparen uns beiden die Wer-ruft-nach-wie-vielen-Tagen-an-Phase.

Ich kriege den berühmten Korb – wohin damit?

Es ist der Moment, vor dem wir alle uns fürchten: Wir hätten uns eine Fortsetzung des Abends gewünscht, oder ein zweites oder drittes oder x-tes Date, aber werden zurückgewiesen. Es ist der Moment, der niemandem in seinem Leben erspart bleibt. Weniger schmerzhaft macht ihn das nicht.

Dating-Desaster in max. 520 Zeichen: Geschichten von Zurückweisung

Marcantonio: Internet-Date mit einem Janni. Wir trinken einen Kaffee, er gibt mir seine Nummer. Zwei Tage später rufe ich an, es geht eine freundliche Frau dran. Sie sagt, sie kenne Janni nicht, aber es würden immer wieder Leute anrufen und nach Janni verlangen. Die Arschnase benutzt eine Standard-Falschnummer!

Silke: Erstes Date. Verlauf: eher durchschnittlich. Nach einer Stunde verabschiedet er sich mit den Worten: »Ich muss jetzt erst mal prüfen, ob ich dich lieben kann, und melde mich dann.« Er hat sich nie wieder gemeldet.

Anna: Blind Date im Park. Er erzählt von sich, ich erzähle von mir. Alles easy. Er sagt, er geht zum Spätkauf, neues Bier für uns holen. Er kommt nie wieder.

Luise: Zweites Date. Ich erwähne, dass ich gerade den Krebs besiegt habe, weil das Thema zu meinem Leben gehört und ich nichts verheimlichen will. Er hört zu, stellt viele Fragen,

ist einfühlsam. Am Ende sagt er: »Ich kann damit nicht um-
gehen. Mach's gut.«

Henry: Großartiges erstes Date. Wir lachen viel, finden reich-
lich Gemeinsamkeiten, sind beide Fans von »Absolutely fabu-
lous«. Ich frage ihn, ob er mit zu mir kommen will, weil es
mir so folgerichtig erscheint. Er antwortet: »Nee, du bist echt
nett und witzig, aber gar nicht mein Typ.«

Rudi: Blind Date. Sie geht aufs Klo, dann klingelt ihr Handy.
Sie zu mir: Ich muss zu 'ner Freundin, sie ist grad bei ihrem
Macker rausgeflogen. Na klar, und mein Name ist Barack
Obama.

Mirna: Internet-Date. Geschäftsreisender in der Stadt. Ich
soll ihn in seiner Hotellobby zum Essen abholen. Eine halbe
Stunde sitze ich da in meinem schicken Kleidchen, fühle mich
wie eine Edelnutte auf Freierfang. Die Kellner hüsteln fros-
tig. Er kommt nicht. Ich bin gedemütigt, schreibe ihn ein paar
Tage später, als er wieder in seiner Heimatstadt ist, mit einem
getürkten Sexbomben-Profil an. Ich komme direkt zur Sache,
bitte ihn zu mir. Ich gebe die Adresse eines Beerdigungsinsti-
tutes in seiner Stadt an, die ich ergoogelt habe. Dieser Denk-
zettel musste sein! Ich tat es für alle Single-Frauen da drau-
ßen!

Tessa: Wilder Sex direkt nach dem ersten halben Date. Der
Typ ruft nicht wieder an. Dafür seine Kumpels. Ich wurde
weiterempfohlen, für Partys und Junggesellenabschiede! Im-
merhin etwas!

Nichts ist schwerer, als die Zurückweisung nicht persönlich zu
nehmen. Wir denken: Ich habe nicht genügt. Ich konnte nicht
überzeugen. Wir haben mit zwei unangenehmen Gefühlen zu
kämpfen: der Tatsache, dass es keine Fortsetzung gibt, und der

Kränkung. Alles wird noch schlimmer durch die fadenscheini-gen Begründungen, mit denen die Ablehnung verschleiert wird. Wir hören lausige Sätze wie: »Meiner besten Freundin geht es schlecht, ich muss zu ihr«, »Hab morgen ganz früh meinen Rückführungskurs«, »Wir telefonieren«, »Ich arbeite gerade so viel«, »Ich habe mein Handy versehentlich in die Waschmaschine gesteckt« oder »Ich lag drei Wochen mit Mumps flach«. Kränkend ist nicht nur der Komplett-Abbruch, sondern auch, wenn die Vorstellungen sich unterscheiden, auf welche Weise man die Beziehung fortsetzen möchte.

Wie kommt man damit klar? Hilfreich ist es zu erkennen: Nicht die Gesamtheit der eigenen Person wurde zurückgewie-sen. Die Ablehnung bezieht sich nur auf ein Abbild unserer selbst, gesehen durch die Brille des anderen. Das Abbild kann durchaus verzerrt sein, es verweist womöglich mehr auf unser Gegenüber als auf uns.

Denn die Abfuhr hat viel mehr mit dem anderen zu tun als mit uns. Wir sind durch das Bewertungssystem des anderen gefal-len, das sich wie auch immer zusammensetzt. Meist sind es die Ängste und im Laufe des Lebens erlittene Kränkungen des anderen, die dazu führen, dass er uns zurückweist. Es ist das Bewertungssystem dieses einen Menschen und keines von all-gemeiner Gültigkeit.

Mit dieser Erkenntnis kann ich mich von dem Geschehen dis-tanzieren: Es handelt sich um eine einzige Situation zu einem bestimmten Zeitpunkt unter bestimmten Umständen. Ich soll-te daraus keine allgemeinen Schlüsse auf meine Person, mein Leben oder meine Möglichkeiten ziehen. Ich bleibe als Mensch genauso wertvoll.

Dirk (38):
Als eine SMS sie verriet

Jedes Date birgt die Möglichkeit einer Kränkung. Bei meinem Date mit Ricarda machte das Schicksal von dieser Möglichkeit gerne Gebrauch. Es war zwei Jahre nach meiner Scheidung, und da ich wegen meiner langen Schichten als Arzt nicht oft ausgehen kann, meldete ich mich bei Elitepartner.de an. Dort chattete ich mit Ricarda, sie wohnte in München, war 27, arbeitete im Marketing für einen Energy-Drink und war dadurch offenbar immer gut gedopt, denn sowohl ihre Mails als auch unsere ersten Telefonate strotzten nur so vor Energie. Sie fand es witzig, dass ich als heterosexueller Mann keine Folge von »Germany's Next Topmodel« verpasse. Ich brachte sie mit meiner recht ausgereiften Heidi-Klum-Parodie zum Lachen.

Ich hörte das Eis förmlich brechen, also lud ich Ricarda zu mir nach Aachen ein. Sie nahm ohne Umschweife an. Es würde ihr hervorragend passen, weil sie in der übernächsten Woche sowieso beruflich in Köln zu tun hatte. Die Abmachung: Wir treffen uns in einem Café, und wenn wir uns nicht sympathisch sind, sagt einer, genau wie Heidi Klum: »Sorry, aber ich habe diesmal leider kein Foto für dich.« Für sie wäre ein Abbruch auch logistisch kein Problem, erklärte sie mir, sie würde in diesem unwahrscheinlichen Fall direkt weiterfahren nach Köln und dort eben einen Tag eher bei der Freundin einchecken, bei der sie ohnehin wohnen wollte. »Keine Angst«, lachte sie. »Ich werde dich so mögen, wie du bist – solange du perfekt bist!« Der Witz gefiel mir.

Zwei Wochen später saß ich dann im Café und wartete auf Ricarda, wir hatten schon gesimst, als sie im Zug war. Nun schrieb sie mir eine SMS, sie sei gut in Aachen angekommen, hätte sich aber verlaufen und würde eine halbe Stunde später kommen. Ich hatte ein ganz ähnlich angespanntes Gefühl wie bei einem Vorstellungsgespräch, aber das ganze Leben ist eine Prüfung, eben auch das Dating. Ich beschloss, es sportlich zu sehen.

Doch als Ricarda dann kam, machte sie es mir mit ihrer sprudelnden Art leicht. Außerdem sah sie schärfer aus als auf ihren Fotos. Größer. Ich mag große Frauen. Und sie hatte Stil, darauf lege ich nun mal Wert, irgendeinen Spleen hat ja jeder. Vielleicht trug sie ein bisschen zu viel Make-up. Wahrscheinlich wollte sie damit erreichen, dass ihr auf ungewöhnliche Weise schönes, aber leicht herbes Gesicht weicher wirkte.

Wir bummelten durch Aachen, besichtigten das Münster, und sie sagte mir, dass sie noch nie in ihrem Leben in Belgien war. Also setzten wir uns in meinen Wagen und fuhren nach Eupen, wo wir eine Waffel aßen und ein gemeinsames Hobby entdeckten: Shoppen! Wir fuhren deswegen noch in ein Outlet an der Grenze und gingen danach in Aachen was essen. Die ganze Zeit unterhielten wir uns bestens, wie ich fand. Nach dem Essen sind wir zu mir. Ich hatte ihr das Gästezimmer hergerichtet, wir sahen noch etwas fern, und ich gestand ihr, dass sie mir gut gefällt. Sie sagte: »Ja, das war ein cooler Tag, es freut mich total, dass wir uns kennenlernen. Und ich war noch nie mit einem Mann so toll shoppen!«

Ich startete keinerlei Annäherungsversuche: Sie hatte mir einen Vertrauensvorschuss gewährt, war zu mir in eine fremde Stadt gekommen, zu einem fremden Mann, um bei mir zu übernachten. Ich wollte, dass sie es nicht bereut. Irgendwann gingen wir schlafen. Am nächsten Tag wachte ich früh auf, klar, ich war ein wenig aufgeregt, eine schöne Münchnerin habe ich nicht alle Tage im Haus. Während sie noch schlief, holte ich frische Brötchen beim Bäcker. Ich setzte Kaffee auf, presste Orangen aus und schnitt Tomaten und kochte Eier, als Ricarda aufwachte, mich noch verschlafen, aber schon strahlend am Türrahmen begrüßte und flötete, wie bequem mein Bett sei: »Hier sind gute Vibes in deiner Wohnung, ich habe mich echt wohl gefühlt.«

Sie erzählte mir, was sie bei ihren Meetings in Köln erwartete, und von ihrer Freundin dort, die sie lange nicht gesehen hätte. Sie sei total happy, dass sie jetzt, wo sie ein paar Tage in Köln arbeiten müsse, bei ihr wohnen würde. »Ich will deswegen heute nicht so spät los, sie freut sich schon total auf mich.« Wir tauschten uns über Köln aus und fanden, dass man dort immer jemanden zu einem Plausch findet und Kölsch gemütlich und freundlich klingt.

Dann verabschiedete sie sich ins Bad, ich rief ihr hinterher, wo die Gästehandtücher liegen, und deckte den Tisch. Mein Handy lag auf dem Küchentisch, als es fiepte. Neue Nachricht. Ich sah aufs Display: RICARDA. Ich stutzte. Wieso schickte sie mir aus dem Badezimmer eine SMS? Mein Herz schlug. War das ein Spiel? Gab sie mir aus dem Bad Anweisungen, ich solle das Frühstück erst mal vergessen und mich ins Schlafzimmer begeben? Würde sie dann aus dem Bad kommen, in Reizwäsche, mich mit sanfter Gewalt aufs Bett schubsen, sich auf mich setzen, mir am Kragen rumfummeln und gurren: »Lass uns jetzt nachholen, was wir gestern versäumt haben! Du warst letzte Nacht so ein Gentleman, jetzt möchte ich den bösen Jungen sehen!«

Ich klickte auf die SMS und las: »Süße, der Typ ist echt Hor-

ror! Irgendwie total angeschwult, geht gar nicht. Internet-Dates sind beknackt. Ich komm heute schon zu dir nach Köln. Freu mich auf dich. Schmatzer!« In dem Moment piepte der Eierkocher, und das Brot schoss aus dem Toaster. Ich hatte nur einen Gedanken: »Dieses Miststück! Dieses verdammte Miststück!« Ich sah das Brotmesser und verstand plötzlich, wie Wahnsinnstaten passieren können. Ich hatte eine Vision, wie die Polizei mich abführte, wie Nachbarn zu Reportern des Aachener Kurier sagten: »Er hat immer so nett gegrüßt, und er war so ordentlich. Er hatte den schönsten Balkon von allen Mietern hier.«

Da kam Ricarda aus dem Bad, frisch geduscht, die Haare nass. Sie trug meinen Morgenmantel. »Wow, dein Morgenmantel ist von Louis Vuitton. Ich hoffe, es ist okay für dich, dass ich ihn trage«, sagte sie und rieb sich ihr Haar mit dem Handtuch ab. »Toll, wie das duftet. Du hast ja voll das geile Frühstück gezaubert, wie süß ist das denn bitte von dir?« Und sie setzte sich an den Esstisch, legte ein Vollkornbrötchen aus dem Korb auf ihren Teller, sah dabei auf ihr Handy.

»Ja«, sagte ich. »So bin ich. Ein ganz Süßer.« Dann fragte ich sie: »Kaffee?«

»Oh ja, unbedingt, bitte!«, hauchte sie und legte ihr Handy zur Seite. Ich nahm die Kanne, sie hielt mir ihre Tasse hin, und ich schüttete daneben. Frischen heißen Kaffee auf ihre niedliche kleine Hand. Sie schrie empört auf, ließ die Tasse auf den Boden fallen. Scherben.

»Wie ungeschickt von mir«, sagte ich. Sie tupfte sich die Hand mit einer Serviette ab und pustete auf ihre Haut. »Oh Mann, wie konnte das denn passieren?«, donnerte sie. Plötzlich klang sie gar nicht mehr so liebreizend. Ich sagte ihr, dass ich einen Wischmopp vom Balkon holen würde. »Oh Mann«,

sagte sie noch einmal, als wolle sie mich darauf aufmerksam machen, dass ich mich noch nicht entschuldigt hatte. »Das tut echt weh.«

Ich nahm mein Handy mit auf den Balkon. Dort schrieb ich ihr eine SMS: »Bei Frauen wie dir frage ich mich, ob schwul nicht wirklich die bessere Alternative ist. Ich bleibe zehn Minuten hier auf dem Balkon. Dann bist du weg. Ohne meinen Louis-Vuitton-Morgenmantel.« In einer Art Übersprungshandlung begann ich, welke Blüten von meinen Balkonblumen zu zupfen und dann Blüten, die noch nicht so besonders welk waren, ich konnte einfach nicht aufhören. Ich hörte Ricarda durch die Wohnung stöckeln und ihre Sachen einsammeln. Dann fiel die Tür ins Schloss. Ich war wieder allein.

Ich hatte das dringende Bedürfnis, per SMS noch einmal nachzulegen. Schon klar, es wäre lässiger gewesen, das nicht zu tun. Aber meine Hände handelten unabhängig von meinem Verstand, tippten einfach eine Nachricht, ich hätte sie mir mit dem Brotmesser absägen können und sie hätten weitergemacht. »Außerdem siehst du aus wie eine Shemale-Phantasie.« Mein Finger – nicht ich – tippte auf SENDEN. Ich verbrachte den restlichen Sonntag damit, »Will & Grace« auf DVD zu schauen, Madonna zu hören und mir selber meine neuen Klamotten vorzuführen. Ich stellte wieder einmal fest, dass man keine Frau braucht, um einen angenehmen Sonntag zu verbringen. Als dann meine Immer-mal-wieder-Affäre Sarah vorbeikam, hatten wir Sex im Rhythmus einer Nähmaschine. Zwischendurch stellte ich mir vor, wie Ricarda bei ihrer blöden Freundin in Köln rumsitzt und sagt: »So ein Mist, was für eine peinliche SMS-Panne. Meinst du, er leidet sehr?« Nein, nicht so sehr. Liebe Ricarda, falls du das

hier liest, man kann Madonna, Mode und Model-Shows
mögen und ein voll funktionsfähiger Hetero sein.

Schmerzhaft war hier nicht nur die Art, wie Dirk von Ricardas wahrer Meinung erfuhr: Die fehlgeleitete SMS muss ihm besonders heimtückisch vorgekommen sein, weil sein Gast zur gleichen Zeit an seinem Küchentisch saß, eine wohlwollende Fassade aufrechterhielt und sich von ihm bedienen ließ. Nicht nur das: Die SMS denunzierte in knappen, groben Worten all das, was Dirk ausmacht: seinen Sinn für Ästhetik, seine Vorliebe für Musik und schöne Menschen, seine kleinen, liebenswerten Laster wie ein Fan von Heidi Klums Fernsehsendung zu sein. Sie sprach ihm mit einer SMS seine Männlichkeit ab. Einer Nachricht nicht nur mit kränkender, sondern mit geradezu kastrierender Wirkung. Dirk muss unmittelbar handeln, um die Wunde zu kitten. Die Vergeltungs-SMS an Ricarda, in der er wiederum ihr die Weiblichkeit abspricht, reicht ihm nicht. Er muss sich durch Sex beweisen, dass Ricardas Wahrnehmung nicht die Wirklichkeit ist.

Unvorbereitet traf auch Ira eine Zurückweisung. Und das in einer Stadt, aus der wir doch Geschichten über die Liebe mit nach Hause nehmen wollen. Ihre Geschichte ist ein Beispiel dafür, dass beide Seiten über Erfolg und Misserfolg sowie den Stand der Beziehung oft ganz unterschiedlich denken. Jeder ist verhaftet in seiner Wirklichkeit, die sich zusammensetzt aus seinen Erwartungen, Bedürfnissen, Hoffnungen, Orientierungen und Projektionen. Bis eine Entscheidung verlangt wird und die beiden Wirklichkeiten kollidieren.

Ira (34):
Als es »Au revoir« hieß in Paris

Manche Leute haben Dates im Kino, manche im Café, manche im Park, ich hatte meines in Paris. Ich lernte Jerome im Berliner Mauerpark kennen, er war der Freund von Freunden von Freunden, ein heiterer Sonntag, er jonglierte mit Leuchtkörpern, trug eine Kette mit Edelstein daran über einem Feinrippunterhemd und kletterte wie ein Luchs auf einen Baum, legte sich mit dem Bauch auf eine Astgabel und streckte Arme und seine Froschschenkel balancierend von sich. »Ich mache Planking«, sagte er auf Englisch mit französischem Akzent, und mit französischem Akzent reden klingt immer ein wenig abgedroschen, wie eine schlechte Parodie eines Franzosen. »Bitte mach ein Foto und stell das ins Internet!«

Niemand sollte mehr Franzosen imitieren, um lustig zu sein, aber dieser hier war ja wirklich einer, deswegen konnte man ihm da keinen Vorwurf machen. Ich fotografierte seine Planking-Aktion wie geheißen und postete sie auf Facebook, er sah sich das stolz an. Abends ging sein Flug zurück nach Paris, ich fuhr ihn zu seinem Hostel (er war Musiker, kein Millionär), um seine Tasche zu holen. Er hatte schon morgens aus dem Zimmer auschecken müssen und nur noch sein Gepäck in einem Gepäckraum, und wir sahen den gusseisernen Altbauaufzug und stiegen hinein und küssten uns. Und wie wir uns küssten! Franzosen, diese Gourmets, können unglaublich gut mit ihren Zungen umgehen, an dieser Stelle muss eine Verallgemeinerung erlaubt sein. Wir drückten die oberste Etage und fuhren von da aus wieder nach unten und wieder hoch und wieder hinab, als der Aufzug plötzlich an einer Etage stoppte und eine kichernde Meute Teenager vor uns stand.

Ich fuhr Jerome zum Flughafen, wo wir uns wieder küss-
ten, und auf Französisch verabschiedet zu werden in einem
verdammten Terminal, das lässt das Herz von Mittelschicht-
mädchen aus dem Schwäbischen spätzleweich werden. Noch
aus dem Flieger schrieb er mir die erste Message über Face-
book, und so ging es die nächsten zwei Monate. Dann besuch-
te ich Jerome in Paris, vom Flughafen fuhr ich mit der Bahn
zum Gare du Nord, wo er mich abholte. Wir gingen in seine
kleine Wohnung in der Rue Yvonne-Le-Tac in Montmartre,
die so aussah, wie ich es mir vorgestellt hatte, mit einem
schläfrigen langhaarigen Mitbewohner, voller Bücher, Zeit-
schriften, Kunst-Plakate, Musikinstrumente, Trödel, Schall-
platten, halb eingegangener Zimmerpflanzen.
Ich gewöhnte mir das Rauchen wieder an, und wir qualmten
eine Gauloise nach der anderen. Zusammen spazierten wir
über den Montmartre zu Sacré-Cœur, tranken den ersten
Wein um 13 Uhr in einer Taverne und fuhren weiter nach
St. Germain. Dort kaufte ich mir heiße Schuhe in einer Bou-
tique, die mit einem echten Elefantenskelett dekoriert war.
Ich machte ein Foto, und anschließend fotografierte die Ver-
käuferin uns beide davor. Danach fuhren wir mit einem Tou-
ri-Boot über die Seine und ließen uns von Omis ablichten, die
uns hübsch fanden. Wir waren auf dem Blumenmarkt und
bei Colette, wo ich mir das Zoo-Magazin und ein todschickes
Sketchbook kaufte und für ihn ein T-Shirt. Wir bummelten
durchs Marais und aßen einen Falafel auf der Straße und
blätterten in Buchläden durch Bildbände mit absonderlichem
Porno-Chic. Wir trafen algerischstämmige Freunde von Je-
rome und rauchten mit ihnen eine Shisha in einem arabischen
Café, und sie behandelten mich wie eine Königin. Dann aßen
wir in einem niedlichen Restaurant bei ihm um die Ecke und

tranken Wein, und er fragte viel nach meinem Leben, und ich fragte viel nach seinem. Dann sind wir in seine Wohnung und hatten phantastischen Sex und brachten wahrscheinlich seinen Mitbewohner um den Schlaf – wie ich schon sagte, Franzosen und die Zungen.

Am nächsten Morgen frühstückten wir mit Croissant, Baguette, Café au lait und Gauloises. Ich fühlte mich schon sehr französisch und dachte mir, ich könnte mir ein Leben in dieser wunderschönen Stadt vorstellen.

»Es läuft fantastique, je suis très heureuse, es ist so toll!«, simste ich meiner Freundin Maja.

»Franzosen sind nie eine Enttäuschung im Bett, hab ich dir doch gesagt!«, simste sie mir zurück.

Jerome brachte mich zur Metro, ich musste zurück zum Flughafen, auf dem Weg zur Station hielten wir immer wieder an und küssten uns. Mein Herz hüpfte! Er brachte mich hinunter zum Gleis, ich war gespannt: Was würde er jetzt sagen, wann würde er nach Berlin kommen, wann mich wieder nach Paris einladen? Ach, das mussten wir ja nicht jetzt besprechen, wozu gab es Facebook und Skype, jetzt wollte ich ihn einfach noch einmal küssen und seine lustigen Kettchen an meinem Hals spüren.

Die Bahn ratterte heran, die Türen öffneten sich, ließen gnädig Menschen frei, denen wir im Weg standen, ich sah ihn verliebt an. »Mon amie«, sagte er, »es war magnifique mit dir.« Ich stieg rückwärts in die Bahn, Passagiere eilten an mir vorbei. »Aber wir werden uns nicht wiedersehen.« »Bitte?«, sagte ich, denn das hatte ich offenbar nicht richtig verstanden. »Ja, das war es!«, sagte er. »Es war schön, aber mehr ist nicht!« »Attention, s'il vous plaît«, rief der Schaffner durch die Lautsprecher, eine Gruppe orthodoxer Juden und ein dicker Mann mit einem Grammofon in der Hand schoben sich schnell noch durch die Tür, drängten mich zur Seite. »C'est tout!«, sagte Jerome und sah mich fest an, nicht unfreundlich, aber entschlossen.

Die Tür schob sich währenddessen genervt zu und schlug in der Mitte zusammen, sie verrichtete gleichgültig ihren U-Bahn-Tür-Job, so wie jedes Mal. Als wollte sie, indem sie stoisch ihre banale Aufgabe erledigte, sagen: »Das gerade, mein Fräulein aus Allemagne, war so wirklich, wie ich es bin, die U-Bahn-Tür, und es war genauso bedeutend oder unbedeutend, wie ich bedeutend oder unbedeutend bin. Und was dir gerade passiert ist, ändert nichts am Lauf der Dinge. Und mehr kann ich dazu nicht sagen, denn ich habe keine Antwort für dich. Ich bin nur eine U-Bahn-Tür und mache meinen Job, jeden Tag.« Und die U-Bahn ratterte los. Gleichgültig saßen diese unterschiedlichen, zufällig zur selben Zeit in den Untergrund gewürfelten Menschen um mich rum, eine stolz, aber erschöpft blickende schwarze Frau, die ihr süßes Mädchen mit Zöpfchen an der Hand hielt, die wiederum eine Beyoncé-Puppe umklammerte. Ein zeitungslesender Mann im Trenchcoat, der bei der Anfahrt fast das Gleichgewicht, nicht aber die Contenance seines Gesichtsausdrucks verlor. Eine traurig blickende Frau mit lila Locken, zu der ein übergroßer Koffer und ein Katzentransportkäfig gehörten. Zwei etwa zwanzig Jahre alte Jungs mit modisch durcheinandergekämmten Haaren, kajalumrandeten Augen und iPod im Ohr.

Keiner hatte eine Antwort für mich. Keiner hatte Trost für mich. Ich hätte gern die müde, stolze, schwarze Frau umarmt, an ihrer Schulter geweint, und sie hätte gesagt: »Kindchen, es gibt auf manches keine Antwort, viele Fragen bleiben *unbeantwortet, wir tragen sie mit uns herum und machen einfach weiter, denn darin sind wir Menschen gut, im Weiter-machen.« Und ihr Kind hätte mir zum Trost seine Beyoncé-Puppe geschenkt.*

Erstarrt und roboterhaft erledigte ich die Vorgänge, die nötig sind, bis man ein Flugzeug besteigen darf, um sich dann auf dem zugewiesenen Sitzplatz der unverständlichen Technik der Maschine und den Handlungen darauf spezialisierter Menschen zu überlassen. Bis zum Start verlor ich den Blick auf mein iPhone nicht, es musste mir die Antwort liefern, doch es gab keine Antwort. Da war keine Nachricht, die alles revidierte. Da war nichts. Ich stellte das Telefon wie von der Flugbegleiterin verlangt aus. Als ich in Berlin landete, warf ich das Gerät hastig wieder an und stellte fest, dass Jerome mich bei Facebook abgefreundet hatte. Ich saß im rumpeln-den Expressbus in die Innenstadt und wusste, gleich betrete ich meine Wohnung, in der alles genauso sein würde, wie ich es verlassen hatte. Möbel als starre, museale Zeugnisse meines bisherigen Lebens, das, so viel sah man gleich, keines von übermäßigem Glanz war. Und Paris war nur noch ein Ab-bild, von dem unklar war, ob es auf etwas Existierendes verwies. Ein Klischee in Form des Eiffelturms. Ich habe nie wieder etwas von Jerome gehört. Wenn jemand einen fran-zösischen Akzent imitiert, finde ich das mittlerweile noch weniger lustig als vorher.

Ira glaubte, ihren französischen Traumprinzen gefunden zu haben, der sie dem Alltag entriss – obwohl sie es ja selbst war, die den Alltag abschüttelte und nach Paris reiste: Ihr Ich war bereits im Begriff, sich zu spalten, als sie das Flugzeug betrat. Das alte Ich, das Single-Ich, blieb zurück, an Bord befand sich die abenteuerlustige, verwegene Ira. Die Verheißungen waren groß: Jerome, das bedeutete für sie nicht nur ein hoffentlich baldiges Ende des Single-Daseins, sondern so viel mehr: Reisen, die erhebende Freude, in eine andere Kultur abzutauchen, den Horizont zu erweitern, in einer fremden Sprache zu lieben. L'amour! Frankreich! Paris! Eine verführerische Assoziationskette.

Die Paris-Bilder im Kopf und die Erinnerung an einen unbeschwerten Nachmittag in Berlin waren die einzigen Orientierungspunkte bei diesem Flug ins Ungewisse. Anhand von Iras Erzählung wird deutlich, wie sehr beide Seiten mitunter in ihren eigenen Wirklichkeiten leben und die Prämissen des Systems Date völlig unterschiedlich einschätzen: Was für Jerome ein zwangloses Treffen einzig für den gegenwärtigen Genuss war, bedeutete für Ira den Beginn einer Romanze. Ob Jerome nicht sah, dass Ira sich so viel mehr erhoffte, ob er es nicht sehen wollte oder ob es ihm egal war, können wir nicht überprüfen. Auch Ira kann im Rückblick nicht mehr feststellen, ob es Hinweise gab, dass Jerome die Situation ganz anders einschätzte und bewertete: Sah sie nur, was zu ihrem inneren Film passte?

Die Geschichte von Ira und Jerome ist auch eine Geschichte der scheinbaren Zwanglosigkeit, die bei einem Date herrschen muss, und die es verbietet, darüber zu sprechen, was beide wünschen, hoffen, empfinden, sich vorstellen. Jede Eindeutigkeit, jede Projektion in die Zukunft, wird aufgeschoben bis zum allerletzten Moment, der dann umso überraschender und grausamer erscheint. Ira blieb nur die Rückkehr zu ihrem alten Ich, das sie doch gerade erst so übermütig zurückgelassen hatte.

Manchmal zeigt sich im Moment der Zurückweisung auch

eine ungeahnte, unangenehme Seite des anderen. Das musste Achim erleben.

Achim (42):
Als mein Date ins Tränenwasser fiel

Manche Frauen stecken einen Korb nach einem Date gut weg. Und dann gab es noch Maja. Dabei kannte ich sie schon eine Weile. Sie war Redaktionsassistentin, taff, hübsch, gut gekleidet, lustig, fröhlich, resolut. Ich fand immer irgendeinen Grund, sie aufzusuchen, Taxi-Quittung, Urlaubsantrag, Rechnung … Auf diese Weise staubte ich immer einen Flirt, ein paar Scherze oder etwas Süßes ab.

Eines Tages schob ich ihr wieder einmal ein Papier auf den Schreibtisch. »Ich habe hier einen Antrag«, sagte ich. Sie las meinen Schrieb vor. »Essen gehen? Ja, nein, vielleicht.« Dann sah sie mich kess an: »Welcher Chef soll das abzeichnen, Herr Engelhardt oder Herr Pohl?«, fragte sie. »Ich hatte gehofft, wir können das unbürokratisch regeln«, sagte ich. Sie nahm einen Stift und kreuzte entschieden »Ja« an. Dann setzte sie einen Stempel darauf.

Wir trafen uns beim Inder. Ihr Essen rührte sie nicht an. Sie war zu sehr beschäftigt damit, mir ihre Biographie offenzulegen. Warum sie mit 34 schon einen 16-jährigen Sohn hat. Dass der Knabe nur Mist gebaut hat und jetzt als Erziehungsmaßnahme bei einer Familie auf dem Land in Polen ist. Dort sei er aber auch ausgebüxt. Ihr großer Kummer. Sie erzählte von ihrer Ehe. Die stand unter keinem guten Stern, eine Freundin ist damals auf dem Rückweg von der Hochzeit tödlich verunglückt, sie gebe sich bis heute die Schuld dafür. Das Omen war tatsächlich kein gutes. Ihr Mann hatte sich vor vier Jahren im Wald erhängt und nichts als Schulden hinterlassen. Sie hatten zu seinen Lebzeiten in ein Öko-Projekt investiert und sich übers Ohr hauen lassen. Bei der Arbeit lief es auch nicht so gut, sie fühlte sich von einer Kollegin gemobbt und witterte üble Intrigen. Dann gab es in ihrer Wohnung auch noch einen immensen Wasserschaden, und sie lag im Clinch mit Versicherung und Vermieter.

Bald fing sie fürchterlich an zu weinen und hörte gar nicht mehr auf. Sie tat mir wahnsinnig leid. Sie wirkte wie ein Schmetterling, der in den Regen gekommen war, mit müden, schweren, nassen Flügeln. Ihr Make-up war völlig verwischt, Rotz tropfte auf das unberührte Karahi. Alle Gäste sahen zu uns, hielten mich für einen Schuft, der offenbar gerade seine zarte Freundin schlimm verletzt hat. Der Kellner wollte ihr ein Dessert ausgeben, als sie verneinte, stellte er ihr einen Schnaps hin und strafte mich mit einem bösen Blick. Ich brachte sie zu ihrem Rad, die Kette war abgesprungen. Ich legte die Kette wieder ein, sie sprang wieder ab. Ich packte ihr Rad in meinen Wagen und fuhr sie heim, sie hörte auch im Auto nicht auf zu weinen. Meine Worte sollten aufmunternd sein und klangen nichts als kläglich. Ich verabschiedete Maja, murmelte einen hilflosen Trost, da warf sie sich an mich, bedeckte mich mit Küssen, ihre kleinen heißen Händchen durchwühlten mein Haar, sie küsste meine Hand und führte sie dann an ihren Busen, sie stöhnte und gurrte und griff an meine Hose. Ich war überall steif, nur nicht da, wo sie es voraussetzte.

Ich sagte: »Das geht mir jetzt alles etwas schnell.«

Sie blickte mich kurz entsetzt an, dann zogen sich ihre Augen verstörend zusammen, schließlich sagte sie, in einem Tonfall, den ich nur als gemein und verachtend beschreiben

kann: »O mein Gott, Scheiße, du klingst wie ein Mädchen.«
Sie verließ den Wagen und knallte die Tür zu. Meine Anträge
bei der Arbeit ließ ich fortan immer von ihrer Kollegin be-
arbeiten.

Wo bitte geht's zum Notausgang? Wie Sie schlechten Dates entkommen

Ihr Gegenüber faselt stundenlang detailliert über seine Doktorarbeit zum Thema staatenbildende Insekten? Die Frau an Ihrem Tisch legt haarklein ihre Strategien dar, wie sie die ganz große Modelkarriere starten will, auch wenn sie nur 1,60 Meter misst, die Welt wird schon sehen, Kate Moss ist ja auch nur … In solchen Fällen haben Sie nur einen Wunsch: Weg hier! Nicht gleich. Jetzt! Gibt es schon eine App, die einem hilft, miesen Dates zu entwischen? Ich weiß es nicht. Ich habe mich allerdings unter Dating-erfahrenen Menschen nach ihren Notfalltaktiken umgehört – und ihre Wirksamkeit und Fairness beurteilt.

Taktik: Treffpunkte mit Vorsicht wählen

Geschickt vorbeugen: Wenn ich wenig bis gar nichts vom anderen weiß, wähle ich einen unverbindlichen Treffpunkt. Also kein Restaurant mit Drei-Gänge-Menüs, sondern eine Starbucks-Filiale – da muss ich nicht mal auf die Rechnung warten und kann mich schnell verabschieden. Auch gut: Spaziergänge. Man ist sowieso in Bewegung und kann jederzeit einen Haken schlagen.

Problem: Wenn der andere nun mal ein Restaurant vorschlägt, ist es manchmal schwer, sich dagegen zu wehren.

Note: 1

Taktik: Weiterleitung

»Du fährst nächste Woche zur Star-Trek-Convention? Du musst meine Kollegin Mirella kennenlernen, sie ist der größte Star-Trek-Fan, den man sich denken kann! Sie hat sogar eine original Prinzessin-Leia-Knotenfrisur!« Den Dating-Partner verkuppeln zu wollen ist eine charmante Art, ihm mitzuteilen: Du bist zwar nichts für mich, aber du bist so okay, dass ich dich an Bekannte vermitteln würde. Eine Absage mit Ausblick ist weniger niederschmetternd.

Problem: Manche Dating-Partner sind so entsetzlich, dass man sie seinem schlimmsten Feind nicht wünscht. Und selbst in gut sortierten Bekanntenkreisen findet sich wahrscheinlich niemand, der ein Faible für Termiten als Haustiere hat.

Note: 2

Taktik: Die Wahrheit nett verpacken

»Ich denke nicht, dass es mit uns hinhaut. Dennoch halte ich dich für einen sehr interessanten Typ, und ich hatte ja keine Ahnung, wie ausgeklügelt Termiten sich strukturieren. Ich habe eine Menge gelernt und bin sicher, du findest noch deine Termiten-Freundin.« Wichtig: Der zweite Teil ist der positive, denn ein negativer zweiter Teil, womöglich noch verknüpft mit einem »aber«, entwertet automatisch den ersten, positiven Teil der Botschaft.

Problem: Die Wahrheit tut immer ein bisschen weh, und wenn sie noch so nett daherkommt.

Note: 1

Denn: Wenn Sie clever genug sind, ein Flop-Date zu erkennen, sind Sie auch eloquent genug, da halbwegs würdevoll wieder herauszukommen.

Taktik: Anruf gaukelt Notfall vor

Der Klassiker: Auf Toilette eine Freundin bitten, in 15 Minuten anzurufen. Freundin ist dann die Chefin, die die Präsentation überarbeitet haben möchte, und zwar noch heute Nacht, oder aber die Mutter, die den Vater beim Fremdgehen mit seiner Orthopädin ertappt hat und heult.
Problem: Jeder Typ kennt diese Taktik aus sehr schlechten Filmen. Läuft auf ein Schmierentheater heraus, in dem Sie unwürdig dastehen.
Note: 5

Taktik: Ich habe eigentlich gar keine Zeit

Auch dies eine vorbeugende Taktik: Direkt zur Begrüßung betonen Sie, dass Sie eigentlich gar keine Zeit haben. Bei der Arbeit sei die Hölle los, und Sie müssten gleich ins Büro, Ihre Schwester erwartet jederzeit ein Baby, Sie müssen morgen um 4 Uhr aufstehen, um einen Flug zu bekommen. Trotzdem sei es Ihnen wichtig gewesen, zu kommen. Unbedingt beachten: Halten Sie sich in Ihren kleinen Lügen so eng an der Wahrheit und Ihrer Lebenswelt wie möglich. Jetzt können Sie das Date jederzeit abbrechen, ohne dass Ihr Gegenüber es auf sich bezieht. Besser als ein Notfall, der vom Himmel fällt. Und wenn das Date gut läuft, rechnet Ihr Gegenüber es Ihnen umso höher an, dass Sie bleiben.

Problem: Ihr vorgeblich Auf-den-Sprung-sein schafft eine ungemütliche Atmosphäre. Auch Ihre Grundhaltung, das Schlechteste zu erwarten, könnte sich auf das Date übertragen. Am Ende ist es womöglich Ihr Gegenüber, das die Flucht ergreift.

Note: 3

Die Gegenteil-Taktik

- Sie erzählen dem braven Mädchen, dass Pornodarstellerin Sasha Grey Ihr liebster Star ist und sie Ihnen auf einer Sexmesse ein Autogramm aufs Glied geschrieben hat, obwohl, leider passte nur »Sash« drauf.
- Dem Veganer erzählen Sie auf dem Weg ins von Ihnen ausgewählte Steakhaus von der Befriedigung, die es Ihnen verschafft, sich das Abendbrot selbst zu schießen.
- Der Frau, die begeistert von ihrer Pilgerreise erzählt, verklickern Sie, dass alles Religiöse Sie herunterzieht.
- Dem Partylöwen erzählen Sie, dass Sie Alkohol für Teufelszeug halten und immer nach »*Gute Zeiten, schlechte Zeiten*« ins Bett gehen.
- Dem Klassik-Fan sagen Sie, dass Mozart und Mahler Sie deprimieren, aber Scooter würde man völlig unterschätzen, außerdem hätten die echt geile Pyro-Shows.
- Der karriereorientierten Bankerin gestehen Sie, Sie wüssten mit 32 noch nicht, was Sie machen wollen, Sie denken da an eine Lizenz zum Schiedsrichter oder Fitnesstrainer oder einen Immobilienkurs, da wollten Sie sich nicht vorschnell festlegen. Wichtiger seien Ihnen im Moment Ihre Aktivitäten in der Occupy-Bewegung.

Problem: Kann tüchtig nach hinten losgehen: Vielleicht fühlt sich Ihr Gegenüber von Ihrem provokanten Stil und Ihrem scheinbar so gegensätzlichen Wesen angezogen und denkt so etwas wie: Wow, was für ein Rockstar!

Note: 3+; das Plus, weil es ziemlich lustig werden kann.

Die Schock-Taktik

- Sie berichten, wie sehr Scientology Ihnen geholfen hat, von Ihrer Drogensucht wegzukommen, und dass Sie ihr Gegenüber doch mal gerne zu einem Persönlichkeitstest mit ins Zentrum nehmen würden.
- Sie erzählen, dass Sie regelmäßig Besuch von einem Ufo bekommen, und nach jedem Besuch erhalten Sie ein neues Zeichen für die Weltformel.
- Für Männer: Sie erzählen, dass Sie lange keinen Sex hatten, Ihre Spermazellen sehen bei Ihnen nicht mehr aus wie Kaulquappen, sondern wie Frösche.
- Für Männer: Sie erzählen, dass Sie sich vor TV-Filmen mit Veronica Ferres, Christine Neubauer oder Maria Furtwängler gerne einen von der Palme wedeln.
- Für Frauen: Sie erzählen, Sie wären sexuell ausgehungert, Sie könnten es gerade mit einer ganzen Büffelherde aufnehmen.
- Für Männer: Sie sagen angesichts der Rechnung: »80 Euro? Ich wollte hier essen und nicht den Laden kaufen!«
- Für Frauen (sagt es ein Mann, wirkt es fast noch besser): Sie berichten, dass Sie Barbiepuppen sammeln, Ihre ganze Wohnung sei voll davon.

Problem: Autsch!

Note: 3+; das Plus für den Mut, Ihren Ruf dauerhaft zu ruinieren, um den Rest Ihres Abends zu retten.

Die Unverschämt-Taktik

- Für Frauen: Wenn er einen Witz erzählt, entgegnen Sie, als Sie den das erste Mal gehört hätten, mussten Sie so lachen, dass Sie beinahe leichte Beute für einen Säbelzahntiger geworden wären.
- Für Männer: Sie sagen: »Hey, du bist genau mein Typ, ich liebe großwüchsige Sexbomben mit lauten Stimmen, die oft mit Transvestiten verwechselt werden.«
- Für Frauen: Wenn er stolz erzählt, dass er ein neues Datenspeicherungsprogramm bei der Arbeit installiert hat, seufzen Sie gelangweilt und sagen mit beißender Ironie: »Wow, und da heißt es, ein Mann allein kann die Welt nicht ändern!«
- Für beide: Wenn er/sie erzählt, dass er beispielsweise in der Gastronomie arbeitet, fragen Sie mit schneidender Herablassung in der Stimme: »Oha, ist das was Vorübergehendes?«
- Für Frauen: Sie kommen Ihrem Date ganz nah, begutachten seine Gesichtshaut und fragen: »Sag mal, deckst du deine Pickel mit dem Make-up deiner Mutter ab?«
- Für beide: Sie rufen der Kellnerin zu: »Schnell noch einen starken Drink, mein Date wird schon wieder hässlich!«

Problem: unverschämt. Und: Wenn wir andere runterputzen, meinen wir eigentlich uns selbst.
Note: 6

Die Zweifelhafte-Komplimente-Taktik

- Sie sagen, wie erfrischend Sie das Gespräch finden, Ihr Ex-Partner sei so intellektuell gewesen, da wären Sie sich immer ganz dumm vorgekommen.
- Sie sagen, wie individuell Sie es von ihm/ihr finden, dass er/sie sich nicht von diesem verflixten Fitnesswahn anstecken lässt.
- Sie sagen: »Du gefällst mir! Ich mag Männer, die ein bisschen tuntig sind! Das ist so niedlich.«
- Zu einem deutlich jüngeren Dating-Partner sagen Sie: »Ich bin angenehm überrascht, wie viele Worte du in deinem Alter schon kennst.«
- Zu einem deutlich jüngeren Dating-Partner sagen Sie: »Zeig doch mal, wie viele Finger bist du alt?«
- Zu einem deutlich älteren Dating-Partner sagen Sie: »Ich finde ja faszinierend, was du alles schon miterlebt hast. Wart ihr bei Woodstock wirklich alle nackt?«
- Zu einem deutlich älteren Dating-Partner sagen Sie: »Ich möchte alles über dein Leben wissen. Was war dein erster Wagen? Wie viele Pferde waren davorgespannt?«

Problem: Geht nur, wenn Sie ihn oder sie nie wiedersehen wollen und keine gemeinsamen Bekannten haben. Geht nicht, wenn Freunde dieses Date arrangiert haben, denn die werden Sie danach hassen.

Note: 4+; das Plus, weil es so lustig sein kann, dass es sich lohnt, seine Freunde dafür zu verlieren.

Die Vergraul-Taktik

- Sie sagen: »Ich kann es gar nicht abwarten, Kinder zu bekommen, eines nach dem anderen, vielleicht auch noch ein paar zu adoptieren, so wie Brangelina.«
- Sie sagen: »Spürst du nicht auch, dass das hier der Beginn von etwas ganz Besonderem ist? Dass wir sie endlich gefunden haben, die ganz große Liebe, die für immer währt?«
- Sie sagen: »Lass uns was total Verrücktes tun! Warst du schon mal in Las Vegas?«

Problem: Wenn sich herumspricht, wie verzweifelt Sie scheinbar sind, wird dieses Image an Ihnen kleben.
Note: 3

Taktik: Freunde dazuholen

Auf dem WC die Mädels-Gang von der orientalischen Bauchtanz-Gruppe anfunken (trifft sich eh jeden Donnerstag) oder die Kumpels von der Tischkick-Runde (trifft sich in wechselnder Besetzung fast täglich, obwohl der Kicker schon vor über einem Jahr abgebrannt ist) oder die Schwester (ist grad mit ihren Weight Watchers unterwegs). Sie mögen bitte »zufällig« in das Date platzen und die Zweisamkeit beenden. Bei Jennifer Aniston hat's auf diese Weise funktioniert: Sie soll einmal ein Date mit Jon Stewart sabotiert haben, indem sie die ganze *Friends*-Crew hinzuholte. Der Vorteil der Taktik: Vielleicht ist eine Freundin oder ein Freund mit Verwendung für Ihr Gegenüber dabei. Wenn nicht: Vielleicht wird aus einem krampfigen Date so ja noch ein lustiger, geselliger Abend.

Problem: Vielleicht aber auch nicht. Womöglich fühlt sich Ihr Gegenüber vor den Kopf gestoßen, wenn er von Ihrer Rasselbande überrumpelt wird. Respektvoll ist die Freunde-Methode jedenfalls nicht.

Note: 4+

Taktik: Sportlich durchhalten

Die Anti-Taktik: Sie haben sich auf das Date eingelassen, und nun ziehen Sie es ein, zwei Stunden durch und versuchen, Ihrem Gegenüber einen so angenehmen Abend wie möglich zu bereiten. Es erweitert Ihren Horizont, sich auch mit Menschen auseinanderzusetzen, die anders sind und anders leben als Sie. Es kann Sie lehren, dass Ihre Sicht auf die Welt nicht die einzig mögliche ist. Sie können Ihre Fähigkeit zu Mitgefühl und Empathie erweitern und Ihre universelle Liebe entwickeln, eine Liebe, die nicht an Absichten und Vorteile geknüpft ist. Auch ein Date, das nicht so verläuft wie erhofft, ist eine Erfahrung und eine Übung. Und je mehr Übung wir haben, desto besser werden wir – das gilt fürs Klavierspielen genauso wie für Dates. Wer weiß, vielleicht nimmt ein Katastrophen-Date ja noch eine überraschende Wendung? Vieles sieht anders aus, wenn der erste Druck erst einmal abfällt. Und wir werden es nie erfahren, wenn wir zu schnell flüchten. Schließlich erliegen wir auch beim Dating einem Phänomen, das die Psychologie den »Bestätigungsfehler« nennt: Haben wir ein Urteil über unser Date einmal gefällt, nehmen wir nur noch wahr, was unsere Meinung bestätigt.

Problem: Wenn Sie sich schrecklich fühlen oder sich ein Date gar als zerstörerisch gestaltet, sollten Sie auf Ihren Instinkt

hören und die Situation abbrechen, universelle Liebe hin oder her.
Note: 1

Bevor Sie jedoch irgendeine Taktik anwenden, sollten Sie eine Selbstklärung vornehmen: Fühlen Sie sich unwohl, weil Ihnen Ihr Gegenüber unangenehm ist? Oder sind Sie mit sich selbst nicht im Reinen, vielleicht weil Sie übergroße Erwartungen haben, sich unsicher fühlen, das Date überstürzt eingegangen sind oder es Ihnen an Date-Erfahrung mangelt?

Der schlechte Rat: Der erste Eindruck trügt nicht! Wenn Ihnen Ihr Date schon am Anfang unsympathisch ist, können Sie es gleich vergessen.

Was stimmt denn nun? Wir alle fällen schnell Urteile. Das hat auch seinen Sinn, denn wir müssen täglich in kurzer Zeit Entscheidungen treffen und aus vielen Informationen auswählen. Doch ein einmal gefälltes Urteil gewinnt eine Eigendynamik, in deren Verlauf wir das Urteil immer wieder bestätigt wissen. Allein das Wissen um den Bestätigungsfehler macht uns schon offener und geistig flexibler. Auch können wir uns beim Date vornehmen, Informationen zu sammeln und den anderen zu beobachten, statt ihn zu bewerten und ihn in die Schublade »Spinner«, »Flop-Date«, »Aufschneider«, »Loser«, »Tussi«, »Zicke« oder »Scheißkerl« zu stecken. Ebenso sollten wir uns immer mal wieder selbst beobachten und die Situation, in der wir uns befinden, indem wir innerlich ein Stück aus uns heraustreten. Wir begreifen so, dass Wahrnehmung selektiv ist. Unsere Persönlichkeit und Vorgeschichte bestimmen, wie wir das Wahrgenommene interpretieren (was richtig oder falsch sein kann) und welche Gefühle es in uns auslöst. Indem wir unsere Situation von außen betrachten, wird uns bewusst, dass unsere Reaktion auf den anderen immer *unsere* Reaktion ist. Sie hat weniger mit unserem Gegenüber, sondern vor allem mit uns selbst zu tun.

Der schlechte Rat: Wenn ein Date furchtbar ist, liegt es am Typen oder an Ihnen, also weg mit dem Typen oder weg mit Ihnen. Sollte es wirklich an Ihnen liegen, ändern Sie sich!

Die Wahrheit: Es liegt nicht an Ihnen und nicht am Typen, jedenfalls nicht ausschließlich. Es liegt hauptsächlich an der Situation, die entstanden ist. Und die ist, wie dieses Buch zeigt, nun einmal kniffelig.

Das erste Mal ...
in der fremden Wohnung

Zu mir oder zu dir? Diese Frage, die am Ende eines Dates gestellt werden kann, ist eine Frage von immenser Tragweite. Den Abend in geschlossenen Räumen fortzusetzen, ist ein Zugeständnis, sexuelles Interesse zu haben. Sex ist dann kein Muss, aber zu erwarten. Das zeigt sich auch daran, dass Menschen, die die Wohnung des anderen »unverrichteter Dinge« wieder verlassen, den Ablauf als »gestört« empfinden: Irgendetwas, meist lässt sich nicht genau benennen, was, hat den Fluss blockiert. So wie bei Julia und Fred, die zwar bis heute ein Paar sind, sich aber auch im Rückblick nicht erklären können, wieso »in der ersten Nacht nichts lief« – war es Schüchternheit, der Druck dieser besonderen Situation, die Angst, eine Grenze zu überschreiten, Unsicherheit bezüglich der eigenen Wünsche und der Erwartungen des anderen? Der ausgebremste Fluss in dieser Nacht ist für Julia und Fred Teil ihrer Gründungsgeschichte geworden. ›So unbeholfen waren wir damals!‹, möchten sie sagen, wenn sie davon berichten. Und: ›Wir haben es ja dennoch gepackt! Weil es so sein sollte.‹

Julia: Nach dem Konzert gehen wir zu mir. Trinken Wein. Ich: »Du kannst gern hier schlafen.« Er: »Ne, ich geh lieber mal.« Tür zu. Ich denke noch im Flur: Du Idiot!
Fred: Nach dem Konzert gehen wir zu ihr. Trinken Wein. Sie: »Du kannst gern hier schlafen.« Ich: »Ne, ich geh lieber mal.« Tür zu. Ich denke noch im Treppenhaus: Ich Idiot!

Das erste Mal in der Wohnung des anderen – das ist der Moment der größten Unsicherheiten, der Angst, nicht zu genügen, der Bedenken, ob der andere der Richtige ist, ob die Entscheidung, mitzugehen oder ihn hineinzubitten, die richtige war. Verlief das Date bisher symmetrisch, so sind die Rollen von nun an komplementär. Es gibt den Gastgeber, der ein Heimspiel hat mit allen Vorteilen, aber auch verantwortlich dafür ist, dass der andere sich wohl fühlt und bereit ist, sich einzulassen. Und es gibt den Gast, der in das Reich des anderen eindringt und sich einfügen muss. Schließlich offenbaren sich jetzt so deutlich wie nie die feinen Unterschiede: Während des Dates konnten wir uns noch den Erwartungen des anderen anpassen, konnten weglassen, aufbauschen, beschönigen. Klüfte beim Habitus, die zuvor verschleiert wurden, können jetzt bis zum Kulturschock führen.

Die Wohnung erzählt seine Geschichte losgelöst von ihrem Besitzer. Sie ist das Museum seiner Vergangenheit. Jeder Gegenstand hat seine eigene Geschichte, jedes Möbel bewacht ein Geheimnis. Manchmal glauben wir, dass Bilder, Pinnwände, Stehlampen und Dolby-Surround-Systeme uns ansehen wie einen Eindringling. Aber was sie erzählen, wenn auch stückweise, zusammenhangslos, widerspenstig, ist die Wahrheit. Sie korrigieren das Bild, das wir vom anderen hatten. Am Ende hat die Wohnung recht. Wir sehen Stofftiersammlungen, Schrankwandvitrinen mit Eisgläsern, sorgsam gepflegte Zimmerpalmen, ein Brotmesser auf der Spüle mit einem Rest Leberwurst an der Klinge. Wir sehen peinliche Ordnung oder ebenso peinliches Chaos. Wir sehen Pfandflaschen der letzten Party, auf beklemmende Weise alphabetisch sortierte DVD-Sammlungen. Oder Bücherregale, in denen schwere, gesammelte Werke von Hegel bis Hölderlin stehen oder aber nichts außer einem Wühltischlexikon, einem Stephen-King-Roman, einem Rätselbuch und einem Modellauto. Wir sehen esoterischen Krimskrams oder arrogant um Bewunderung buhlende Designermöbel. Wir sehen ausgestopfte Waschbären und patinierte Wände und verschrobene Mitbewohner. Wir sehen, dass *sie* gerahmte Bilder ihres Ex-Freundes für eine angemessene Dekoration hält und ein Kind offenbar eine wichtige Rolle in *seinem* Leben spielt. Wir sehen an einer Urkunde, dass *sie* Leistungskugelstoßerin war oder einen Wettbewerb im Pfahlsitzen gewonnen hat und *er* offizieller Meister im Luftgitarrespielen ist oder mal als Dressman für ein renommiertes, örtliches Kaufhaus gearbeitet hat. Wir sehen manchmal Dinge, die wir lieber nicht gesehen hätten. Wir erleben ein Fremdheitsgefühl, und das, wo wir wissen, dass wir gleich womöglich mit einer uns mehr oder weniger unbekannten Person Nacktheit, Intimität, Vereinigung erleben werden. Manche empfinden Abenteuerlust und Neugier dabei, andere verspüren Fluchtinstinkte.

Doch sehr viel öfter, als man glauben könnte, geht die ganze Sache gut aus. Denn der Gast beweist in dem offenen Gelände die enorme urmenschliche Gabe zu Flexibilität und Anpassung. Ein Sauberkeits-Freak, der zu Hause wahnsinnig wird, wenn nur eine Socke herumliegt, kann sich in der fremden Wohnung mit Unordnung arrangieren, vielleicht sogar die Pause vom disziplinierten Selbst genießen. Denn das Ich ist gespalten, wir schlüpfen als Gast aus der alten Identität wie aus unseren Schuhen in der Diele, wohlwissend, dass das alte Ich draußen auf uns wartet, bereitsteht, um uns wieder hinauszutragen ins eigene Leben, sobald wir über die Türschwelle nach draußen treten. Je wohlwollender wir unserem Gastgeber gegenüberstehen, desto toleranter sind wir. Wenn wir jedoch mit unserer Entscheidung, dem anderen in seine Wohnung zu folgen, uneins sind, werden wir eher zum distanzierten Beobachter, der die Wohnung bewertend mustert oder gar zu kleinen Gereiztheiten neigt. Wir werden uns dann eher an Beobachtungen stoßen, die unseren eigenen Gewohnheiten widersprechen, sogar nach Dingen suchen, die eine vorzeitige Flucht rechtfertigen. Ein ungemachter Abwasch kann da schon zum Problem werden. Bei den von mir gesammelten Geschichten zeigt sich: Auffallend oft spielen Tiere bei dem Erstmals-in-der-Wohnung-Schock eine Rolle. Echte, ausgestopfte Tiere oder solche aus Stoff.

Dating-Desaster in max. 560 Zeichen: Premiere im Reich des anderen

Johanna: Ich kam in seine Wohnung: Vitrine mit Leonardo-Gläsern, Wischtechnik-Wände, Yucca-Palme, flippige Couch von »Roller«, Birke furniert all over … Hölle!

Michaela: Ich nehme ihn mit nach Hause, war grad nicht aufgeräumt. Sex. Er bricht ab, sagt: »Mensch, Mädel, du bist ein ganz schöner Messie.« Stimmung hin. Er sagt bald: »Ich geh dann mal.«

Markus: Sie litt an Animal Hoarding. Ihre Wohnung: voll mit Getier-Käfigen, darin Degus, Hamster, Chinchillas, Streifenhörnchen. Alles voller Streu und Kacke, bestialischer Gestank.

Sandra: Seine Wohnung: voller Terrarien. Skorpione, Schlangen, Vogelspinnen. Die Viecher glotzten uns beim Sex zu. Ich dachte: Hiernach kann dich die Hölle nicht mehr überraschen.

Tessa: Ich wohnte gerade in Los Angeles. Date mit Jeff, Film-

hunde-Trainer. Wir gehen in sein Strandhaus. Vier seiner VIP-Hunde – Greta, Rita, Marilyn und Jean – gucken uns beim Sex zu. Ich: »Die weiße Hündin macht mich ganz nervös mit ihren Blicken.« Dazu Jeff: »Das ist Greta. Ich glaube fest, sie ist die Wiedergeburt meiner Mutter.« Wie krank war das, bitte!? Seine Mutter ist ein Hund und im Bett dabei! Ich konnte nicht weitermachen.

Carsten: Ihre ganze Wohnung war ein Friedhof der Kuscheltiere! Diddl-Mäuse, Teddys, ein Lamm, aber auch echte Stofftier-Raritäten wie ein Lama, ein Otter und ein Bieber. Nicht das Tier Biber, sondern Justin Bieber. Als Stoffpuppe. Beängstigend!

Kerstin: Er nimmt mich erstmals mit zu sich. Wir sitzen in seiner Küche, trinken Wein. Da kommt seine Mitbewohnerin rein: nackt. Sagt: »Hi, bin die Kassandra, entschuldigt meine Nacktheit. Ich brauch das jetzt einfach.« Und macht sich seelenruhig Tee. Ich schwör's, sie hatte einen Busch wie eine Tina-Turner-Perücke.

Martin: Sie nimmt mich nach dem Romantik-Date mit nach Hause. In der Küche saß ihre Mitbewohnerin. Es war genau jene Frau, die ich letzte Woche aus einer Bar abgeschleppt hatte.

Hassan: Erstes Mal bei Stella. Ich will mich beliebt machen, streichle ihre fette Katze Ronette de la Rue (sie hat sie entkräftet auf einer Vorortstraße in Toulouse gefunden), die sie über alles liebt. Die Katze scheint mich zu mögen. Als Stella in die Küche geht, streichle ich Ronette de la Rue wieder – doch die heimtückische Katze zerkratzt mir den Arm. Ich schleudere sie im Reflex zur Seite, das Straßenviech kreischt auf, Stella kommt aus der Küche, sieht mich zornig an, als sei ich ein Katzen-Ripper.

Vera: Erstes Mal bei ihm. An seiner Wand: Jagdtrophäen, Ge-
weihe, ausgestopfte Tiere, ein Elefantenfuß als Beistelltisch,
ein Foto von ihm mit einem erlegten Bären in Kanada. Ich
war abgestoßen.

Der erste Sex

Nackt. Das bedeutet: sinnlich, frei, urmenschlich. Aber auch: schutzlos, verletzlich, ausgeliefert, entblößt. Der erste Sex ist das Finale eines komplizierten Tanzes aus wechselseitigen Erwartungen, Bedürfnissen und Ängsten, einem Tanz aus Verführung und Hingabe. Er findet statt im Spannungsfeld zwischen Bindungsangst und Bindungssehnsucht, und die Anomie der heutigen Zeit – ist der Sex ein One-Night-Stand oder der Beginn einer Beziehung oder irgendetwas dazwischen? – macht den ersten Sex noch komplizierter. Das trifft besonders dann zu, wenn die erste gemeinsame Nacht in einem diffusen Stadium der Liebesgeschichte stattfindet. Ging dem ersten Sex ein Liebesgeständnis voraus, ist seine Symbolkraft eindeutiger: Sex ist dann Bestätigung, Besiegelung, Konkretisierung, oft der Punkt, wo aus Datenden ein Paar wird. Die erste Nacht ist dann das erste Kapitel einer gemeinsamen Geschichte. Ist das nicht der Fall, haben die Beteiligten oft das Gefühl, einen Test bestehen zu müssen. Körperlich mag Sex einfach sein, die seelischen Prozesse, die ihn begleiten, sind kompliziert. Wir haben Angst vor dem prüfenden Blick des anderen, Angst, zu enttäuschen, zu versagen, nicht schön, nicht gut zu sein.

Da der erste Sex heikel ist, verwundert es nicht, dass Alkohol oft als Beschleuniger eine Rolle spielt. Der französische Soziologe Jean-Claude Kaufmann berichtet, dass drei Viertel der von ihm befragten Paare ihre erste Nacht nach einer gemeinsamen Party verbracht haben. Dies erscheint besonders interessant, da eine Party eher eine zufällige Zusammenkunft bedeutet und kein Date ist. Ist das Date als Anbahnungsmoment für

Sex zu störanfällig im Vergleich zu einer Party, auf der sich das Zwanglos-Dogma leichter einhalten lässt und man selbstverständlicher in einen gemeinsamen Fluss geraten kann? Wahrscheinlich ja.

Auch ich gewann bei meinen Recherchen den Eindruck, dass die meisten Paare sich nach einer alkoholreichen Partynacht erstmals in die Arme fielen. Mein Eindruck mag verzerrt sein, weil ich viel in meinem Wohnort Berlin recherchiert habe und die Partykultur dort besonders ausgeprägt ist. Sich abzuschleppen nach dem Suff – das erscheint weit entfernt von einem romantischen Beginn einer Liebesgeschichte. Viele Paare deuten die erste Nacht daher im Rückblick um, sprechen von Schicksalhaftigkeit und lodernden Gefühlen, die das Blut in Wallung brachten, wo es eigentlich Bier und Wodka waren.

Der erste Sex ist jedenfalls immer ein Hindernis voller Gefahren. Blitzartig verwandelt sich im Bett mancher Traumprinz in einen Frosch. Das Ideal einer rauschenden Liebesnacht ist hoch angesetzt, das tatsächliche Erlebnis schneidet im Vergleich dazu oft schlecht ab. Die Voraussetzungen, dass der erste Sex ernüchternd wirkt oder gar zum Fiasko wird, sind bestens: Die Partner haben keine Übung miteinander, wissen nichts von den Vorlieben, Bedürfnissen und Bedingungen des anderen. Sie fühlen sich auf dem Prüfstand, sind folglich nervös, handeln ungeschickt und unbeholfen, müssen Scham und Schüchternheit überwinden. Ein holpriger Tanz, bei dem man sich unweigerlich auf die Füße tritt. Hinzu kommen die Unsicherheiten bezüglich des Vorzeichens, unter dem der Sex geschieht: Ist er der Beginn einer Liebesgeschichte? Ist es zunächst einmal nur Sex? Die Anomie schlägt zu, jedes Modell ist möglich, und doch verbietet das Zwanglos-Dogma es, den Sachverhalt zu klären und zu fragen: Wenn wir jetzt Sex haben, was bedeutet das dann für uns? Unter all diesen Bedingungen ist es schwierig, sich fallen zu lassen. Und das, wo doch Fallenlassen die Voraussetzung für genussvollen Sex ist!

Besonders verzwickt wirkt sich hier die Anomie der Rollen aus. Früher war der Mann der Verführer, die Frau hat sich nach einigen Widerständen hingegeben. Die Werbung des Mannes, angefangen beim mittelalterlichen Minnesang, lebte lange von seiner Verheißung: Der Mann konnte vorgeben, der heißblütigste Lover zu sein, denn aufgrund der gesellschaftlichen Schranken war es so bald nicht möglich, seine Versprechen einzulösen. Heutzutage kann der Mann so leicht keine großen Töne mehr spucken, denn im »Alles ist möglich«-Tenor unserer Zeit riskiert er Zugzwang: Seine Werbeversprechen müssten womöglich sehr schnell einem Reality-Check standhalten.

Das Prinzip des Verführers, des Playboys, des Gigolos galt im Laufe der sexuellen Revolution der 60er und 70er bald als antiquiert, als anstößig und unkorrekt. Stattdessen wurde vom Mann gefordert, über sich nachzudenken, Zugang zu seinen Gefühlen zu finden und über sie zu sprechen, sich zu therapieren und zu optimieren. Heute haben wir hypersensible, verkopfte Männer. Sie hören Coldplay und Lana del Rey, reden über die Konflikte zwischen ihrem Kindheits-Ich und ihrem Eltern-Ich, spielen selbstgeschriebene Weltschmerz-Poesie auf Gitarre, posten feine, kleine Foto-Betrachtungen mit sinnreichen Sätzen auf Facebook – und die Frauen sind alles andere als zufrieden mit ihnen. Zu verkopft! Zu sensibel! Zu zögerlich! Viele wünschen sich den Macho mit Manieren à la James Bond zurück. Rollenkonfusion, Versagensängste, Hemmungen, mangelnde Übung darin, zu verführen: Vor lauter Kopf finden die Körper nicht mehr zueinander. Oder, wie Chris es ausdrückt: »Erst haben uns die Weiber jahrzehntelang weichgekloppt, und das Resultat finden sie dann nicht mehr sexy. Und wir kriegen bei so dominanten Frauen keinen mehr hoch.«

Schließlich fühlen Männer sich verantwortlich dafür, ob der Sex gelingt, denn sie sind die »Leistungsträger« in der ersten Nacht. Im Rückblick beschönigen sie das Erlebte wahrscheinlich gerade deswegen oft: Zuzugeben, dass sie sich nicht wohl gefühlt haben, hieße zuzugeben, dass sie »versagt« haben. Genau aus demselben Grund bewerten Männer auch Dates im Vergleich zu Frauen seltener als misslungen: Und wenn, geben sie der Frau die Schuld. Frauen dagegen berichten oft von Problemen sowohl beim Date als auch in der ersten Nacht. Sie suchen dann aber öfter als Männer zumindest eine Teilschuld bei sich. Häufig sind sie nach dem ersten Sex ernüchtert oder enttäuscht, manchmal fühlen sie sich aber auch beschämt, sogar abgestoßen, angeekelt, überrumpelt oder grob behandelt. Lassen wir Sylvia zu Wort kommen. Ihr Traumprinz demontierte sich, indem er eine Vorliebe offenbarte, die auf Sylvia so lächerlich wie schockierend wirkte.

Sylvia:
Als ich erfuhr, dass es Gummibärchen-Sex gibt

Ich bin ein Sechser im Lotto, wenn es Sechser geben würde mit tollen Apfelnaturbrüsten, naturblondem Haar, Job beim Fernsehen und Abschluss in Germanistik. Trotz dieser Vorzüge scheine ich ein Freak-Magnet zu sein. Drittes Date mit

Jochen, HNO-Arzt. Kino. Er füttert mich mit Gummibärchen. »Nimm doch noch eines«, sagt er zu mir. Also noch ein Gummibärchen. Wie er mich dabei ansieht – da weiß ich, dieser Mann will mich. Und, was spricht dagegen, dann soll er mich heute doch auch bekommen. Wir gehen zu ihm. Nette Wohnung, am Helmholtzplatz. Bauhausinspiriert, irgendetwas stand da rum, was offensichtlich Kunst war, wie gutverdienende alleinstehende Männer so wohnen, ich weiß, wovon ich rede. Wir auf dem Sofa. Er küsst mich. Schiebt mir mit der Zunge Gummibärchen in den Mund. Ja, richtig, schon wieder Gummibärchen. Wir sinken auf die Kissen. Ich nestle an seiner Hose herum. Er weicht aus. Füttert mich wieder mit einem Gummibärchen. Ich versuche im Liegen, das irgendwie sinnlich zu essen, ohne mich zu verschlucken. Er küsst mich.

»Hast du es geschluckt?«, raunt er.

»Ja!«, sage ich.

»Zeig es«, fordert er.

Ich: »Wie bitte?« Ich fingere wieder an seinem Gürtel herum. Diesmal etwas energischer. Eine Übersprungshandlung. Er nimmt meine Hände weg. Ein Typ nimmt meine Hände weg, als ich ihm ans Gemüse will! Das gab es zu Zeiten unserer Mütter noch nicht!

»Zeig es mir!«, wiederholt er.

»Was zur Hölle soll ich zeigen?«, frage ich.

»Dass du es verschluckt hast. Das Gummibärchen.«

Ich glotze wohl kurz etwas entgeistert, doch dann ahne ich, dass es wohl nur weitergeht, wenn ich mache, was er will. Also öffne ich meinen Mund, strecke ihm brav die Zunge raus, und er schaut bis in meinen Rachen. Wie beim Dschungelcamp, wenn die Kandidaten beweisen müssen, dass sie

wirklich Kakerlakenschleim an Stierhoden geschluckt haben.
Oder wie eine Pornodarstellerin nach dem Cumshot.

Doch Jochen ist noch nicht zufrieden. Er steckt mir wieder ein
Gummibärchen in den Mund, und ich merke, dass ihn das
offenbar anmacht. Ich esse es bemüht erotisch und zeige ihm
wieder brav meinen Rachen. Endlich fällt er über mich her,
und es ist gar nicht mal schlecht. Danach kuscheln wir im
Bett und sehen fern. Dann bekomm ich wieder Lust, wir
knutschen, meine Hand wandert tiefer … und seine Hand …
wandert zu einer Schale auf dem Nachttisch. Und darin: Sur-
prise, Gummibärchen!

»Was zum Teufel ist das mit dir und diesen Gummibär-
chen?!«, herrsche ich ihn an. Ich springe aus dem Bett.
»Ich muss bereits einen Insulinspiegel haben wie Elvis Pres-
ley in seiner Endphase, nach all den Gummibärchen, die
du in meinen Rachen schiebst! Und vegetarisch sind die
auch nicht. Da ist Gelatine drin, vom Rind, und ich wäre
doch so gerne Vegetarierin. Wann hört das bitte auf? Mein
ganzer Mund ist schon verklebt. Soll ich dick und kariös wer-
den?«

Er druckst rum, und erst in dem Moment verstehe ich, dass
da wirklich etwas läuft zwischen ihm und diesen Gummi-
bärchen.

Ich beruhige mich, setze mich wieder zu ihm, tätschle ihn
unbeholfen. »Du magst Gummibärchen wirklich sehr, nicht
wahr?« Ich lausche kurz meinen Worten, und mir wird klar,
wie absolut idiotisch sich das anhören muss. »Du magst es,
wenn ich sie esse?«

Er zappt durch die Programme, als suche er eine Talksen-
dung, in der gerade dieses Thema behandelt wird. Die alles
für ihn erklärt. Gummibärchen beim Sex? Das große neue

Ding nach Intimrasur und Dating im Dunkeln! Mehr nach der Werbung!

Ich erinnere mich an meine Freundin Tessa, wie abgeklärt sie reagiert hat, als ihr Typ ihr offenbarte, dass er ausgepeitscht werden möchte. So wie Tessa will ich doch auch sein, und vielleicht ist das meine Chance. Ich denke an Frauenflüsterer Oliver, der mir sagte: »Versuche doch mal, andere zu verstehen, bevor du sie verurteilst. Versuche, dich in ihren Kosmos hineinzudenken, probiere ruhig auch, deine Grenzen auszuforschen.« *Also atme ich tief durch und sage:* »Das ist so ein Fetischding, nicht wahr?«

»Schätze schon«, *sagt er.*

»Willst du es mir erzählen?«, *frage ich.*

»Willst du es hören?«, *fragt er. Ich bin mir nicht sicher, aber Bilder einer souverän peitschenden Tessa und eines weise den Kopf schief legenden Oliver schwirren durch meinen Kopf, also fasse ich vertrauensbildend an seinen Unterarm:* »Schieß los! Ich bin ein großes Mädchen, mich kann gar nichts schocken.«

»Also gut. Ich habe da so eine Phantasievorstellung, darin ... «

»Ja? Darin ... ?« *Ich fühle mich plötzlich wie eine Psychologin, ich überlege, hinterher eine Rechnung zu schreiben und den ganzen Abend im Stundentakt abzurechnen.*

»Darin bin ich ... nur zwei Zentimeter groß ... «

Ich merke, wie Schweiß aus meinen Poren schießt. Cool bleiben, denke ich. Zwei Zentimeter groß, warum nicht. Jeder hat doch irgendeine Macke. Durchatmen, bis zehn zählen. Bei jeder Zahl höre ich Tessa einmal mit der Peitsche knallen.

»Und dann stelle ich mir vor, von einer schönen Frau verschluckt zu werden.«

»*Das ist ein Witz!*«, sage ich. Peitschenhieb von Tessa.

»*Kein Witz*«, sagt er. »*Ich verstehe gut, dass das für dich ziemlich befremdlich klingen muss. Ich habe aber diese Phantasie schon, seit ich klein bin.*«

»*Seit du zwei Zentimeter klein bist?*«, denke ich, aber der Satz kommt nicht durch meine innere Zensurbehörde. »*Verständnisvoll gucken, Sylvia*«, mahne ich mich.

»*Eigentlich seit ich denken kann. Ich habe es mir jedenfalls nicht ausgesucht.*«

»*Nein, wenn man sich einen Fetisch aussucht, fragt man sich ja: Nehme ich Pumps, Peitschen oder Pipi?*«, sage ich. »*Aber ein Gummibärchen zu sein, da kommt man ja erst mal nicht drauf. Allerdings finde ich das immer noch eine bessere Entscheidung, als ein Teletubby zu sein.*«

»*Ich kann auch selbst drüber lachen*«, sagt er und sieht so gar nicht nach Lachen aus. So viel ist mir klar: Das Sexleben eines Gummibärchens ist vielleicht noch komplizierter als das von uns Menschenkindern.

Er fährt fort: »*So eine Show müsste auch gar nicht bitterernst oder dramatisch aussehen. Ich will sie einfach nur genießen.*«

»*So eine Show?*«

»*Na, eine Show eben.*«

»*Du meinst, eine Gummibärchen-Verschluck-Show?*«

»*Ja, es wäre toll, wenn meine Partnerin sich darauf einlassen würde. Von Zeit zu Zeit …*«

»*Aber was … Was gefällt dir da dran?*«

»*Es hat viele Aspekte. Einmal das Körperliche, also die warme, feuchte Enge, das Rutschen, der heiße Atem. Aber der eigentliche Reiz geht quasi von der Rolle aus. Ich als Gummibärchen. Das hat was mit Angst und Nervenkitzel zu tun, mit Ausgeliefertein. In Wirklichkeit will ich das ja nicht, ich hab Schiss davor. Aber halt auf so 'ne unernste Art, so Kinder-Horrorstory-like.«*

»*In Wirklichkeit wäre das mit dem Verschlucken ja auch schwierig. Du bist 1,90 Meter, keine zwei Zentimeter*«, *fällt mir dazu ein.* »*Man könnte ernsthaft Atemprobleme bekommen, und erklär das mal dem Notarzt.*«

»*Ja, es ist eben eine Phantasie. Ich steh auch auf so sarkastische Sätze à la ›Jetzt geht's abwärts, Kleiner‹. Oder: ›Fertigmachen zum Verschlucktwerden‹ oder: ›Gleich schling ich dich kopfüber in den heißen, schleimigen Schlund‹, so was eben.*«

»*Okay*«, *sage ich, weil mir jetzt nicht mal mehr ein blöder Witz einfällt.*

»*Ich suche eben jemanden, der mir eine passende Show dazu macht, also ein paar Mal den Rachen zeigt, so mit der Zunge weit raus, laut schlucken, vielleicht sogar ein bisschen rülpsen, eine Frau, die, wenn es geht, so tut, als ob sie ein paar kleine Männchen verschluckt, vielleicht ein paar passende Sprüche dazu, eigentlich ist das ziemlich einfach.*«

»*Einfach ... *«, *wiederhole ich ratlos.*

»*Ich stehe halt auf große Frauen, die kleine Männchen herunterschlucken*«, *fasst er seine Diagnose zusammen.*

»*Und die dabei ein bisschen sarkastisch sind*«, *ergänze ich, immer noch ratlos. Ich blicke neben mich, sehe nicht mehr ihn, sondern ein riesiges Gummibärchen. Dann sehe ich mich in Phantasiereizwäsche aus Süßigkeiten auf seinem Bett rekeln und spiele lasziv mit einem Gummibärchen, das einen 40-jährigen Männerkopf hat, so wie eine Katze mit der Maus spielt. Ich halte den Gummimutanten wie eine köstliche Traube über meinen Mund, lasse das bunte, kleine*

Ding dort verzweifelt zappeln, schnalze mit der Zunge, schnurre gemein. Cut, das ist doch krank! Zuhören, er spricht weiter!

»Sarkastisch, ja, aber auch so pseudo-zärtlich, also nicht zu streng. Ich finde zum Beispiel die Vorstellung sehr geil, dass die Frau noch zum Spaß so tut, als ob die kleinen Gummibärchen das doch eigentlich toll finden, und die noch so damit ärgert, dass die gleich verschluckt werden.«

»Wie kommt man gerade auf so einen Fetisch?«, frage ich und suche meinen Psychologinnen-Block, um mir Notizen zu machen.

»Kennst du noch ›Es war einmal … das Leben?‹«, fragt er mich. »Das ist eine Kinderserie, da ging es drum, was im Körper abgeht, so mit sprechenden Blutkörperchen und so. Bei diesem Film hab ich als kleiner Junge gemerkt, dass mich diese Vorstellung anmacht, weil ich die Szenen immer geil fand, in denen die großen Fresszellen die kleinen Bakterien verputzt haben. Mein erstes Wort für Selbstbefriedigung, als ich klein war, war passenderweise daher ›Angstgefühl‹. Ich find das halt auch unter Bestrafungsaspekten geil, also quasi ›Die schreckliche Strafe des Verschlucktwerdens‹… für freche, böse, kleine Männchen … So, als ob's halt natürlich ist, dass die verschluckt werden müssen. Verstehst du?«

»Ich versuche es«, sage ich matt.

»Deshalb ist auch das Schluckgeräusch so besonders geil für mich, wegen der Spannung. Das Geräusch markiert ja quasi so den Moment, ab dem es kein Zurück mehr gibt. Und das Zäpfchen … «

»Das Zäpfchen?«, frage ich; unsicher, ob ich bereit bin, noch mehr zu hören.

»*Ich steh total auf das Zäpfchen. Ich stell mir dann vor, wie ich da drunter durchflutsche … «*

»*Du stehst auf Zäpfchen? Da trifft es sich ja gut, dass du HNO-Arzt bist! Da bist du ja im Zäpfchen-Wunderland, tagein, tagaus«, sage ich und fasse mir nur eine Sekunde später an den Kopf. »Natürlich! Du bist HNO-Arzt geworden, weil du auf Zäpfchen stehst!«*

»*Hoffentlich war das jetzt nicht zu offen?«, fragt er zögerlich.*

»*Nein!«, sage ich etwas zu schnell und zu schrill. »Nein, das war … eben offen. Sehr offen! Danke für deine Offenheit!«* Es klingt furchtbar gekünstelt. Stille.

»*Wow«, sage ich, während im Fernsehen eine Ernährungsberaterin versucht, dicke, unwillige Kinder zum Joggen zu bewegen. »Ich werde nie wieder den Spruch ›Haribo macht Kinder froh und Erwachsene ebenso‹ mit der gleichen Unbefangenheit hören können.«*

Er: »*Du machst dich lustig über mich.«*

Ich seufze. Stille. Eine Stille der quälenden Art.

»*Und?«, fragt er.*

Ich: »*Jochen, lieber Jochen … Was soll ich sagen? Vielleicht gibt es einen Psychologen, der die Herausforderung liebt oder eine spannende Doktorarbeit schreiben will zu einem Thema, das garantiert noch kein anderer hat. Für mich ist das – ganz ehrlich, sei mir nicht böse – too much!«*

Ich sehe in meinem Kopf Tessa böse mit mir die Peitsche knallen. »*Stopp!«, sage ich zu ihr. »Du musst nur jemandem den Hintern versohlen! Das ist Mainstream-pervers! Ich soll Gummibärchen verschlucken, während der Typ sich vorstellt, das wäre er! Und dann mein Zäpfchen zeigen. Das ist perverspervers. Tessa, ich pack das nicht!«*

Ich wende mich Jochen zu. »Du, ich pack das nicht.«

Er starrt mich an wie ein Teenager, dem man erklärt, dass er nicht auf ein dreitägiges Funpunkfestival darf, zieht sich seine Jogginghose über, geht zum Fenster, offenbar verärgert. »Ich habe mich geöffnet. Es ist mir nicht leicht gefallen.«

»Sorry«, sage ich. »Aber das ist echt freakig! Ich meine, das ist so freakig, dass man ein neues Wort für freakig erfinden muss.«

Er dreht sich um, wütend, Tränen in den Augen. »Weißt du, wie es ist, mit so etwas zu leben? Wie gesagt: Ich habe es mir doch nicht ausgesucht. Es kam zu mir! Für diesen Fetisch gibt es im ganzen verdammten World Wide Web gerade mal ein Forum, und seit einer Woche ist www.sexy-gummy-bear.com geschlossen. Für den Fetisch, bei dem Frauen mit High Heels auf Stofftieren trampeln, gibt es hunderte Websites! Weißt du, wie ich mich damit fühle?«

»Weißt du, wie ich mich fühle?«, platzt es aus mir. »Mein letzter Freund verließ mich für eine elfengleiche Telenovela-Hauptdarstellerin, die ich großgemacht habe, auf dem Set, auf das ich den Nichtsnutz als Produktionsassistenten eingeschleust habe. Meinen letzten Sex hatte ich mit einem italienischen Eisverkäufer, der nur sich selbst im Spiegel angesehen und beim Orgasmus seinen eigenen Namen geschrien hat, der davor hatte Blähungen wie ein reudiger Hofhund, und du stehst auf Gummibärchen-Zäpfchen-Shows! Habe ich ein ›Freaks, bitte hier‹-Schild auf dem Kopf? Wen werde ich als Nächstes daten? Einen dreiköpfigen Cyborg aus der Andromeda-Galaxie, den es anmacht, wenn ich für ihn im Dirndl vor Karstadt tanze? Ich muss hier raus!« Ich sammle meine Sachen ein, ziehe mich hastig an.

Er: »Du denkst, ich habe ein Problem, was?«

Ich: »I wo! Deine Phantasie ist es, ein Zwei-Zentimeter-Gummibärchen zu sein, das von einer 1,80-Frau verschluckt wird. Wie kommst du darauf, irgendjemand könnte denken, du hättest ein Problem?«

Er: »Das war sarkastisch!«

Ich: »Du wolltest doch sarkastisch! Jetzt brauchst du nur noch dein Gummibärchenkostüm anziehen, und schon sind wir mitten in deiner Sexphantasie!« Und dann machte ich, dass ich da rauskam.

Hier Auszüge aus meinem Chat, bei dem Sylvia mich noch in derselben Nacht um Rat fragte.

Sylvia: Ich habe es versucht, ich wollte offen sein, ich wollte Verständnis zeigen für etwas, was weit jenseits meiner Lebenswelt und sogar Vorstellungskraft liegt. Ich war sogar gewillt, gegebenenfalls über Grenzen zu gehen. Doch dann habe ich diesen Mann, der sich mir öffnete, verhöhnt. Habe ich versagt?

Ich: Warum wolltest du Verständnis zeigen? Muss man denn alles verstehen?

Sylvia: Meine Freundin Tessa … Ich habe sie erst in Berlin kennengelernt, und so wie sie stellte ich mir immer Berliner Mädchen vor. So unbekümmert, so abgeklärt, so verrückt. Sie hatte einen tollen Typen kennengelernt, der druckste lange herum, dann offenbarte er sein Geheimnis: Er wollte versohlt werden. Und sie? Sie holte die Peitsche und tat, was getan werden musste. Sie findet es spannend und hat Gefallen daran gefunden, und die beiden sind glücklich.

Ich: Du willst also ein bisschen so sein wie Tessa.

Sylvia: Ja. Ich will nicht immer nur die Telenovela-Sylvia sein, die auf einem Bauernhof aufgewachsen ist und vom Denver-Clan sozialisiert wurde und nur uncoole Musik hört, Xavier Naidoo zum Beispiel. Ich höre gern Xavier Naidoo.

Ich: Aber du bist nicht wie Tessa.

Sylvia: Nein. Offenbar nicht.

Ich: Würdest du mit Tessa tauschen wollen? Eine Beziehung führen, in der eine Peitsche eine wesentliche Rolle spielt – oder ein Gummibärchen?

Sylvia: Nein, eigentlich nicht … Nein, das könnte ich nicht …

Ich: Dann war deine Reaktion doch deinem Leben angemessen.

Sylvia: Ja, schon … Aber … Dieser Mann hat sich mir offenbart, mir Vertrauen geschenkt. Und ich habe Witze gemacht … Ist das nicht furchtbar provinziell?

Ich: Was provinziell ist und was nicht und was verkehrt daran ist, »provinziell« zu sein, da hat sicherlich jeder eine andere Auffassung. Was könnte die positive Seite dessen sein, was du »provinziell« nennst?

Sylvia: Nun, ich habe meine Grenzen. Ich habe meine Vorstellungen und mache nicht alles mit. Ich will auch nicht alles wissen. Ich lese auch keine Bücher, in denen Frauen ihre Ausscheidungen und Geschlechtsorgane beschreiben.

Ich: Die positive Seite von »provinziell« könnte man also »prinzipientreu« nennen?

Sylvia: Vielleicht.

Ich: Du weißt, was du willst und was nicht, und kannst das auch vermitteln.

Sylvia: Aber ja!

Ich: Lass uns zusammenfassen: Du denkst, dieser Mann hat dir Vertrauen gezeigt, und du hättest darauf unangemessen reagiert, weil du Ablehnung gezeigt und sogar Witze darüber gemacht hast. War seine Offenbarung denn tatsächlich solch ein Akt des Vertrauens?

Sylvia: Was könnte es sonst gewesen sein?

Ich: Vielleicht hat er schlicht egoistisch gehandelt. Dieser HNO-Arzt ist offenbar auf der Suche nach jemandem, mit dem er seine sehr speziellen Wünsche verwirklichen kann, und sah dich als potenzielle Kandidatin. Er hat alles auf eine Karte gesetzt.

Sylvia: Du meinst, ich brauche mich deswegen gar nicht so geschmeichelt zu fühlen …?

Ich: Es ist ja nicht so, dass du das Geständnis aus ihm herausgepresst hättest.

Sylvia: Nein, Waterboarding habe ich nicht angewendet. Ich wollte das alles gar nicht hören!

Ich: Du fühltest dich überrannt?

Sylvia: Ja, das trifft es wohl. Ich fühlte mich überrannt. Ich meine, was gehen mich seine Obsessionen an? Ich kenne ihn ja kaum. Ich wollte ein lockeres Date und wurde da in seine ganz persönlichen Abgründe gezogen.

Ich: Wenn er dich derart mit seinen verstörenden, persönlichen Angelegenheiten überrumpelt, kannst du dich doch mit der Reaktion schützten, die dir in dem Moment zur Verfügung steht. Und das waren …

Sylvia: … faulige Witze.

Ich: Was wären denn deine »nicht-provinziellen« Alternativen gewesen? Gummibärchen essen? Ihn trösten? Ihn therapieren?

Sylvia: Nein, bitte nicht. Ich habe womöglich das einzig Richtige getan.

Ich: Du hast getan, was für dich richtig war.

Sylvia: Aber dabei habe ich ihn vielleicht verletzt. Er kann doch auch nichts für seinen Fetisch.

Ich: Und du auch nicht! Wenn dieser Mann ungebeten so etwas preisgibt, muss er auch eine unerwünschte Reaktion aushalten.

Sylvia: Berufsrisiko! Aber, Oliver, warum gerate ich immer an solche Freaks? Warum ziehe ich die an? Klar, auch ein Freak sucht nur Liebe, aber wieso soll ausgerechnet ich seine drei Freak-Köpfchen streicheln und den Schleim aus den sechs Mundwinkeln wischen?

Ich: Ziehst du die denn tatsächlich so an? Lernst du immer nur Freaks kennen? Wirklich immer?

Sylvia: Na jaaaa, ich hatte mal einen … Obwohl, das war doch eigentlich ganz lustig. Ja, und mein letztes Date, das war ein italienischer Eisverkäufer, der sah sich immer im Spiegel an. Schön beknackt.

Ich: Wie war das für dich?

Sylvia: Ein bisschen lächerlich. Aber der Sex war gut. Wenn es der Sache dient …

Ich: Also doch nicht immer nur totale Freaks. Ein Mann, mit dem du guten Sex hast und der dabei mal in den Spiegel sieht. Wie findest du das, im Rückblick?

Sylvia: Harmlos. Vergleichsweise harmlos. Danke für das Gespräch, Oliver.

Sylvia:
Als Massimo mir nach dem Gummibärchen-Desaster noch eine Chance gab

Massimo und ich haben es doch noch einmal miteinander versucht. Er ist vielleicht nicht die hellste Kerze im Leuchter, er achtet beim Sex mehr auf sich als auf mich, aber ich hoffte, er wäre deshalb auch nicht der Typ für ausgefallenere Fetische.

Wir im Park. Massimo trottet an mich heran. Er hat mir un-
aufgefordert ein Nusseis gekauft.

»Was … «, frage ich argwöhnisch. »Was willst du mit diesem
Eis bezwecken? Geilt es dich auf, wenn ich daran lecke?
Stellst du dir vor, du wärst eines dieser kleinen Nussstückchen,
und ich lecke dich weg?« Ich entreiße ihm wütend ein Eis,
lecke obszön mit der Zunge darüber und richte es dann auf
ihn wie eine Knarre.

»Was hast du denn?«, fragt Massimo, der sich damit abgefun-
den hat, nicht alles zu verstehen, was diese Medien-Tussis von
sich geben.

»Massimo, bitte beantworte mir eine Frage. Warum bist du
Eisverkäufer geworden?«

»Hä?«

»Sag es mir!«

»Ich bin von der Realschule geflogen, und mein Vater hatte
eine Eisdiele.« Er fürchtet wohl, diese Antwort würde mir
nicht reichen, aber zu seinem Erstaunen bin ich damit völlig
zufrieden.

»Was für Phantasien hast du, wenn du mich ansiehst!?«,
fahre ich fort. »Was geht dir durch den Kopf? Massimo, sag es
mir!«

»Ich stelle mir vor, wie ich dich von allen Seiten durch-
nehme.«

»Ja?«, sage ich, hoffnungsvoll zwar, aber noch skeptisch, als
könne das noch nicht alles gewesen sein.

»Und wie ich dabei aussehe«, fügt er artig, ehrlich und leicht
beschämt hinzu.

»Massimo!« Ich umarme ihn. »Du bist so … so erfrischend
normal! Lass uns nach Hause gehen, den Spiegel in Position
stellen und schnackseln, bis man uns in Palermo hört!«

Sylvia nimmt in ihrer Geschichte Bezug auf Tessa, die ebenfalls mit einer speziellen sexuellen Vorliebe überrascht wurde. Aber sie traf eine andere Entscheidung. Hier ist Tessas Geschichte.

Tessa:
Als ich die Peitsche knallte

Inzwischen weiß ich: Jeder Mann hat einen Haken. Es kommt auf dich an, wie du mit dem Haken umgehst. Vielleicht lässt sich damit ja ein Schloss öffnen. Ich jedenfalls weiß jetzt: Jesus liebt mich. Nein, nicht der am Kreuz, der ist nicht mein Typ. Ich spreche von Jesus, meinem portugiesischstämmigen Möbeldesigner.

Ich hatte gerade eine Trennung hinter mir, an der ich ganz schön zu knabbern hatte. Ich war danach nicht mehr die Alte. Ich hatte keinen Spaß mehr daran wie früher, mit wildfremden Typen ins Bett zu steigen. Ich meine, ich habe es zwar getan, aber mir fehlte die rechte Freude. Darum dachte ich, es sei völlig okay, dass es mit Jesus eben nicht sofort in die Kiste ging. Ich lernte Jesus kennen, als ich auf dem Trödelmarkt meinen Krempel verkaufte, er hatte nebenan seinen Möbelstand. Ein Gewitter mit starken Böen zog auf, wir mussten schnell unsere Stände einräumen und landeten unter derselben Plane und später dann bei Rotwein im Café. Er war witzig, selbstironisch, charmant, gebildet und frei von dem abgeklärten Zynismus, der gerade bei Männern so gefragt ist.

Wir trafen uns wieder, knutschten im Park, machten eine Bootstour und waren im Zoo, wo wir uns eigentlich nur die Erdmännchen ansahen, von denen wir beide große Fans sind.

336

Cool, dachte ich, mal zur Abwechslung einen Mann treffen, der nicht direkt in die Kiste will, aber jetzt reicht es auch, jetzt machen wir Köpfe auf die zarten Nägelchen. Also lud ich ihn ein, ich wollte für ihn kochen, dabei bin ich eine Küchen-Legasthenikerin, aber er speiste tapfer meine Saté-Spieße mit Guacamole, dann landeten wir im Bett. Doch irgendwas war komisch, er wich mir aus, brach ab, drehte sich weg, dann nahmen wir das Geknutsche wieder auf, doch er wich mir wieder aus.

»Alles in Ordnung?«, fragte ich und knutschte weiter.

»Ja, alles bestens, alles.«

Irgendwann merkte ich, das wird jetzt nicht mehr so richtig was, ließ ihm Zeit, er war nervös, die Situation war neu, und wir schliefen eng umschlungen nebeneinander ein. Beim Erwachen am Morgen fummelten wir, ich tastete mich zu ihm vor, war beruhigt: Ja, er hatte ein Glied, und es war offensichtlich funktionsfähig. Das waren doch schon mal gute Neuigkeiten. Er legte sich auf mich, bewegte sich, wirkte dabei irgendwie angestrengt, ich streichelte seine Schultern. »Jetzt nur nicht zu viel Fetz veranstalten, Tessa«, dachte ich, »das könnte ihn verschrecken, lass ihn ganz in Ruhe machen, in seinem Tempo.« Ich betete die Ständer-Fee an, sie möge ihn durchhalten lassen. Meine Gebete wurden nicht erhört.

Jesus brach ab, fragte, wie spät es ist, ich sagte ihm die Zeit, und er sagte, er müsse gehen. Am Nachmittag überraschte er mich mit Tapas, und wir aßen auf meinem Balkon und landeten dann auf der Couch, und wieder kam es zu einer ungelenken Penetration, die ins Nichts verlief.

»Es tut mir leid«, sagte er, und damit war ausgesprochen, dass irgendetwas nicht so war, wie es sollte. Es stand nun im Raum.

»Versuch, dem Mann die Bedingungen zu schaffen, die er braucht, um sich beim Sex gut zu fühlen«, dachte ich an den Ratschlag meines Psycho-Coaches, und ich fragte Jesus nach seinen Bedingungen. In diesem Tonfall, der vermitteln sollte: Hey, ich sehe das locker, ich bin cool, ich bin für dich da, mit mir kann man über alles reden, nur keinen Stress, und schocken kann mich sowieso nichts. Ich komm damit klar.

»Du willst wissen, was ich brauche, um mich gut zu fühlen?«, fragte er. Und ich sagte: »Logisch, darum hab ich gefragt, du kannst mir alles sagen.«

Noch am selben Abend kniete ich auf ihm, trug ein Lederkorsett und eine seltsame Maske und ließ eine Peitsche über seinen Hintern knallen. Ich sah, wie sich rote Striemen auf seiner Haut bildeten, das Ergebnis meiner Arbeit. Warum, dachte ich, haben Millionen von Menschen dieselbe sexuelle Phantasie. Ich hatte den üblichen Frauenzeitschriften-S&M hinter mir, ein bisschen Fesselspiele, Klapse auf den Hintern, Handschellen, Dirty Talk. Etwas, was man mal kichernd ausprobiert und dann auch wieder lässt. Das hier war neu für mich, und es war nie Bestandteil meiner Phantasie gewesen. Ich hatte mich immer gefragt, wie Leute so etwas machen können, ohne sich darüber kaputtzulachen. Wie kann man es ernst nehmen? Wie kann man sich da nicht fühlen wie in einem ganz schlechten Film?

Ich sah jedoch, dass es Jesus ernst war, dass er mir eine Tür zu seinem Selbst geöffnet hatte. Dass sich jedes Lachen hier verbittet, denn es wäre ein Auslachen und würde alles zerstören. Als ich merkte, dass es Jesus glücklich machte, da machte es auch bei mir Klick, und ich konnte meine distanzierte Haltung aufgeben. Zunächst empfand ich es tatsächlich so, wie ich es sagte: »Es« machte Jesus glücklich. Ich fühlte mich wie *ein Instrument, das etwas ausführt. Ich fragte mich: Wie sehr geht es um das Ritual, den Gegenstand, den Fetisch, wie sehr überhaupt noch um mich?*

Doch inzwischen kann ich sagen: Ich mache Jesus glücklich. Ich bin diejenige, der er Vertrauen schenkte, vor der er sich entblößte unter der Gefahr, zurückgewiesen zu werden. Im Gegenzug riss ich für ihn meine Grenzen ein. Mit jedem Mal merkte ich, wie nah es uns brachte. Wir sind jetzt seit einem Jahr zusammen, haben mal speziellen Sex und mal gewöhnlichen, beide Spielarten sind für uns erfüllend. Ich habe versucht, ein Desaster in etwas Positives zu verwandeln. Etwas anzunehmen, statt abzuhauen. Die Peitsche ermöglichte es uns, einander anzunehmen. Sie ist vordergründig ein Instrument der Dominanz. Tatsächlich ist sie mein Geschenk, mein Opfer, meine Hingabe. Und gleichzeitig trennt die Peitsche uns. Denn ich weiß, ich kann nicht ewig so weitermachen.

Dating-Desaster in 150 Zeichen: Sex-Pannen

Klaudia: Ich dachte, der Typ interessiert sich wirklich für meinen Beruf als Krankenschwester. Zum dritten Date bringt er mir ein kleines schwarzes Tütchen mit. Geschenk für mich. Da drin: ein Latex-Krankenschwesternkleidchen. Ob ich das mal für ihn anziehen würde.

Alex: Der Typ fragt mich beim Candlelight-Dinner, ob er mal nackt für mich putzen kann, gerne auch, wenn meine Freundinnen dabei sind, so bei einem Mädels-Prosecco-Abend.

Tina: Nach dem Essen. Wir knutschen. Er streichelt meinen Busen, fragt: »Ist das Silikon?« Ich: »Eine Koop von Gott und Dr. Hallhuber, Praxis in Eppendorf.« Er: »Ui, darauf kann ich gar nicht.«

Emily: Erstes Date nach Trennung. Strapse an. Knutschen im Wagen. Ich nehme ihn in den Mund. Er: »Nee, lass mal.« Peinliches Bye-bye. Manchmal klappt auch Verruchtsein nicht.

Franzi: Date mit einem Traumtypen. Wir zu ihm. Er zieht sich aus, schraubt sein rechtes Bein ab. Prothese nach Unfall. Ich: »Sorry, ich pack das nicht.« Ich fühlte mich furchtbar.

Tessa: Zweites Date, erster Sex. Der Typ fragt, ob ich ihn am Po lecke. Ich: »Okay.« Tage später stoß ich auf seine Kumpels. Sie formen Os mit dem Finger, stecken die Zunge rein und gibbeln.

Martin: Erster Sex nach zweitem Date mit wilder Braut. Sie sagt, sie mag es ein bisschen kinky. Später erzählt sie überall rum, dass ich mir gern Dinge in den Hintern stecken lasse.

Henry: Er kommt aus dem Fitnessstudio, holt mich von meiner Kellner-Schicht ab. Wir gehen ans Ufer, knutschen, fummeln. Er bricht ab, sagt: »Ich kann das nicht, so ungeduscht.« Ich sage: »Aber du hast doch grad geduscht!« Er: »Ja, aber du nicht.«

Das sagt die Statistik: 59 Prozent aller Männer und 32 Prozent aller Frauen haben manchmal Sex, weil sie denken, es wird mal wieder Zeit. (Bild am Sonntag)

56 Prozent der Franzosen fällen die Entscheidung, ob sie Sex haben, Minuten vorher. 27 Prozent erst unmittelbar. (Eli Lilly / Ipsos Santé)

10 Prozent aller Frauen haben mehr Interesse an Sex, wenn sie deprimiert sind. (Kinsey Institute)

Jeder fünfte Mann hat schon einmal Verliebtheit vorgegaukelt, um eine Frau ins Bett zu bekommen. (Askmen)

Vier von fünf Frauen halten das fünfte Date für den richtigen Zeitpunkt, erstmals Sex zu haben. (One Poll)

Für jede vierte Frau ist Sex beim ersten Date kein Problem. Vor zehn Jahren war dazu nur jede zehnte Frau bereit. (Institut für rationelle Psychologie)

Gutes Erwachen, böses Erwachen

Der Morgen nach der Liebesnacht. Wie geht es weiter? Startet man ein »Fuck 'n' Run« und sieht zu, die Wohnung möglichst schnell zu verlassen? Frühstückt man gemeinsam oder verbringt gleich den ganzen Tag zusammen? Fragen liegen drängend in der Luft, und in einem Zeitalter der Anomie gibt es darauf keine eindeutigen Antworten: Wie stehen wir jetzt zueinander? Es gibt keine Vorgaben, es gilt das postmoderne »Anything goes«. Kein Gut und kein Böse, kein Richtig und kein Falsch, kein Verführer und kein Opfer. Nur zwei gleichberechtigte Erwachsene in ihren jeweiligen Wirklichkeiten. Früher besiegelte der Sex die Liebe. Jetzt heißt eine gemeinsam verbrachte Nacht erst einmal noch gar nichts. Liebe kann zu Sex führen, so sollte es einst sein, jetzt führt – mit viel Glück – der Sex in die Liebe.

Um den Fragen auszuweichen, wird der Zauber der Nacht oft verlängert, indem man das Refugium Bett noch nicht so bald verlässt, wie Jean-Claude Kaufmann feststellte, der ein faszinierendes Buch über den »Morgen danach« schrieb. Der Übergang aus der Intimität der Nacht in den Alltag wird so hinausgezögert und abgemildert. Der Morgen danach ist ein besonderer Morgen, auch wenn er weiterhin dem Zwanglos-Dogma unterliegt und banalisiert wird. Jetzt werden Entscheidungen gefällt, über die niemand offen spricht. Für Kaufmann ist der Morgen danach der entscheidende Moment, in dem man in einen gemeinsamen Fluss gerät oder eben nicht, in dem Gefühle entstehen oder sich als Strohfeuer entpuppen. Bestenfalls entsteht hier eine verspätete Liebe auf den ersten Blick. Die Sinne, so der Soziologe, sind jedenfalls geschärft, um der Verwirrung etwas entgegenzusetzen. Man begutachtet noch einmal, vielleicht ausgenüchtert, die Wohnung, den Partner, nun im Tageslicht. Meist ist der Blick wohlwollend, er kann, je nachdem, wie die Nacht verlief, aber auch scharf sein. Dann denken wir schlimmstenfalls Dinge wie: Nüchtern betrachtet gefiel er/sie mir besoffen besser. Beide Partner sind nun besonders verletzlich: Wir sind zerknittert und ungeschminkt, riechen nach uns selbst, sind vielleicht verkatert, haben menschliche Bedürfnisse. Der Mensch, der uns in der Nacht nah war, ist nun ein anderer, ist uns wieder ein Stück fremder.

Es ist der Moment der Prägung, wie bei einem Gänseküken, das aus dem Ei geschlüpft ist. Was jetzt passiert, bestimmt die Zukunft. Es besteht die Möglichkeit, eine neue Identität anzunehmen. Die einen flüchten unter Vorwänden zurück in ihr altes Ich, andere gehen schüchtern ein paar Schritte ins neue Ich, andere stürzen sich hinein. Die einen inszenieren den Morgen mit Verrücktheiten, etwa einem Frühstück im Bett oder einer albernen Kissenschlacht, um den Zauber zu erhalten. Andere gehen ihn betont belanglos an und folgen so dem Zwanglos-Dogma.

Man beobachtet den anderen, versucht, an ihm abzulesen, wie er die neue Identität definiert. Es folgt der Moment, wo beide sich anziehen, ein weiterer hilfloser Moment. Dann muss entschieden werden: Unternimmt man noch etwas zusammen? Hier liegt eine große Chance, in einen gemeinsamen Fluss zu geraten. Wie Kaufmann feststellt, sind die Entscheidungen, die hier getroffen werden, bereits die ersten Entscheidungen als Paar. Die ersten Alltagsrituale, die man gemeinsam erlebt, die Handlungen, die man einleitet, ob man ins Café geht oder sich das Frühstück selbst zubereitet, sind die als ein Team. Hier keimt die Paarwerdung, auch wenn man noch weit davon entfernt ist, sich als offizielles Paar zu begreifen. Der Morgen danach bietet daher eine große Chance: Wem es hier gelingt, einen nahtlosen Übergang zu schaffen, Alltäglichkeiten zu teilen und auf den Kopf zu stellen, kann in eine Liebesgeschichte schlittern.

Man kann die Anomie, also den Zustand der Unklarheit, nutzen, um den Tag scheinbar belanglos zu gestalten, und so mit der nächtlichen Eroberung schwerelos eine neue Ebene erreichen. Ohne Anträge, Offerten, Liebesschwüre, Pläne, wie sie früher spätestens jetzt schicklich gewesen wären. Laut Kaufmann kommt es Paaren im Rückblick vor, als seien die Dinge einfach so geschehen. In Wirklichkeit haben beide viele kleine Entscheidungen gefällt. Und eine kleine Entscheidung kann an diesem Morgen gravierend sein.

> **Der schlechte Rat:** Verschwinden Sie nach einer gemeinsamen Nacht zunächst einmal. Das macht Sie interessant. Außerdem können so Sie und Ihr Partner erst einmal einen klaren Kopf kriegen und dann entscheiden, ob und wie es weitergeht.

Was stimmt denn nun? Jeder Bruch am Morgen danach stört den Fluss. Wenn wir flüchten, verhindern wir, dass der Zauber des Morgens seine prägende Wirkung entfaltet. Wer die Liebesnacht durch einen gemeinsam verbrachten Tag fortsetzt, erhöht seine Chance, ein Paar zu werden.

Kleine Malheure

Eine besondere Tücke des Morgens danach: Erstmals begegnen wir hier den Körperfunktionen des anderen und müssen dabei die tabuisierten Aspekte unserer Körperlichkeit vertuschen. Jetzt stellen die Liebenden der Nacht allerhand an, um auf der Toilette keine Geräusche zu machen. Morgendlicher Mundgeruch wird bekämpft, indem man schnell ein aufgeweichtes Kaugummi aus der Jeans fischt. Stuhldrang wird aufgeschoben, Pupse werden eingehalten, entweichen sie doch, werden sie meist übergangen. Trotz der ganzen Anomie findet sich hier doch eine klare Grenze, wie auch Kaufmann bei seinen Untersuchungen feststellt: Eine überwältigende Mehrheit sei der Ansicht, man dürfe am Morgen danach nicht pupsen!« Die Gründungsphase ist eine Phase der Selbstkontrolle.

Dating-Desaster in max. 210 Zeichen: Malheure

Evelyn: Als wir zusammen an der Ostsee waren, war ich drei Tage nicht auf dem Klo. Ich bekam einen aufgeblähten Bauch. Am Strand fragte er mich dann ganz ernsthaft, ob ich schwanger sei.
Ira: Aufwachen bei ihm. Ich habe extra das Toilettenbecken mit Klopapier ausgelegt, damit er mich nicht so pullern hört. Beim Abspülen verstopfte das ganze Papier aber den Abfluss, und das Klo wurde überschwemmt. Unendlich peinlich!
Doro: Irgendwie war mir koddrig nach der Nacht, doch er hielt ewig sein Bad besetzt. Gerade als er endlich herauskam,

konnte ich nicht mehr halten und übergab mich vor ihm auf den Fußboden.

Yasmin: Ich habe einen nervösen Darm und habe meinem Freund nach der zweiten Liebesnacht ohne Witz ins Bett gemacht, als es mir explosionsartig entwich. Ich habe geschrien und geheult, aber er blieb cool. Dass er trotzdem mein Freund wurde, ist ein Wunder.

Mick erzählt uns sein Malheur nach einer ersten Liebesnacht – und wie er noch versuchte, das Schlimmste zu verhindern. Denn eine dreckige Unterhose erzählt eine deutliche Geschichte über Körperfunktionen. Nicht gerade das, was die Stimmung in der Kennenlernphase befeuert.

Mick (34):
Als ich meine Unterhose retten musste

»Magst du noch mit hochkommen?«, hauchte sie mir ins Ohr, als wir an der Haustür knutschten. »Auf einen Wein oder so ...?« Ich war am Ziel, mein drittes Date mit Kerstin, Medizinstudentin wie ich, nur mit viel besseren Noten, goldenes Haar (sie schaffte es, dass dieses goldene Haar auch bei Windstille oder in geschlossenen Räumen leicht wehte wie bei einer milden Meeresbrise und einzelne Haarsträhnen umdekoriert wurden), kultiviert, mehrsprachig, milchweißer Teint, perfekte Zähne. Eigentlich eine andere Liga, dachte ich. Sie würde mit den Jungs ausgehen, die Ralph-Lauren-Poloshirts mit hochgeklapptem Kragen trugen und auf erlesenen Internaten waren, war ich mir sicher. Aber scheiß auf die Ralph-Lauren-Gang, nun bat sie mich hinauf! In ihrer Diele gab es erst einmal einen echten Downer: Ihre verlässlich übellaunige

Mitbewohnerin Irina lief mit einem Reclam-Heftchen hin und her und rezitierte sehr laut und mit anklagender Stimme Sätze, die ich nicht verstand.

Uns warf sie einen kurzen, verachtungsvollen Blick zu. »Sie führt demnächst ein Stück von Tschechow im Off-Theater auf«, flüsterte Kerstin mir erklärend zu. Kerstin ging in die Küche, ich musste so lange mit Irina allein im Flur stehen. Abschätzig sah sie mich an und sagte: »Seid bitte nicht so laut, ja?«

Da kam Kerstin mit einer Flasche Wein und zwei Gläsern, und wir verschwanden in ihr Zimmer. »Irina hat gesagt, wir sollen nicht so laut sein!«, berichtete ich Kerstin fassungslos. »Sie probt doch hier gerade in einer Lautstärke weit oberhalb des Erträglichen!« »Ja, ist sie nicht süß?«, sagte Kerstin. Einst waren sie und Irina zusammen in der U-Bahn zur Uni gefahren, als Kerstin von einer Gang belästigt wurde. Irina hatte die Jungs auf Türkisch beschimpft, bedroht und schließlich in die Flucht geschlagen. Seitdem waren diese sehr ungleichen jungen Frauen Freundinnen.

Kerstin legte Portishead ein, machte die Lavalampe an (ja, es war Ende der 90er!), warf den »Atlas der Hautkrankheiten« und ein Buch über forensische Medizin mit dem Titel »Todeszeitpunkt durch Insekten bestimmen« vom Bett, und los ging's mit dem Zungen-Techno (90er!). Sie nestelte an meinem Gürtel, und ich dachte: Okay, ich komm direkt von meiner Schicht als Arzt im Praktikum aus dem Krankenhaus, ich sollte mich kurz frisch machen.

Ich entschuldigte mich und betete, dass Irina nicht mehr im Flur war. Sie war nicht im Flur. Stattdessen stand sie an der Küchentür, löffelte aus einem riesigen Bottich Joghurt und kommentierte: »Jetzt geht er sich die Flinte putzen.« Ich starrte sie nur an und sagte: »Wie bitte?!« Sie streckte mir ihre joghurtweiße Zunge raus und löffelte dann unberührt weiter. Kopfschüttelnd ging ich ins Bad und stellte beim Pinkeln erschrocken fest, dass sich der lange Tag auf meine eigentlich weiße Calvin-Klein-Unterhose (ich sagte ja, es spielt in den 90ern) negativ ausgewirkt hatte: Vor lauter Eile hatte ich nie in Ruhe pinkeln und erst recht nicht abschütteln können, ich erspare Details, nur so viel: Die Unterhose sah aus wie ein ungeputzter Vogelkäfig. So eine Buchse konnte ich unmöglich vor Kerstin ausziehen oder gar ausziehen lassen. Mein Hirn raste und erfand in Sekunden einen Notfallplan, darin sind wir Menschen gut, darum sind wir als Rasse so zäh. Ich musste die Unterhose im Bad verstecken, und wenn ich gehen würde, ob heute Nacht noch oder morgen früh, wieder anziehen, so unappetitlich es war. Ich sah mich um – und fand kein Versteck. Es gab ein offenes Regal mit Pflegeprodukten und Duftölen, aber keinen Schrank. Es gab einen fast leeren Wäschekorb mit Irinas »Birne muss gehen!«-Anti-Kohl-Slogan-Shirt, aber keinen Wäscheeimer. Die Waschmaschine stand in der Küche. Ich musste die Unterhose also hier ausziehen, unterm T-Shirt in die Küche schmuggeln und entweder in die Mülltonne werfen (was natürlich nur ging, wenn genug Müll darin war und niemand beim Müllentsorgen eine Männerunterhose entdeckte) oder aber dort verstecken. Aber die Küche war mit der Joghurt essenden Irina belegt!

Notfallplan B: Höchstwahrscheinlich wollte auch Kerstin ins Bad, sich frisch machen, bevor es zur Sache ging! Dann konnte ich die Unterhose schnell ausziehen und in ihrem Zimmer verstecken, die Jeans wieder anziehen und den Slip dann nachts, wenn sie schlafen würde, in die Küchenmülltonne schmeißen oder wieder anziehen. Ich reinigte mich sorgfältig im Bad und kehrte ins Schlafzimmer zurück. Kerstin fiel mir um den Hals und knutschte mich, ihre süße Zunge wie ein munteres Fischlein, sie duftete nach Frau guter Herkunft, sie war so schön und rein, und ich trug eine versiffte Unterhose. Ich flößte ihr möglichst viel Wein ein, damit sie bald pinkeln musste, aber sie war mehr daran interessiert, mir die Hose aufzumachen, was ich immer durch alberne Ausweichbewegungen verhinderte. Endlich! Endlich meldete Kerstin sich fürs Bad ab.

Jetzt hieß es schnell sein. Jeans aus, Unterhose aus, Jeans an, als Versteck hatte ich vorher schon eine Einkaufstüte mit einem DDR-Ampelmännchen drauf in der Ecke auserkoren: Als ich fadenscheinig ihr Bücherregal durchgegangen war, hatte ich gesehen, dass sich in der Tüte nur alte, staubige Bücher stapelten, dazwischen war die Unterhose erst mal sicher. Kerstin kam zurück und sagte: »So, jetzt aber«, und öffnete mir die Jeans. »Du warst dir deiner Sache heute aber sehr sicher!«, sagte sie angetan, als sie feststellte, dass ich keine Unterwäsche trug. »Und du hattest recht mit deiner Annahme ... «

Anderthalb Stunden später schickte sie mich nach Hause: »Ich muss morgen früh raus, und ich kann nicht schlafen mit einem fremden Mann in meinem Bett«, begründete sie ihren Rausschmiss höflich. »So weit sind wir noch nicht. Noch nicht ... «

Ich hatte kein Problem damit, ich wohnte um die Ecke, aber nun gab es keine Gelegenheit mehr, irgendwie die Unterhose herauszuschmuggeln. Neuer Notfallplan: Ich musste möglichst bald wiederkommen. Ich musste so tun, als hätte ich etwas in Kerstins Zimmer vergessen. Ich musste Irina am nächsten Tag überzeugen, mich kurz in das Zimmer ihrer

Mitbewohnerin zu lassen, um die Unterhose aus der Bücher-
tüte zu fischen. Ich wusste, dass Irina nie vor 12 in die Uni
ging, während Kerstin dann längst weg war. Das war meine
Chance.

So machte ich es, aber ich hatte nicht mit Irinas Widerstand
gerechnet, als sie mir am nächsten Vormittag die Tür öffnete
und den Weg versperrte. »Du hast also deinen Ärzteausweis
in Kerstins Zimmer vergessen. Warum solltest du ihn aus dem
Portemonnaie genommen haben? Wolltest du damit Kerstin
beeindrucken und einen Autorisierung zur Penetration erwerben, nach dem Motto: Lass mich durch, ich bin Arzt?«,
fragte sie spöttisch.

»Oh Mensch, Irina, er muss mir aus der Hose gefallen sein,
ich gucke schnell, ob er da irgendwo liegt…« Ich wollte mich
an ihr vorbeistehlen, doch sie stellte sich mir wieder in den
Weg, diese bissige, zerzauste Wachhündin.

»Halt! Du glaubst doch wohl nicht, dass ich dich allein in
Kerstins Zimmer rumschnüffeln lasse? Kenn ich dich?«, sagte sie. Also kam sie mit, half aber nicht beim Suchen, sondern
beobachtete mich nur scharf, als ich nach etwas Ausschau
hielt, was ich gar nicht verloren hatte. Ein unwürdiges Schauspiel! Und dann stellte ich auch noch fest, dass die Ampelmännchen-Tüte weg war! Bitte nicht!

»Okay, der Ausweis ist nicht hier«, sagte ich ergeben.

»Nein, wohl nicht«, erwiderte Irina voller Spott. »Überleg
mal, wo du noch so überall warst.«

»Warum bist du so eine Kotzkuh?«, brach es aus mir heraus.

»Warum sollen wir nett zueinander sein?«, sagte Irina. »Wir
werden uns eh nie wiedersehen!«

Sie irrte, Irina ist heute meine Schwägerin, aber das ist eine
andere Geschichte.

Entmutigt fuhr ich zur Uni. Auf dem Campus lief mir Kerstin über den Weg – in der Hand die Ampelmännchen-Tüte. Sie gab mir einen Kuss. »War toll gestern Nacht …«

»Wo gehst du hin?«, fragte ich sie und sah erschrocken auf ihre Tüte.

»Ach, ich hab gleich Anatomie, und vorher bring ich noch die Bücher zurück in die Bibliothek.«

Das ist ja richtig beschissen, dachte ich nur. Ich bin erledigt.

Kerstin, heute:

Ich war damals schon erstaunt und die Bibliothekshilfe auch, als ich an der Rückgabe meine Bücher, eines nach dem anderen, auf den Tisch legte und plötzlich ein leicht mitgenommener Herrenschlüpfer herausfiel. »Oh Mann, Irina …«, dachte ich, denn die trug gerne Herrenunterhosen. Ich warf den Schlüpfer mit spitzen Fingern zurück in die Ampelmännchentüte. Zu Hause ermahnte ich Irina freundlich, Schmutzwäsche in den Wäschekorb im Bad zu entsorgen und nicht in meinen Büchertüten. »Hä?«, sagte Irina. »Spinnt ihr jetzt alle?«

»Wer spinnt denn noch?«, fragte ich.

»Dein neuer Beleger war hier und hat behauptet, dass er seinen Arztausweis in deinem Zimmer vergessen hätte«, erzählte mir Irina. »Da war natürlich nix. Das war ein sehr komischer Auftritt. Ich denke, er ist ein Psycho. Sei lieber vorsichtig mit ihm.«

Ich erinnerte mich daran, dass Mick keine Unterwäsche getragen hatte, und mir war alles klar. Jetzt, wo unsere Beziehung zehn Jahre her ist und wir längst gute Freunde sind, machte ich mir den Spaß und schenkte Mick seinen inzwischen auch gewaschenen 90er-Jahre-Schlüpfer zum Geburts-

tag. Als kleine Erinnerung an unsere erste gemeinsame Nacht damals. Seine Frau fand dieses persönliche Geschenk übrigens wohl nicht so originell.

Warum ruft der blöde Prinz nicht an?

Jeder, der sich aufs Dating-Parkett begibt, kennt die Situation: Wann ruft er oder sie an? Oder sollte ich selbst anrufen? Denn klare Verhaltensregeln existieren auch hier nicht mehr. Eine Frau kann inzwischen genauso die Initiative ergreifen wie ein Mann. Untersuchungen ergaben, dass der Zeitraum zwischen Date und Anruf immer kürzer wird: Wurde früher innerhalb von drei Tagen telefoniert, sind es heute 24 Stunden. Grund ist sicherlich, dass Handys das Telefonieren selbstverständlicher machten und SMS eine Möglichkeit sind, sich auf zurückhaltende Weise in Erinnerung zu rufen – ideal für Schüchterne. Meldet sich nach drei Tagen keiner der Beteiligten, sinkt die Chance rapide, dass es noch zu einem weiteren Date kommt.

Jedenfalls ist das Warten auf den Anruf eine Phase der Spekulationen: Wir erhalten keine neuen Informationen und müssen das wenige, was wir wissen, mit unseren Vorerfahrungen abgleichen, beispielsweise: Hat er mich das letzte Mal auf eine Weise verabschiedet, wie es Jungs getan haben, die sich dann bei mir meldeten?

Es ist die Phase, in welcher der andere gerade durch seine Abwesenheit präsent ist. Wir sprechen sogar mit ihm – in unseren Gedanken. Für den Philosophen Roland Barthes arbeiten wir eine vielgestaltige Fiktion aus, in der sich Zweifel, Hoffnung, Vorwürfe und Melancholie abwechseln. Wir sind allein mit unseren Spekulationen und verwechseln sie nur allzu oft mit der Wirklichkeit. Durch die Wartesituation entsteht eine Asymmetrie, ein Rollenungleichgewicht. Barthes stellt fest, dass es »keine andere Abwesenheit als die des anderen« gebe: Der andere ist in Bewegung, ich stehe still. Ich verharre »verfügbar, in Erwartung«. Barthes vergleicht diesen Zustand mit einem vergessenen Gepäckstück am Bahnhof.

Jetzt wird klar, warum wir das Bedürfnis haben, uns zu verknappen, wenn der andere sich dann endlich meldet, warum wir betonen, wie beschäftigt wir sind und wie abwechslungsreich und erfüllt unser Leben: Wer will schon ein vergessenes Gepäckstück im Bahnhof sein? Die Verknappung ist ein Versuch, die Symmetrie wiederherzustellen. Umso glücklicher diejenigen, die diese heikle Phase umgehen, indem sie schon beim letzten Date in einen gemeinsamen Fluss geraten sind, sich bereits für eine neue Unternehmung entschieden haben, noch während sie sich in die Augen sahen.

Ein Kontaktabbruch durch schnödes Nichtmelden in der Dating-Phase ist häufig, bedarf keiner Begründungen mehr, trifft den Versetzten, das »Gepäckstück«, oft unvermittelt. Die hohen Anforderungen an die Liebe machen sie anfällig für Enttäuschungen und legitimieren auch den schnellen Ausstieg. Wie der Soziologe Niklas Luhmann in seinem Band *Liebe: Eine Übung* feststellt, ist die Liebe ein Gegenwert zur entzauberten Gesellschaft, die von Kalkulation, Rationalität und Konsum bestimmt ist. Die Liebe als Gegenpol steht dagegen für Freiheit, Romantik, Anziehung, Gefühl, Leidenschaft, allesamt vage Begriffe. Die Kehrseite: Sieht man diese Abstraktionen nicht verwirklicht, kann man jederzeit abspringen vom fahrenden Zug. In der Liebe erlaubt sich der moderne Mensch laut Luhmann Rücksichtslosigkeit gegenüber gesellschaftlicher Verantwortung. Ein Beziehungsabbruch ist in jedem Stadium möglich, ob man sich nach dem ersten Date nicht mehr meldet oder nach 40 Jahren seinen Partner sitzenlässt. »Es hat einfach nicht gefunkt« im frühen Stadium oder »Die Liebe ist verschwunden« nach vielen Jahren reichen als Begründung aus. Ewige Probezeiten mit sofortigen Ausstiegsmöglichkeiten sind an die Stelle von Versprechen und Verbindlichkeit getreten.

Eine Beziehung erleben wir immer öfter als Verlustgeschichte, in der wir Abstriche machen von der Traumprinz- oder Traumfrau-Vision. Die Beziehung wird zum Dilemma, in dem wir uns von unseren Ansprüchen an die Liebe entfernen: zugunsten eines Kompromisses. Kompromiss, ein Wort, das wenig sexy daherkommt. Irgendwann fühlen wir uns, als hätten wir unsere Vision verraten, und wenn wir den Mut finden, brechen wir die Zelte ab und werfen uns wieder auf den Markt. Die Liebe hat es so schwer, weil sie sich selbst tragen muss, wurde sie einst noch gestützt von Anstand, Moral, Gesetz, Sitte, Religion, Stand, Vermögen oder Kalkül. Früher galt: Erst Ehe, dann Sex, dann vielleicht auch Liebe. Später dann: Erst Liebe, dann Sex, dann Ehe. Heute gilt: Erst Sex, dann vielleicht Liebe, dann ganz vielleicht auch Ehe. Die Vielleichts nehmen zu.

Status: In einer Beziehung

Das sagt die Statistik: 22 Prozent der Männer sagen nach einer Woche zu einer Frau: »Ich liebe dich.« Nur 7 Prozent der Frauen sind so fix. Nach einem Monat lassen sich 41 Prozent der Männer und 25 Prozent der Frauen zu den drei Wörtern hinreißen. (eDarling)

Wann ist ein Paar ein Paar? Anders als früher gibt es auch hier keine formellen Handlungsabläufe mehr (Besuche, um die Hand anhalten, Eltern der Braut um Erlaubnis fragen). In Zeiten der Anomie ist auch Sex kein Indikator mehr: Eine oder mehrere Nächte miteinander verbracht zu haben bedeutet noch nicht, dass beide sich als Paar verstehen. Ich sprach mit dem Soziologen Christian Schuldt über dieses Thema. »Dating ist der Weg zum Liebesziel«, sagt er. »An welchem Punkt dieses Ziel erreicht ist, hängt von den Beteiligten und ihren individuellen Liebesverständnissen ab. Der eine kann das Ziel noch in weiter Ferne sehen, während der andere schon längst angekommen zu sein scheint. Ein ziemlich sicheres Zeichen für ein Paarsein ist das gemeinsame Auftreten vor Freunden und Familien. Und natürlich die Statusänderung bei Facebook!«

Gemeinsame Unternehmungen zu planen außerhalb der vier Wände, die nicht mehr wie ein Date verabredet werden, sind erste, entscheidende Zeichen für einen Umbruch. Freunde und Familie wirken dann als Beschleuniger: Sie behandeln einen schon dann als Paar, wenn man sich selbst noch gar nicht als solches definiert hat. Sie schubsen einen hinein in die Norm »ein Paar sein«. Man nimmt die Rolle dann an. Die Paarwerdung erfolgt durch die Augen der anderen.

Dieser Prozess ist also weniger eine punktuelle Entscheidung, sondern ein Nicht-Ereignis, wie es der Soziologe Jean-Claude Kaufmann beschreibt: Es kommt zu keinem Bruch in dem Fluss, in den zwei Menschen geraten sind. Um ein Paar zu werden, genüge es, dass die Bewegung, in der neue Gewohnheiten entstehen und wiederholt werden, nicht abreißt.

Die Lösung ist es, der Kontinuität den Weg zu öffnen, im Fluss der Alltäglichkeit zu schwimmen, dem Morgen danach einen Abend danach folgen zu lassen. Es kommt zu einer Liebesbeziehung, weil man sich nicht trennt. Erfolgreiche Paare hatten keineswegs besonders gelungene Dates. Im Gegenteil, oft erinnern sich Paare an ihre ersten Dates als belanglose oder ungelenke Ereignisse: Sie mussten banal sein, um zu funktionieren. Erst wenn der gravierende Moment der Weichenstellung auf ein Nicht-Ereignis heruntergestuft wird, können beide sich zwanglos in den gemeinsamen Fluss begeben. Umgekehrt wirkt es störend, wenn Appell- und Beziehungsseite der Kommunikation in dieser Phase explizit gemacht werden, wenn also Fragen gestellt werden wie: »Was denkst du über mich?«, »Wohin führt das mit uns?« Das Zwanglos-Dogma verbietet es, das Thema auf den Tisch zu bringen, eine Frage wie »Sind wir jetzt eigentlich ein Paar?« wirkt tödlich und erinnert höchstens an das lächerlich-kindhafte »Willst du mit mir gehen?« aus Schulzeiten.

Erfolgreiche Paare waren bei ihrer Gründung nicht immer von edlen Beweggründen getrieben: Manchmal wollten die Beteiligten sich oder den Freunden oder der Familie auch nur unbedingt beweisen, dass sie eine Beziehung führen können. Oder sie litten unter dem Alleinsein, sie waren den Druck ihres Umfeldes leid, oder die Frau war schwanger. Manchmal wollten sie ihren Status durch eine Beziehung aufwerten, sich ablenken, eine seltene Chance ergreifen oder endlich eine Erfolgsgeschichte im Bekanntenkreis erzählen können. All diese Gründe können der Nährboden einer erfolgreichen Liebesgeschichte sein, auch wenn sie so gar nichts mit dem Ideal der schicksalhaften Liebe auf den ersten Blick zu tun haben. Doch welche Motivation auch immer mitschwang, die Beteiligten einer erfolgreichen Liebesgeschichte blieben am Ball. Sie hielten an ihrem Plot fest und bewiesen einen langen Atem.

Die Paarwerdung ist eine komplizierte Phase: Alles scheint möglich, und doch ist alles unklar. Alles hat offenbar zwei Bedeutungen. Es wird spekuliert, es werden Gedanken gelesen und Zusammenhänge gesehen, wo welche sind oder aber auch nicht. Es werden Vorwände gefunden und Ausreden erfunden. Beide tappen in einem Nebel, suchen nach Orientierung, versuchen nach dem Prinzip der doppelten Kontingenz zu erahnen, was der andere erwartet: Will er Nähe, will er Distanz? Gehe ich auf Distanz, um im anderen einen größeren Wunsch nach Nähe zu provozieren? Sucht der andere Distanz, weil ich zu stark den Wunsch nach Nähe signalisiere? Das verliebte Ich spaltet sich vom alten Ich. Das verliebte Ich übertönt oftmals das alte, kritische Ich, vernebelt Unterschiede, etwa wenn der andere Gewohnheiten zeigt, die von meinem Habitus abweichen. Solche Nachlässigkeiten in der Abstimmung rächen sich dann später, wenn man bereits ein Paar ist. In Form von Unternehmungen wird Alltag geübt: Durch gemeinsame Planungen handelt man immer öfter als Team und entwickelt allmählich eine neue Ordnung zu zweit.

Am Ende steht die Entscheidung, die Single-Identität, die aus vielen Einzelrollen bestand (Freundin, Berufstätige, Tochter, Sportlerin etc.) zugunsten einer neuen, zweisamen Identität aufzugeben. In dieser neuen Identität haben wir die Chance, als Ganzes wahrgenommen zu werden. Wir sehen uns selbst durch die Augen des anderen und haben die Chance, mehr wir selbst zu sein als je zuvor. Plötzlich treffen zwei Menschen eine Übereinkunft über ihre Zukunft, meist stillschweigend, manchmal sprechen sie auch darüber. Wer sich von Dating-Desastern, Ängsten, Widrigkeiten nicht verstören und aus dem Fluss bringen lässt, schlittert hinein in eine solche Liebesgeschichte. Und plötzlich wird ein Schlüssel getauscht, eine Zahnbürste auf ein Badezimmerregal gestellt. Unspektakuläre Gesten, die eine Revolution bedeuten: Das neue Ich wird vorerst nicht zur alten Single-Identität zurückkehren.

Das sagt die Statistik: 77 Prozent der Menschen in einer festen Beziehung glauben, dass sie für immer mit ihrem jetzigen Partner zusammenbleiben. (B. Z.)

Warum wir die Liebe lieben

»Es gibt nichts Schöneres, als geliebt zu werden, geliebt
um seiner selbst willen oder vielmehr trotz seiner selbst.«
Victor Hugo

Warum tun wir uns den Dating-Quatsch überhaupt an? Carola hat ganz am Anfang dieses Buches beschlossen zu kapitulieren. Wir könnten doch bequem auf dem Sofa sitzen bleiben, unser von der Straße eingesammeltes Lieblingstier knuddeln, auf »Phoenix« spannende Reportagen über Eingeborenenvölker gucken oder mit Freunden ein Brettspiel spielen. Doch immer wieder treibt es uns vor die Tür. Warum? Weil doch nur ein Tag mit einem Date die Chance birgt, der Tag Null zu sein – der erste Tag unseres echten Lebens, auf dessen Beginn wir so lange gewartet haben. Ein Leben mit Liebe, ganz viel Anfassen, Sonnenuntergängen und einer geschmackvollen Paarwohnung.

Wir lieben die Liebe. Sie erscheint uns seltener denn je, und wie jedes rare Gut wird sie deswegen nur noch begehrenswerter.

Und doch sind wir überfordert, wenn die Liebe da ist. Wir suchen Nähe und fürchten sie.

Wir ziehen jemand mit einer Hand an uns heran und stoßen ihn mit der anderen weg.

Warum genau erscheint uns die Liebe bei aller Furcht so erstrebenswert?

Die Liebe ist der Gegenpol zur Funktionalität unseres Alltags.
Wir leben in einer Zeit des Umbruchs. Christliche Traditionen und bürgerliche Werte funktionieren so nicht mehr. An ihre

Stelle sind Kalkül, Nützlichkeit, Rationalität, Leistungsdruck, Geld getreten. Unser Leben erscheint uns entzaubert. Der Liebe trauen wir zu, uns den Zauber zurückzugeben. Sie verspricht Freiheit, Privatheit, Identität. Bei ihr geht es nicht um gesellschaftliche Verantwortung, sondern um Seelenverwandtschaft. Liebe ist die neue Religion, auf die sich alle einigen können. Sie ist das leuchtende Ideal. Wie ein schillernder Falter taucht die Liebe auf, wenn man nicht mehr mit ihr rechnet, und flattert davon, wenn wir sie gerade in unser Leben integriert haben. Sie ist das, wofür es sich zu leben lohnt. Und da macht man nicht gleich schlapp, nur weil es ein paar Tiefschläge gegeben hat.

Die Liebe macht uns einzigartig. Alles wird in Massen produziert, und auch wir sind Teil einer Masse. Ganz egal, ob wir in einer Werbeagentur arbeiten oder in einer Fabrik, ob wir die Oper oder ein Fußballspiel besuchen, ob wir den Pariser Louvre besichtigen oder am Strand liegen, ob wir in einem Elektroclub feiern oder auf dem Kirchentag. Erst in der Liebe sind wir ganz Individuum.

Die Liebe lässt uns ein Ganzes werden. Roland Barthes schreibt, dass der Liebende den anderen als Einheit wahrnimmt: Er stelle sich vor, dass der andere als Ganzes geliebt werden will, so wie er selbst, und nicht wegen einer bestimmten Leistung oder Eigenschaft. Denn in unserer differenzierten Welt füllen wir verschiedene Rollen aus: Wir sind Sohn oder Tochter, Kollege, Vorgesetzter, Tourist, Patient, Kunde, Theaterzuschauer, Vereinsgenosse. Erst durch den liebenden Partner werden wir als Ganzes wahrgenommen, mit all unseren Eigenheiten, Widersprüchen und Schwächen. Der andere integriert unser Erleben in seins, umgekehrt integrieren wir sein Erleben in unseres. Er hört sich an, was wir bei der Arbeit erlebt haben, lässt uns über unsere Freunde lästern, bekommt mit, wie wir mit unseren Eltern umgehen, nimmt unsere Hobbys wahr, auch dann, wenn er unser Interesse für Kanarienvogelzucht oder Minimal Techno nicht teilt. Die Liebe ist der Ausgleich für die zerplitterten Rollen, die wir draußen in der Welt einnehmen. Und damit steht sie über Pflichten und Leistungen.

Für Niklas Luhmann ist die moderne Liebe ein Symbol für ein Leben ohne Fremderwartungen, die Vorschriften der Eltern oder des gesellschaftlichen Standes. Die Liebe tut so, als stehe sie über dem Sozialgefüge. Die Liebenden tun so, als liebten sie alles aneinander, und das immer. Luhmann zitiert in diesem Zusammenhang den irischen Dramatiker George Bernard Shaw: »Ein Liebender ist jemand, der den Unterschied zwischen einer Frau und anderen Frauen übertreibt.«

Wir sehen, die Anforderungen an die Liebe sind hoch. Sie trägt ein schweres Paket. Die Gründe, warum wir die Liebe lieben, sind auch die Gründe dafür, dass die Liebe so schwer ist. Leidenschaft in Geschichte umwandeln gelingt laut Luhmann nur durch gemeinsame Freizeitgestaltungen. Hier rächt sich jetzt, wenn der Habitus sich unterscheidet, wenn der andere unsere Interessen, unsere Weltsicht, unseren Geschmack nicht teilt. Wenn wir feststellen, wie anders der andere ist, trauen wir ihm nicht mehr zu, uns in unserer Ganzheit und Einzigartigkeit zu bestätigen. Und so verbinden sich die meisten Paare nach wie vor schichtintern, obwohl theoretisch keine Grenzen mehr existieren.

Doch nicht nur Unterschiede, die nach dem ersten Verliebtheitsrausch bemerkt werden, sind eine Gefahr: Auch das Treueideal führt oft zum Bruch. Durch Untreue hat der Partner ein Erleben, das ihn vom anderen entfernt. Diese Entfremdung ist eine größere Gefahr als das eigentlich Sexuelle des Fremdgehens: Wir fühlen uns durch nichtsexuelle, heimliche Aktivitäten des Partners genauso betrogen. Nichts ist verletzender, als ausgeschlossen zu werden. Natürlich wurde auch früher fremdgegangen. Damals aber führte Untreue nicht gleich zum Bruch, sie wurde stillschweigend akzeptiert, heute bedeutet sie meist das Ende oder doch eine existenzielle Krise. Und dabei sind die Möglichkeiten und Verlockungen zum Fremdgehen größer als je zuvor.

Soll die Liebe ein Gegenentwurf zum Kapitalismus sein, so verheddern wir uns, indem wir mit Konsum-Haltung an sie herangehen: Wir haben Ansprüche, wollen sie kaufen, einfordern, bei Nichtgefallen zurückbringen, sie bei Mängeln reparieren und bei Verschleiß gegen eine neue eintauschen.

All dies führt zu einer hohen Irrtumswahrscheinlichkeit. Das Probe-Lieben zieht sich immer länger hin, die vorläufige Affäre wird zum Standard, der Ausstieg verlangt keine Erklärung. Das führt zu immer neuen Dates und damit auch zu immer neuen Dating-Desastern.

Ich frage Christian Schuldt, warum wir uns die Mühe zu lieben überhaupt noch machen. Auch er ist sicher: »Die Liebe ist in der heutigen funktional differenzierten Gesellschaft der einzige Bereich, in dem wir als ganze Menschen wahrgenommen und wertgeschätzt werden. Dafür lohnt es sich durchaus zu leiden.«

Den Sinn der Liebe sieht er darin, sich selbst durch andere besser kennenzulernen. Auch Sigmund Freud sagte: »Ich bin so ausschließlich, wo ich liebe.« Und der Weg dorthin ist nicht versperrt, nur weil ein Date ein Desaster war. Aus einer Katastrophe kann etwas Gutes erwachsen, und so machen manche Paare ihren holprigen Start zu einer unterhaltsamen Wie-allesbegann-Geschichte, in der immer auch Stolz mitschwingt: der Stolz, die Katastrophe überlebt zu haben. Bei Mick und Vera war auch das dritte Date entsetzlich, und doch sind sie inzwischen seit über zehn Jahren (meist) glücklich verheiratet. Hier ist ihre Geschichte.

Vera (31):
Als seine Eltern uns das Date zur Hölle machten

Wer hätte gedacht, dass das dritte Date das schlimmste werden würde? Mein erstes Date mit Mick war der blanke Horror, weil ich vor Aufregung die Zähne nicht auseinanderbekam, stattdessen wie eine dröge Nuss dasaß und zu genau der Art Frau wurde, die ich nicht ausstehen kann: die Sorte Frau, die den Kopf schieflegt, an ihrem Drink nippt und immer nur »Wirklich?« sagt. Da ich mich jedoch sorgfältig figurbetont angezogen hatte, kam es dennoch zum zweiten Date: Ich kochte für ihn, Nudelauflauf, meine Spezialität, dazu gab es leckere Fruchtcocktails. Mick kotzte aus meinem Küchenfenster in den Hof (meine Mitbewohnerin hatte das Bad blockiert), aber als er sich erholt und eine Zahnbürste geliehen hatte, kam es immerhin völlig unerwartet zu grandiosem Sex. Danach war Mick drei Wochen verreist, und nun stand unser drittes Date an. Dass ich bei Date Nr. 2 schwanger geworden war, machte es nicht leichter. Ich war selber ratlos, wie das passieren konnte, wir hatten doch selbstverständlich ein Kondom genommen, jedenfalls beim ersten und zweiten Mal, ich war mir nicht mehr so sicher, was das dritte Mal angeht.

Ich war wieder nervös wie beim ersten Date, denn es war wie verhext, ich konnte mich nicht mehr richtig an Mick erinnern, obwohl ich doch die ganze Zeit an ihn dachte. Aber sein Ge-

sicht verschwamm, nahm stattdessen die Konturen von Männern meiner Vergangenheit an, und es gelang mir nicht abzurufen, wie er redete, wie seine Stimme geklungen hatte. Ich musste also einem quasi Fremden berichten, dass ich schwanger von ihm war. Wir trafen uns in einem Café am Rheinufer, und ich war augenblicklich wieder so hingerissen von seinem Aussehen und seinem Charme und seinem Humor, dass ich erleichtert aufatmete. Gut gemacht, klopfte ich mir innerlich auf die Schulter. Wenn schon ungeplant schwanger, dann doch von ihm (und nicht von dem langhaarigen Typen letztens nach Xenias Party, der von seinem eigenen Surfladen in Tarifa träumte). Wird schon werden, dachte ich.

»Mickiiiiieeee«, schallte es plötzlich von hinten. »Datt gibbet ja nich!« Eine Frau in besten Jahren mit Einkaufstüten und kleinlockiger Dauerwelle, gefolgt von einem Mann mit Glatze und Schnauzbart, polterte auf uns zu. »Mutter«, stammelte Mick. »Und Vater! Was macht ihr denn hier?«

»Einkaufen!«, sagte sie. »Aber ich muss sagen, dat is mir hier nix in Dusseldorf, zu Hause in Düsburch hammse ne bessre Auswahl. Und die unverschämten Verkäuferinnen hier! Ich hätte der Schnappkuh bei Douglas beinahe eine reingehaun. Watt verbessert die mich auch, datt Parfüm heißt Eternitie und nicht Ietörnity, datt steht so auffe Packung, wir sind doch in Deutschland, watt kümmert mich datt, wie die datt in England aussprechen«, redete die Mutter sich in Rage. »Wenn 18-jährige Lehrlinge mich verbessern, datt mag ich aber gar nicht leiden.«

»Vera, das sind meine Eltern. Mama, Papa, das ist Vera«, stellte Mick mir die beiden kreidebleich vor. Sie beachteten mich kaum, riefen stattdessen »Wallieeeee!« in Richtung Bürgersteig.

»Da ist Tante Walli, die ist mit uns, aber wir dachten, wir ham die verloren, die schleicht aber auch!«, erklärte Micks Mutter. Es näherte sich betont langsam und unbeeindruckt von den Rufen eine Frau mit missmutigem Gesichtsausdruck und der genau gleichen Dauerwelle, wie Micks Mutter sie trug. Sie wurde mir als Tante der Familie vorgestellt. Sie musterte mich abschätzig und blickte dann demonstrativ weg. »Bitte setzen Sie sich doch!«, forderte ich die drei auf. Ich hätte lieber gesagt: »Verschwinden Sie!«, aber meine protestantisch-bürgerliche Erziehung blockierte mich an diesem Punkt.

Mick stammelte: »Meine Eltern müssen bestimmt gleich weiter ... « Doch da hatte sich die ganze Rasselbande schon niedergelassen, mit einem Seufzer, der verdeutlichen sollte, dass man sich nach den ganzen Strapazen eine Pause verdient hatte, ob man nun störe oder nicht. Micks Vater, im Gegensatz zu seiner Frau vornehmer Natur, setzte sich umständlich eine Halbbrille auf, studierte die Speisekarte. Als der Kellner kam, bestellte er »Hühnerflügel für meine Frau«.

»Sie meinen unsere Chicken Wings, der Herr?«, fragte der liebreizende Kellner.

»Nein, nein«, sagte Micks Vater, »ich meine Hühnerflügel.«

»O... okay ...«, sagte der Kellner irritiert. »Also einmal die Nr. 67 für Ihre Frau ...«

Dann fragte Micks Vater mich, was ich studiere. »Germanistik«, sagte ich. »Damit kannze ja nix werden«, winkte die Mutter ab, doch der Vater geriet jetzt in Fahrt. »Dann müssen Ihnen die ganzen Anglizismen ja genauso weh tun wie mir!« Und er berichtete von seiner Mitgliedschaft im Verein zum Erhalt der deutschen Sprache. Eine gewonnene Schlacht dieses Vereins: Die Bahn spreche jetzt nicht mehr von der

City Night Line, sondern vom Nachtzug. Aber der Kampf sei noch lange nicht gewonnen, derzeit lägen sie im Clinch mit Karstadt, der Telekom und sämtlichen Redaktionen, die sich alle weigerten, die deutsche Muttersprache zu nutzen. Micks Mutter nickte während der Ausführungen ihres Mannes wohlwollend. Kichernd erzählten sie, wie sie sich einen Spaß draus machten, in Läden englische Begriffe beharrlich auf Deutsch auszusprechen, oder Ladenbesitzer auf überflüssige Anglizismen auf Werbeschildern aufmerksam machten, und überhaupt, Public Viewing hieße ja Leichenschau.

Themawechsel! Micks Eltern berichteten von ihrem Thailand-Urlaub, und ich sagte: »Thailand ist wunderschön! Ich habe da mal drei Monate verbracht!«

Micks Mutter darauf erbost: »Drei Monate? Hasse nix zu tun? Ich fand datt da nich schön. Da sitzense am Straßenrand mitte zahnlosen Münder und essen Würmer.«

Was hätte ich darum gegeben, jetzt einen Prosecco zu bestellen! Oder besser gleich einen Wodka-Shot! Erstmals meldete sich Tante Walli zu Wort und sagte gedehnt: »Ich würde nie aus Deutschland wech Urlaub machen. In Österreich vielleicht noch. Alle wollense immer weit wech, und dann schleppen se die Seuchen ein oder wundern sich, wennse vonne Ölaugen entführt werden.«

Mick war inzwischen leichenblass und sagte nur: »Ich muss mal dringend auf WC.«

»Bitte nicht!«, schoss es panisch aus mir raus.

»Ich beeile mich!«, versprach er. »Ich werde mir nicht mal die Hände waschen, versprochen!« Dann wandte er sich mit erhobenem Zeigefinger an seine Eltern: »Mutter, Vater, ihr seid doch nett?«, so wie man unberechenbare Hunde warnt, die vor dem Supermarkt warten sollen. Kaum war er weg, beug-

te sich Micks Mutter zu mir vor und raunte bedeutungsvoll: »Hömma, weiße wat, der Mick is nich der Typ, der sich bindet. Ich kenn ja meinen Sohn! Manchmal denke ich, der macht sich gar nich so viel aus Mädels.« Ich wollte protestieren, ihr erzählen, dass ich ihrem Sohn aus eigener Erfahrung lupenreine Heterosexualität attestieren konnte. Doch ich verkniff es mir. Der Kellner brachte das Essen, ich bekam keinen Bissen hinunter, während Micks Mutter gierig ihre Chicken Wings bearbeitete.

Sein Vater wandte sich mir zu und schnurrte: »Meine Frau liebt es, Hühnerknochen abzunagen!«

»Ja«, stammelte ich erstarrt, »ja, das sehe ich. Die Chicken Wings sind hier auch ganz hervorragend – ich meine natürlich, die Hühnerflügel.«

»Vitamine!«, sagte Micks Mutter mit vollem Mund. »Die ganzen Vitamine sind am Knochen. Is so!« Dann ließ sie es bedrohlich knacken.

»Ist sie nicht phantastisch!?«, sagte der Vater und sah seine Frau mit den Hühnerknochen im Gesicht verliebt an.

»Duuuu ... «, gurrte sie und gab ihm, noch an Hühnerteilen schmatzend, einen fetttriefenden Kuss.

Schließlich kam Mick zurück und außerdem der Kellner an den Tisch und fragte, ob alles in Ordnung sei, und Mick erwiderte: »Ja, alles bestens, vielen Dank!«

Daraufhin stieß Micks Mutter ihrem Sohn in die Rippen: »Ein netter junger Mann, der kleine Kellner, nicht wahr, Mick?«, schäkerte sie und zwinkerte anzüglich. Ich war baff. Konnte es sein, dass eine Mutter ihren Sohn lieber schwul sehen wollte, allein um ihn nicht an eine andere Frau zu verlieren?

Nun meldete sich auch Tante Walli zu Wort: »Hier sind ja viele hübsche Mädels, Mick. Hier findeste bestimmt noch mal eine Süße.« Dann gackerte sie wie ein böser alter Vogel und sah beifallheischend von einem zum andern, um dann sofort wieder ihr missmutiges Gesicht aufzusetzen. Es war die Hölle.

Endlich warf Micks Mutter den letzten sorgfältig abgenagten Hühnersplitter auf den Teller und sagte: »Kommt, wir müssen los, unser Trimmrad-Kurs beginnt um 19 Uhr, außerdem sind Hanni und Nanni schon den ganzen Tag allein.«

»Du hast minderjährige Schwestern?«, fragte ich Mick besorgt. »Meine Mutter meint ihre geliebten Rottweiler«, klärte er auf. Stolz zeigte Micks Mutter mir auf ihrem Handy ihre »beiden süßen Mädchen«, und ich sah die Fratzen zweier furchterregender, tiefschwarzer Höllenhunde mit fletschenden Zähnen und riesigen, tropfenden Zungen.

Endlich verschwanden Micks Eltern. Mir war elend zumute. Ich wollte am liebsten in den Rhein springen. Das waren also die Großeltern der Frucht in meinem Leib! Ich begann zu weinen. Mick reichte mir unbeholfen eine Serviette, sagte: »Oh, ich weiß, sie sind grauenvoll, sie sind ganz, ganz grauenvoll!«

»Ich bin schwanger von dir«, schluchzte ich. »Und irgendwie auch von denen.« Es schüttelte mich.

»Ich bin nicht so wie sie!«, rief Mick mit sich überschlagender Stimme. »Du bist schwanger! Das ist ja wunderbar! Ich bin nicht so wie die! Ich schwöre es dir! Ich bin nicht so wie die, ich hab mich da immer schon ganz fremd gefühlt, ich glaube, es gibt Hinweise darauf, dass ich im Krankenhaus vertauscht wurde, ich werde das prüfen lassen, wenn es dich beruhigt.«

Ich sah durch meine Tränen hindurch Stolz und Freude in seinem schönen Gesicht, er ballte die Faust und sprang auf und jubelte: »Wir sind schwanger! Wow! Schwanger!« Ich weinte noch mehr, diesmal auch aus Erleichterung ...

Doch dem kurzen Glück folgte der nächste Schock. Mick stand auf und sagte, er müsse mal eben telefonieren, und ich dachte: Was kann jetzt so wichtig sein. Er kam und kam nicht wieder. Drei Minuten vergingen. Fünf. Zehn Minuten. Ich saß einfach da und tat mir leid, denn mir war klar, er hat mich sitzengelassen. Ich sah meine bittere Zukunft als männerhassende, alleinerziehende Mutter. Nach zwölf Minuten begriff ich: Er kommt wirklich nicht wieder.

Gerade wollte ich meine Freundinnen anrufen und sie bitten, mich abzuholen, als Mick auf einmal wieder vor mir stand. Er entschuldigte sich, brabbelte etwas von einem wichtigen Arbeitsanruf und bat mich, mit ihm am Ufer spazieren zu gehen. »Man führt doch keine Telefonate, wenn einem die eigene Freundin gerade eröffnet hat, dass sie schwanger ist«, begann ich vorwurfsvoll.

»Du hast recht«, antwortete er. »Ich habe telefoniert, um einen Tisch auf dem Restaurantschiff zu reservieren, damit wollte ich dich überraschen.«

Wenig später saßen wir an einem blumengeschmückten, fackelumringten VIP-Romantiktisch, und der Kellner brachte mit übertriebener Galanterie unsere Getränke. Ich musste zwar leider auf Saft ausweichen, aber Mick stieß feierlich mit mir an. Der Schiffsmotor begann zu rattern, Möwen kreisten über uns, die warme Abendsonne ging unter.

Schließlich brachte der Kellner Mick einen riesigen Blumenstrauß, der farblich einem schiefgelaufenen LSD-Experiment glich. Mick überreichte ihn mir, fiel auf die Knie und machte

*mir einen formvollendeten Heiratsantrag. Dann überreichte
er mir Ringe.*

*»Sorry für das Plastik«, sagte er. »Das war alles, was sich auf
die Schnelle auftreiben ließ.«*

*»Es ist das schönste Plastik, das ich je gesehen habe«, sagte ich
ehrlich gerührt, und hupend legte das Schiff ab. »Ist das ein
Ja?«, fragte er.*

*Und ich hauchte »Ja« wie Jennifer Aniston in einem sehr
schlechten Film, und wir küssten uns.*

*Während noch Tränen über meine Wangen liefen nach die-
sem Tag der Gefühls-Wechselbäder, studierten wir danach die
Speisekarte – meine und Micks erste gemeinsame Handlung
als Verlobte.*

*»He«, sagte Mick, »sieh mal beim gegrillten Oktopus. Da
steht doch tatsächlich ›Octopus‹. Die haben das falsch geschrieben.«*

*Ich schrie entsetzt auf. War Mick etwa ein Kohlhaasscher
Sprachkämpfer wie sein Vater? Dann war es also eine Lüge,
dass er nichts von seinen Eltern hätte! Schnell ruderte Mick
zurück: »Aber das ist cool!«, sagte er schnell. »I love Recht-
schreibfehler. Und Anglizismen sind meine Buddies! Glaub
mir doch, Vera, ich bin nicht wie mein Dad!« Und er küsste
über den Tisch hinweg meine Zweifel weg.*

*Heute, nach über sechs Jahren Ehe und zwei Kindern weiß
ich: Mick sollte recht behalten. Er ist nicht wie seine Eltern.
Was nicht heißt, dass uns seine Eltern nicht manchmal das
Leben zur Hölle machen. Aber das stehen wir gemeinsam
durch …*

Schlusswort

Vielleicht lehrt uns das »Making of« von Mick und Vera, worin die Kunst liegt: nämlich darin, trotz einer Katastrophe den Kopf über Wasser zu halten. Einfach weiterzumachen, wenn wir an etwas glauben, uns nicht zu schnell beirren zu lassen und eine Chance zu ergreifen, wenn sie sich inmitten der Wirren auftut. Und Mick und Vera zeigen, dass Widrigkeiten (seine kruden Eltern) auch verbinden können.

Wir haben in diesem Buch erfahren: Wer ein schlechtes Date hat, ist damit nicht allein. Wer ein schlechtes Date hat, ist nicht schuld. Die Konstruktion Date ist störanfällig. Was tun?

Ich habe mich mit Ratschlägen zurückgehalten, denn Sie wissen wahrscheinlich sehr viel besser als ich, was gut für Sie ist. Finden Sie den Dialog mit dem Teil in Ihnen, der in Liebesdingen Rat weiß, und hören Sie sich an, was dieser weise Teil zu sagen hat. Setzen Sie diese reife Sub-Persönlichkeit an einen imaginären Tisch mit dem jungen, ungestümen Teil Ihrer Persönlichkeit, der sich nach der verrückten Leidenschaft sehnt, die alle Grenzen bricht; des Teils, der rebellisch, trotzig und begierig die Liebe einfordert. Beide Teile Ihres Ichs verdienen es, gehört zu werden. Moderieren Sie den Dialog dieser beiden Sub-Persönlichkeiten sanft, und schauen Sie, welche Botschaften und Ratschläge beide füreinander haben. Vergessen Sie nicht: Beide Teile haben bei allen Unterschieden ein gemeinsames Ziel, Ihr Glück. Sie allein kennen längst den Weg, manchmal ist er nur verstellt.

Trotzdem möchte ich einige Erkenntnisse und Schlussfolgerungen dieses Buchs hier als Ratschläge zusammenfassen.

- Ein Date ist nicht der einzige Weg ins Liebesglück, und er ist oft genug der holprigste. Schauen Sie, wo sonst Sie in Ihrem Leben mit einem anderen Menschen in eine gemeinsame Flugbahn geraten können. Auch wenn es unromantisch klingt und verpönt ist: Manchmal ist es erfolgversprechend, sich nach einer Party abzuschleppen und einfach beieinander zu bleiben. Klingt unromantisch, führt aber oft zum Ziel. Die Paare in Ihrer Umgebung, die genau das getan haben, werden es leicht verschämt zugeben, wenn Sie danach fragen.

- Erwarten Sie von einem Date nicht, dass es gut wird. Erwarten Sie lediglich eine Erfahrung, bei der Sie Neues über sich und andere lernen. »Unsere Fehlschläge sind oft erfolgreicher als unsere Erfolge«, sagte Henry Ford. Welche Lektion behält das Dating-Desaster für Sie bereit? Nutzen Sie die Antwort.

- Auch aus einem miserablen Date können glückliche Liebesgeschichten wachsen.

- Beachten Sie andererseits innere rote Karten. Ihre Intuition sagt Ihnen, was gut für Sie ist, und warnt Sie rechtzeitig. Brechen Sie nichts aus falschem Ehrgeiz übers Knie.

- Der andere ist eine Blackbox. Es ist nur natürlich, dass Sie ihn deuten und versuchen, Zusammenhänge zu sehen und zu schlussfolgern. Verwechseln Sie Ihre Interpretation aber nicht mit der Wirklichkeit.

- Zerbrechen Sie sich nicht den Kopf über Taktiken und Manöver. Eine erfolgreiche Liebesgeschichte ist die, in der es zu keinem Bruch kam. Also bleiben Sie in einem gemeinsamen Fluss, planen und unternehmen Sie etwas, erleben Sie möglichst bald Alltag miteinander, schaffen Sie möglichst nahtlose Anschlüsse. Das ist wirksamer als das Ich-bin-schwer-zu-kriegen-Spiel.

- Ändern Sie Ihre Mittel und Wege, wenn nötig, aber geben Sie nicht auf. Es lohnt sich, am Ball zu bleiben. Sorgen Sie dafür, dass sich immer neue Chancen auftun. Nutzen Sie den Zufall zu Ihren Gunsten. Wo in der Wirklichkeit Ihres Lebens (und nicht in einem Leben, das Sie gerne führen würden) tun sich Chancen auf? Erkennen Sie eine Chance, wenn sie da ist – und greifen Sie zu.

Denn, so schrieb es der Schriftsteller Guy de Maupassant: Das Leben (und damit auch die Liebe und jedes einzelne Date) ist nie so gut und nie so schlecht, wie man denkt.

Literatur

Barthes, Roland: Fragmente einer Sprache der Liebe. Suhrkamp 1988

Berger, Peter L./Luckmann, Thomas: Die gesellschaftliche Konstruktion von Wirklichkeit. Eine Theorie der Wissenssoziologie. Fischer 2009

Bourdieu, Pierre: Die feinen Unterschiede. Kritik der gesellschaftlichen Urteilskraft. Suhrkamp 1987

Der Brockhaus Psychologie. 2001

Illouz, Eva: Warum Liebe weh tut. Suhrkamp 2011

Kaufmann, Jean-Claude: Der Morgen danach. Wie eine Liebesgeschichte beginnt. Uvk 2004

Kaufmann, Jean-Claude: Singlefrau und Märchenprinz. Warum viele Frauen lieber allein leben. Goldmann Verlag 2006

Luhmann, Niklas: Liebe: Eine Übung. Suhrkamp 2008

Schmidbauer, Wolfgang: Das kalte Herz. Von der Macht des Geldes und dem Verlust der Gefühle. Murmann Verlag 2011

Schuldt, Christian: Der Code des Herzens. Liebe und Sex in Zeiten maximaler Möglichkeiten. Eichborn 2005

Schulz von Thun, Friedrich: Miteinander reden 2. Stile, Werte und Persönlichkeitsentwicklung. Rororo 1998

Soliman, Tina: Funkstille: Wenn Menschen den Kontakt abbrechen. Klett-Cotta 2011

Oliver Stöwing

Wann kommt denn endlich der blöde Prinz auf seinem dämlichen Gaul!

100 Tipps, wie Sie Ihren Traummann finden

Die gute Nachricht vorweg: Es gibt genügend Männer auf der Welt, die genau wie jede Frau eine Beziehung wollen. Doch wie gelingt es IHR, den Prinzen zu finden? Der »Frauenflüsterer« Oliver Stöwing weiß, wie es klappt. Auf der Basis von NLP-Techniken und Methoden aus der Kommunikationspsychologie coacht er jede Frau. Er zeigt, wie sie ihre inneren Ressourcen aktivieren kann, wie sie die Mechanismen der Dating-Welt erkennt, sie knackt und verinnerlicht, um dann mit dem Auserwählten glücklich zu werden.

KNAUR TASCHENBUCH VERLAG

Oliver Stöwing

Warum ruft der blöde Prinz denn nicht mehr an?

100 Wahrheiten, die jede Frau kennen sollte

Welche Frau kennt das nicht? Auf das erste Date mit dem Traumprinzen folgt die Analyse mit der besten Freundin: Was hat er gesagt, wie sind seine Worte zu deuten – und warum hat er noch immer nicht angerufen? Unendliche Stunden verbringen Frauen damit, die Frage zu erörtern, was Männer eigentlich denken. Damit ist nun Schluss: Oliver Stöwing plaudert aus dem Nähkästchen und verrät, wie seine Geschlechtsgenossen wirklich ticken. Was dahintersteckt, wenn ein Mann sich nach dem ersten Treffen nicht mehr meldet, und was Männer wirklich denken über Frauen, über Liebe und Beziehungen. Dieses Buch hilft dort, wo selbst die beste Freundin versagt.

KNAUR TASCHENBUCH VERLAG

Clemens Beöthy

Schnacksel nie mit einem Axel

Das Liebeslexikon der Vornamen

Auf den Vornamen sollte man achten, wenn man den Partner fürs Leben sucht! Wer eignet sich besser für eine harmonische Beziehung?
Jan oder Lukas, Tina oder Laura?
Beziehungscoach Clemens Beöthy hat 100 neue männliche und weibliche Namen analysiert und verrät, wen man sich angeln und von wem man lieber die Finger lassen sollte.
Der Nachfolger des Erfolgsbuchs *Heirate niemals einen Udo.*

KNAUR TASCHENBUCH VERLAG